AN INTEGRATED APPROACH TO INTERMEDIATE JAPANESE

[Revised Edition]

Akira Miura &
Naomi Hanaoka McGloin

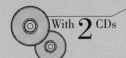

With 2 CDs

中級の日本語

［改訂版］

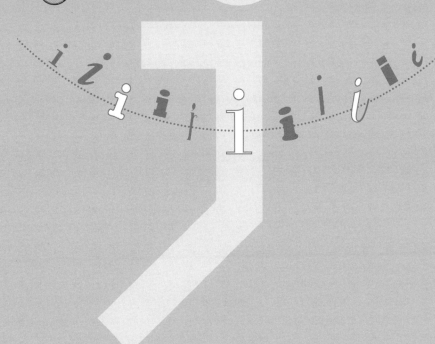

the japan times PUBLISHING

本書は、『中級の日本語［改訂版］』（CD付き：ISBN978-4-7890-1307-9）の音声ダウンロード版です。
教材の内容や音声に変更はありません。

音声は以下の方法でダウンロードできます（無料）。

- 右のコードを読み取って、ジャパンタイムズ出版の音声アプリ「OTO Navi」を
スマートフォンやタブレットにインストールし、音声をダウンロードしてください。
- パソコンの場合は、以下のURLからMP3ファイルをダウンロードしてください。
https://bookclub.japantimes.co.jp/jp/book/b642657.html

中級の日本語［改訂版］音声ダウンロード版

2024年 4 月 5 日　初版発行
2024年12月20日　第2刷発行

著　者：三浦昭・マグロイン花岡直美
発行者：伊藤秀樹
発行所：株式会社 ジャパンタイムズ出版
〒102-0082 東京都千代田区一番町2-2　一番町第二TGビル2F
ISBN978-4-7890-1883-8

First edition: April 2024
2nd printing: December 2024

Recordings: Kazusa Amagai, Takaomi Ashizawa, Takeshi Maruyama and Kiyoko Nagaki
Illustrations: Seiji Okada and Shizuo Okuda
Layout and Cover art: Hiroshi Ueda + Zebra
Typesetting: Soju Co., Ltd.
Printing: Nikkei Printing Inc.

Published by The Japan Times Publishing, Ltd.
2F Ichibancho Daini TG Bldg., 2-2 Ichibancho, Chiyoda-ku, Tokyo 102-0082, JAPAN
https://jtpublishing.co.jp/
http://ij.japantimes.co.jp/

ISBN978-4-7890-1883-8

Printed in Japan

はしがき

本書は、1994年に出版された『An Integrated Approach to Intermediate Japanese（中級の日本語）』の改訂版である。当時、ウィスコンシン大学で日本語を教えていた三浦とマグロインは、そのころアメリカで使われていた中級用教科書が我々の教え方に合わないので、我々の二年生のレベルで使える教科書を作ろうと努力し、二年間でこの教科書を書き上げた。それから十四年が経ったわけだが、その間、この教科書が、多くの先生方、そして日本語を学ぶ学生さんたちに使っていただくことができたことを、我々は非常に嬉しく思っている。

教科書は出版されたその日から古くなる、とよく言われているが、まさにその通りである。また、この十四年間の日本語、日本文化の変化にはめざましいものがあった。特に日本の若者たちの話し方には大きな変化が見られるし、女性の役割など、日本事情の変化も少なくない。そこで、遅ればせながら、古い情報と言語使用を更新し、改訂版として出版することにした。しかし、教科書構成の大枠は変わっていないし、日本語四技能を伸ばすとともに日本社会事情の理解を深めようとする初期のねらいも変わっていない。

94年に発行した第1版は、三浦とマグロインがお互いにアイディアを出し合って完成したものだった。「会話」と、生教材以外の「読み物」は三浦の執筆したものが多かったが、マグロインの貢献も少なくなかった。その他は、三浦がCulture Notes、運用練習、聞き取り練習、速読を、そしてマグロインが単語表、文法ノート、文法練習を担当していた。今回の改訂版では、マグロインが改訂作業全般を担当し、三浦がそれに目を通すという形をとった。

この改訂版の出版に関しては、ジャパンタイムズ出版編集部の関戸千明さん、岡本江奈さんにひとかたならぬお世話になった。また、改訂作業に関しては、北海道大学の柳町智治教授の協力を得ることができて幸いだった。柳町教授には、特に会話や読み物本文の見直しにおいて、日本の現状に即した貴重なアドバイスをいただいた上に、CD収録の際も大変お世話になった。この場を借りて改めて感謝申し上げる。そのほか、この教科書を使ってくださっている多くの先生方からも、この教科書に関して、数々のご指摘をいただいた。心よりお礼を申し上げたい。

2008年6月

マグロイン花岡直美（ウィスコンシン大学教授）
三浦　昭　（ウィスコンシン大学名誉教授）

目次

本書について

◆この教科書のレベル >>>>>

この教科書は、受け身形、使役形までを含む基本文法と100字程度の基本漢字の習得を終え、初級レベルの四技能を一応身につけた学生を対象としている。ウィスコンシン大学でいうと、一年のコース（240時間）を終えた者ということになる。ウィスコンシン大学は割合恵まれていて、一、二年の日本語が週8時間のコースなので、この教科書を二年の初めに始めて、各課に2週間かけると、だいたい一学年（30週）で全15課がちょうど完了する。一、二年のコースが週5時間しかない大学では、この教科書を二年の後半から使って下さってもよく、また第三学年にかかってもやむを得ないと思われる。

◆改訂について >>>>>

1. 大学生の発話は、なるべく今の若者の発話に近くするように気をつけた。特に、文末表現は、女性的／男性的な表現を避け、中立的な表現にするように努めた。
2. 会話と読み物で、内容が日本の現状とずれるところは、新しいデータなどを取り入れて刷新を試みた。特に、第5課の日本の高校生・大学生に関する記述、第14課の女性に関する新聞記事は大幅に変えた。他の読み物も、大幅ではないが、現状と合わない記述は訂正した。会話では、第7課の会話2、第9課の会話1、そして第14課の会話2・3は完全に新しくした。
3. 第15課は、すべて新しく書きかえた。会話の機能も「インタビューする」というもので、会話は実際のインタビューに基づいている。読み物には「Coolな日本」「『きまり』だらけの日本、『きまり』のないタイ」という記事を選び、外から見た現代の日本を話題にしている。
4. 各課に「会話練習のポイント」という項目を新しく作った。会話練習のポイントは、各課の会話の機能に沿った練習をするための会話の枠組みを示すもので、会話を練習する際の手助けとなる。なお、この項目を設けることに関しては、この教科書（旧版）に準拠して作られた副教材集（2001年、岐阜大学留学生センター発行）に、そもそものヒントを得ているので、ここに記しておきたい。
5. 文法ノートと文法練習を増やし、文法練習は、教室作業と並行して行いやすいように、テキストとは別に設けたワークブックに収録した。文法練習には、似たような文法表現、例えば、「ことになる・ようになる」「ために・ように」「よう・そう・らしい」などの練習も含めた。
6. ワークブックには文法練習のほかに、読み物の内容質問と、各課の「書くのを覚える漢字」を練習するための漢字シートを収めた。

7. 音声教材は、すべての音声を新しく録音し直し、CDに収録して、テキストに添付した。各課とも、「会話」「聞き取り練習」だけでなく「読み物」も収録してある。

8. 教材の専用サイトを設けて、この教材を使って教える上で役に立つ教材や情報を提供する。このサイトから漢字シートをダウンロードすることもできる。
(2008年秋開設予定　URL: http://ij.japantimes.co.jp/)

◆この教科書のねらい >>>>>

1. この教科書の基本的な目標は、**中級レベルの学生の聴・話・読・書の四技能を並行的に伸ばす**ことにある。その目標に従って、次の諸点に心がけた。
   a. 各課の中心に会話と読み物とを置き、また各課の最後には、速読用の読み物も設けた。
   b. 書く練習としては、文法練習以外に作文も含めた。
   c. 各課に、聞き取り問題を入れた。

2. 第二に、この教科書は、**現実的な内容と機能、そして自然な日本語を教える**ことを目指し、そのために次の諸点に留意した。
   a. 各課で、コミュニケーションに必要と思われる機能（紹介する、誘う／誘われる、など）を導入した。そして、その会話の練習がしやすいように、会話練習のポイントとして、各課の機能をハイライトした会話の枠組みを示した。
   b. 会話を自然なものとするように（例えば、会話が書き言葉で行われたりしないように）気をつけた。また会話のスタイルも、「デス・マス体」のほか、「ダ体」や敬語などを適宜混ぜてある。
   c. ワークブックに収録した「文法練習」は、置き換えドリルなどの機械的なものを避けて、考えて答えるものを中心とし、会話練習的なものも多く含めた。
   d. authenticな日本語を示すという意味で、最後の5課分（第11課～第15課）の読み物には生教材（エッセイ、新聞記事など）を使用した。
   e. 各課に、「運用練習」の名でcommunicativeな練習をつけ、ペアワークや小グループワークにより、学生が積極的にコミュニケーション活動に参加できるようにした。

3. 第三に、この教科書は、**これを使う外国人学生の日本に対する理解を深める**ことを目標とし、そのために次の諸点に心がけた。
   a. 初めの3課を除き、残りの12課は、留学生の日本での生活を題材とし、特に最後の2課では、現代日本の社会・文化問題を扱った。
   b. 各課に英語でCulture Notesをつけた。
   c. 「速読」では、原則として、広い意味での日本文化(日本人の考え方、習慣など)を題材にした。
   d. 各課の終わりに、ことわざや俳句をつけた。

◆漢字使用について >>>>>

漢字の使用は、比較的自由なものとした。中級の教科書には、教育漢字を全部導入することを目的とするものが目立つが、そのやり方は意識的に避けた。教育漢字と言っても、使用頻度の高いものから低いものまであるし、教育漢字を全部公平に導入するという立場を取ると、そのために無理な単語を導入したり、不自然な文を入れてしまったりする羽目に陥る。現に、現在市販されている中級教科書の中には、その例が多く見られる。また、大学生の生活に関係の深い漢字や日本文化に密着した漢字ならば、たとえ教育漢字に含まれていなくても、当然導入すべきだと考えられる。そもそも日本の漢字は、一つの字に一つ以上の読み方があるのが普通だから、漢字をいくつ導入したという考え方は、あまり意味がない。したがって我々は、漢字の使用に関しては、常識と柔軟性を第一として、数には捉われないようにした。また、導入漢字のすべてが書けるように要求するのも、無謀かつ無意味に近いと考えられるので、各課の導入漢字は、「書くのを覚える漢字」と「読めればいい漢字」とに分けた。この教科書は、アメリカの大学の日本語の学生が二年のコースを取りはじめる際に、一年度で習って覚えている漢字は多分100字程度であろうという前提に立っている。そして、二年のコースでは、そのほかに、書ける漢字と読める漢字を合計700〜800ぐらい覚えてもらえば十分という立場を取っている。

◆この教科書の使い方 >>>>>

1. Culture Notes

Culture Notesは、各課に入るに当たって読ませておく。その内容については、教室で質問して理解度をチェックするとよい。

2. 会話

会話はCDで聞かせ、クラスでも練習させる。比較的長い会話が多いので、全部を暗唱させるのは難しいと思われる。暗唱させたい場合は、会話をいくつかに切って覚えさせるか、一番役に立ちそうなところ(例えば、各課の会話練習のポイントとして提示されている部分)を覚えさせるのがいいだろう。要は、どういう場合にどう言うか、相手にどう言われたらどう答えるか、ということであって、会話の人物と一言一句同じ発言をする必要はない。教師は学生の言葉をよく聞いて、誤りのない限り、ある程度のvariationは許容すべきだろう。

3. 読み物

単語表を使って予習してこさせる。クラスでは音読させ、意味を説明し、問答によって理解を確認する。宿題として**ワークブックの内容質問**に答えさせる。

4. 単語

単語表には、各単語にふりがながつけてあり、アクセントも示してあるが、会話や読み物に入る前に、そこに出てくる単語の発音練習をさせておくとよい。

5. 漢字リスト

「書くのを覚える漢字」は、**ワークブックの漢字シート**で書く練習をさせる。「読めればいい漢字」は、その名の通り、読めるようになればよい。書く漢字も、読む漢字も、教師は教室でフラッシュカードを使って読ませながら、意味の理解の定着をはかる。時間の許す限り、漢字テストをするのがよい。ただしテストでは、個々の漢字が書けたり読めたりすることだけを調べても、あまり意味がない。漢字テストの問題は、漢字の意味が分かっているかどうかを調べる問題にすべきである。例えば、「大学の先生のオフィスは○○室という」という文を与え、○○の中に「研究」と書かせるようにする。こういう問題を作るのは、けっこう時間がかかるが、学生には親切だろう。

6. 漢字の部首

この本では、基本的な部首を導入するに留めたので、このくらいは学生に覚えさせてもいいだろう。「『待(つ)』という漢字はどう書きますか」と聞いて、「『ぎょうにんべん』に『てら』です」と答えさせる程度の練習をするといいと思う。

7. 文法ノート

文法ノートは、自習用に作られている。原則として、次回に教える予定の会話または読み物の範囲に出てくる文法項目を予習させる。また、クラスで例文を音読させて、問答により学生の理解を確かめる必要もあろう。紙面の関係上、例文は一項目あたり3つぐらいに留めたが、少ないと思われる場合は、クラスでの練習の際に適宜補っていただきたい。

文法ノートの項目中、特に練習させたいものは、**別冊のワークブックに「文法練習」**が収められている。文法練習は、クラスでカバーした本文の範囲に合わせて口頭練習をさせたのち、宿題として課し、提出させる。

8. 運用練習

運用練習には、いろいろな教室作業が出てくるので、それを全部同じ日にするのは避け、本文でカバーした内容や機能に合わせて、少しずつ行うようにするとよい。ロールプレイや小グループワークをする場合には、まず質問の練習などをさせてからの方が効果があがる。作文も同様で、例えばアルバイトについて書かせるなら、クラスで話し合いをしてから、宿題として出す。

9. 聞き取り練習

これは、宿題としてCDを聞かせ、問題をやらせておく。クラスでは、答え合わせをするだけでよい。だいたい○×式なので、答え合わせには時間をあまりかけないで済む。○×に関して学生の意見が分かれた時や、内容について質問が出た場合などは、クラスでもう一度CDを聞かせてもよいが、それが癖になると、学生は当然のことながら、宿題をやってこなくなってしまうので、学生を信頼して、クラスでは原則として答え合わせだけにするのがいいだろう。

10. 速読

これは、試験や成績に関係なく、ただ読んで楽しむためのものなので、クラスで読ませ、答え合わせをする。教師は学生の質問には答えるが、教室で音読させるなどの必要はない。

11. ことわざと俳句

ことわざも俳句も、意味を説明して音読の練習をさせ、暗唱させるのがよい。これを試験の範囲に入れるかどうかは、全く担当教師の自由だし、この本のことわざや俳句が気に入らない方は、適当なものと置き換えて下さってもよい。

第1課 紹介

初めて人に会う

Ⅰ	A：キャロル・ベーカーと申します。	>会話 1
	B：ベーカーさんですか。どうぞよろしく。	
Ⅱ	A：こちらは、僕の友達のトム・ブラウン君。	>会話 2
	B：加藤です。どうぞよろしく。	
	C：はじめまして。トム・ブラウンです。	

CULTURE NOTES

Meeting Someone in Japan

When you meet someone in Japan for the first time, you bow as you say either はじめまして or どうぞよろしく, or both. You also exchange 名刺 (cards) if you have them. In Japan, everyone other than children, students or full-time housewives is expected to carry them. Sometimes even university students choose to carry them for prestige.

How low you should bow depends on who you are as well as whom you meet. In general, women tend to bow lower than men, and if you meet a person whose status is higher than yours on the Japanese social scale, you should bow lower than the other person, *e.g.*, your teacher, a friend's parent, etc.

Introducing Oneself or Others

Self-introductions occur quite frequently in Japan. At a reception for new students, for example, you may be asked to introduce yourself in Japanese. State your name, the name of your home institution, your major, and end it all with どうぞよろしく and a bow.

When you introduce two people to each other, the rule of thumb is to introduce the person of lower status to the person of higher status. It would be nice to also add a comment or two about each person, as Ikeda does in 会話2 of this lesson.

How to Address Someone

The most common way to address an adult is "last name plus さん," but don't overuse さん! To address people who have titles such as 課長 (section chief), 部長 (department chief), 社長 (company president), etc., use the titles instead of さん. To address teachers, always use 先生. Above all, avoid using あなた. It could be quite insulting. The use of first names is limited in Japan: they are used within a family, by higher-status members addressing lower-status members (*e.g.*, parents addressing children, or older siblings talking to younger siblings), or they are sometimes used among close friends.

復習用の漢字

1. 一	2. 一つ	3. 二	4. 二つ	5. 三
6. 三つ	7. 四	8. 四つ	9. 五	10. 五つ
11. 六	12. 六つ	13. 七	14. 七つ	15. 八
16. 八つ	17. 九	18. 九つ	19. 十	20. 百
21. 千	22. 万	23. 円	24. 日よう日	25. 月よう日
26. 火よう日	27. 水よう日	28. 木よう日	29. 金よう日	30. 土よう日
31. 四月	32. 九月	33. 大きい	34. 小さい	35. 古い
36. 白い	37. 早い	38. 高い	39. 安い	40. 忙しい
41. 今	42. つくえの上	43. へやの中	44. いすの下	45. 少し
46. 好き	47. 一年	48. 時間	49. 五分	50. あの人
51. 日本人	52. 日本語	53. 英語	54. 東京	55. 男
56. 女	57. 子	58. 父	59. お父さん	60. 母
61. お母さん	62. 高校	63. 大学	64. 勉強	65. 先生
66. 山田	67. 名前	68. 車	69. 会社	70. お金
71. 天気	72. 元気	73. 毎月	74. 毎年	75. 行く
76. 来る	77. 来年	78. 食べる	79. 日本食	80. 飲む
81. 見る	82. 読む	83. 書く	84. 話す	85. 聞く
86. 思う	87. 入る	88. 入れる	89. 出る	90. 知る
91. 言う	92. 休む	93. 使う	94. 会う	95. 買う
96. 作る	97. 持つ	98. 待つ	99. 習う	100. 住む
101. 何	102. 友だち			

(読みかたは次のページにあります。)

1.いち	2.ひとつ	3.に	4.ふたつ	5.さん
6.みっつ	7.よん／し	8.よっつ	9.ご	10.いつつ
11.ろく	12.むっつ	13.なな／しち	14.ななつ	15.はち
16.やっつ	17.きゅう／く	18.ここのつ	19.じゅう／とお	20.ひゃく
21.せん	22.まん	23.えん	24.にちようび	25.げつようび
26.かようび	27.すいようび	28.もくようび	29.きんようび	30.どようび
31.しがつ	32.くがつ	33.おおきい	34.ちいさい	35.ふるい
36.しろい	37.はやい	38.たかい	39.やすい	40.いそがしい
41.いま	42.つくえのうえ	43.へやのなか	44.いすのした	45.すこし
46.すき	47.いちねん	48.じかん	49.ごふん	50.あのひと
51.にほんじん	52.にほんご	53.えいご	54.とうきょう	55.おとこ
56.おんな	57.こ	58.ちち	59.おとうさん	60.はは
61.おかあさん	62.こうこう	63.だいがく	64.べんきょう	65.せんせい
66.やまだ	67.なまえ	68.くるま	69.かいしゃ	70.おかね
71.てんき	72.げんき	73.まいつき	74.まいとし	75.いく
76.くる	77.らいねん	78.たべる	79.にほんしょく	80.のむ
81.みる	82.よむ	83.かく	84.はなす	85.きく
86.おもう	87.はいる	88.いれる	89.でる	90.しる
91.いう	92.やすむ	93.つかう	94.あう	95.かう
96.つくる	97.もつ	98.まつ	99.ならう	100.すむ
101.なに／なん	102.ともだち			

会話（かいわ） >>>>>>>> 1

CD 1>>>02

高校で二年間日本語を勉強して大学に入ったばかり[1]のキャロル・ベーカーが、日本人会のパーティーで日本語の石山先生に初めて会う。

キャロル：　あのう、失礼ですが、石山先生でいらっしゃいますか。

石　山：　ええ、石山ですが。

キャロル：　キャロル・ベーカーと申します。

石　山：　ベーカーさんですか。どうぞよろしく。

キャロル：　よろしくお願いします。先生、いつからここで教えていらっしゃるんですか。

石　山：　十五年前からですよ。

キャロル：　その時に日本からいらっしゃったんですか。

石　山：　ええ、そうです。

キャロル：　先生、日本はどちらからですか。

石　山：　東京です。ベーカーさんは日本へ行ったことがありますか。

キャロル：　いいえ、まだです。でも留学したいと思っています。

石　山：　日本語の学生ですか。

キャロル：　はい、日本語は高校で勉強したので、ここの二年のクラスに入れていただきました。

石　山：　そうですか。今年（ことし）の二年のクラスは三田先生ですね。

キャロル：　はい、そうです。

石　山：　あの[2]クラスは宿題が多いですよ。がんばってください。

キャロル：　はい、がんばります。

会話 >>>>>>>> 2

CD 1>>>03

大学院生の池田が、友達のトム・ブラウンをほかの大学院生に紹介する。

池　田：　加藤さん、こちらは、僕の友達のトム・ブラウン君。ブラウン君、こちら九月からここの大学院で電気工学を専攻している加藤まゆみさん。

加　藤：　加藤です。どうぞよろしく。

ト　ム：　はじめまして。トム・ブラウンです。学部の二年生です。

池　田：　ブラウン君、君もテニスが好きだけど、加藤さんもテニスが趣味なんだよ。

加　藤：　でも上手じゃありませんよ。

ト　ム：　今度一度やりましょうか。

加　藤：　ええ、ぜひお願いします。ところで、ブラウンさんはどうして日本語が話せるんですか。

ト　ム：　一年高校留学してましたし、日本語が専攻ですから。

加　藤：　上手ですねえ。

ト　ム：　いいえ、まだまだです。

加　藤：　日本に興味を持ったのは、留学した時からですか。

ト　ム：　実は、中学の時、隣に日本人の家族が住んでいて、そこのたけし君っていう男の子といつも遊んでいたんですよ。

加　藤：　それで日本に興味を持つようになった[3]んですか。

ト　ム：　そうなんです。日本語も少し教えてもらったし、日本のビデオもたくさん見せてもらったし。

池　田：　だからブラウン君は、日本文化についても知識豊富なんだ。

ト　ム：　「ちしきほうふ」って何ですか。

池　田：　いろいろなことを知っているっていうこと。

ト　ム：　そうでもないけどなあ[4]。

会話 >>>>>>> 3

CD 1>>>04

アメリカ人ベティー・ピーターソンが、日本へ行く飛行機で隣に座った日本人女性に話しかける。

ベティー： 日本へお帰りですか。

前　田： ええ。

ベティー： ベティーです。どうぞよろしく。

前　田： 前田あきです。どうぞよろしく。ベティーさんは大学生ですか。

ベティー： 先月卒業したばかり[1]です。前田さんは？

前　田： ニューヨークにある日本の会社に勤めているんですけど、二週間休暇を取って日本へ帰るところ[5]なんです。

ベティー： 日本はどちらですか。

前　田： 京都(きょうと)です。生まれたのも育ったのも京都なんですよ。

ベティー： 私(わたし)も京都へ行くんですよ。

前　田： えっ、お仕事(しごと)ですか。

ベティー： ええ、京都で英語を一年教えることになっています[6]。

前　田： そうですか。日本は初めてですか[7]。

ベティー： 前に一年間留学しました。京都はその時一晩だけ泊まりましたけど、とても気に入りました。

前　田： 私がいる間に、一度うちへ遊びにいらっしゃいませんか。両親の所ですけどどうぞ。この名刺に両親の家(いえ)の電話番号を書いておきますから。

ベティー： どうもありがとうございます。

読み物 >>>>>>>> 日本人留学生青山弘の日記

CD 1>>>05

八月二十六日(木)

今日の午後四時ごろ成田を出て、今日の午後四時ごろこの町に着いた。日本から十数時間かかったのに、日本とアメリカの間には日付変更線というものがあるので、同じ日の同じ時間になってしまった。

空港には、Friends of International Students というグループのメンバーのルーカスさんという人が、迎えに来てくれていた。アパートが見つかるまで、ルーカスさんの家に泊めてもらうことになった[6]。ルーカスさんは、自分をファーストネームで呼んでもらいたいと言うけれども、三十も年上の人なので、どうも「トム」とは呼びにくい[8]。

八月二十七日(金)

ゆうべは、時差ボケでよく眠れなかった。きょうは、ルーカスさんが車でアパートさがしに連れていってくれた。キャンパスの近くには、安くていいアパートがなくて、結局、大学から歩いて二十分ぐらいの所に適当なのを見つけた。月曜日に引っ越すことにした[9]。

八月二十八日(土)

今晩は、ルーカスさんの知人の家のパーティーに連れていってもらった。着いたら[10]すぐ若い男性が話しかけてきた。「ハリスと申します。学部の二年生で、専攻は日本語です。どうぞよろしく」などと、とてもていねいな日本語で、ペラペラ自己紹介されて、びっくりしてしまった。去年日本語のクラスで自己紹介の仕方を習ったので、使ってみたかったのだそうだ。よさそうな人なので、そのうちまた会うことにして[9]、電話番号をもらっておいた。それから、中年の女性と英語で話した。お互いの家族について話していたら[10]、その人が “I have three beautiful daughters.” と言ったのでびっくりした。日本人は「私には美しい娘がいます」なんて、英語でもとても[11]言えないと思う。日本語と英語は、文法だけでなくて、考え方[12]もずいぶん違うらしい[13]。アメリカに着いて初めての[14]カルチャーショックだった。

単語(たんご)

会話 >>>>>>> 1

	紹介(しょうかい)	introduction
	初(はじ)めて	for the first time
1	Vたばかり	have just done～ [>>>文法ノート1]
2	石山(いしやま)	[family name]
3	失礼(しつれい)ですが	Excuse me (, but ...)
	～でいらっしゃる	[honorific form of です]
5	申(もう)す	[humble form of 言う]
7	よろしくお願(ねが)いします	[more polite way of saying どうぞよろしく. お願いします literally means 'I request.']
7	教(おし)える	to teach
8	～年前(まえ)から	since ～ years ago
13	留学(りゅうがく)する	to study abroad
17	三田(みた)	[family name]
19	宿題(しゅくだい)	homework
	多(おお)い	there is/are a lot
	がんばる	to do one's best; to try hard

会話 >>>>>>> 2

1	大学院生(だいがくいんせい)	graduate student
	池田(いけだ)	[family name]
	友達(ともだち)	friend
2	加藤(かとう)	[family name]
	僕(ぼく)	I [It is the most neutral form for male speakers.]
	～君(くん)	[a form attached to a name in addressing someone. It is used toward someone equal or lower in status.]
3	大学院(だいがくいん)	graduate school
	電気工学(でんきこうがく)	electrical engineering
	(～を)専攻(せんこう)する	to major (in ～)
	まゆみ	[female given name]
5	学部(がくぶ)	college; undergraduate
6	君(きみ)	you [It is generally used by male speakers toward someone equal or lower in status.]
	趣味(しゅみ)	hobby
7	(～が)上手(じょうず)(な)	good (at ～)
8	今度(こんど)	one of these days
	一度(いちど)	once
9	ぜひ	by all means
	お願(ねが)いします	Please.
	ところで	by the way
13	まだまだです	(I am) not good yet.
14	興味(きょうみ)	interest

15	実は	actually; in fact
	中学	junior high school
	隣	next door; next to
	家族	family
	たけし	[male given name]
16	遊ぶ	to play
20	文化	culture
	知識	knowledge
	豊富(な)	bountiful; plenty

会話 >>>>>>> 3

1	飛行機	airplane
	(〜に)座る	to sit (in/on 〜)
	女性	woman
	話しかける	to talk to
2	帰る	to go home
3	前田	[family name]
5	あき	[female given name]
6	先月	last month
	(〜を)卒業する	to graduate (from 〜)
7	(〜に)勤める	to work (for 〜); to be employed (at 〜)
	〜週間	〜 week(s)
	休暇	vacation
	取る	to take
8	帰るところ(だ)	to be returning home [>>>文法ノート5]
10	(〜で)生まれる	to be born (in/at 〜) [*v.i.*]
	(〜で)育つ	to grow up (in 〜) [*v.i.*]
13	〜ことになっている	It has been arranged that 〜 [>>>文法ノート6]
15	一晩	one night
	泊まる	to stay (over night) [*v.i.*]
	とても	very (much)
16	(〜が)気に入る	to like 〜; to be fond (of 〜)
17	間に	while; during the time when
	両親	parents [*lit.*, both parents]
	所	place
18	名刺	(name) card; business card
	電話番号	telephone number

読み物 >>>>>>>

0	青山	[family name]
	弘	[male given name]
	日記	diary
2	成田	Narita (International Airport)
	町	town; city
	(〜に)着く	to arrive (at 〜)

2	十数時間（じゅうすうじかん）	ten plus a few hours
3	かかる	it takes [with respect to time or money] [*v.i.*]
	日付変更線（ひづけへんこうせん）	International Date Line
	同じ（おなじ）	same
5	空港（くうこう）	airport
6	迎える（むかえる）	to welcome; to meet; to greet
	見つかる（みつかる）	～ is found [*v.i.*]
7	泊める（とめる）	to have ～ stay (over night) [*v.t.*]
	～ことになった	it has been decided/arranged that ～ [>>>文法ノート6]
	自分（じぶん）	oneself
	ファーストネーム	first name
	(～を…で)呼ぶ（よぶ）	to call ～ by ...
8	年上（としうえ）	older
	どうも	somehow; no matter how hard one may try
	～にくい	hard to ～; difficult to ～ [>>>文法ノート8]
10	時差ボケ（じさボケ）	jet lag
	眠る（ねむる）	to sleep
	アパートさがし	apartment hunting
11	連れていく（つれていく）	to take someone to
	近く（ちかく）	nearby; in the neighborhood
	結局（けっきょく）	finally; in the end
12	歩く（あるく）	to walk
	適当(な)（てきとう）	appropriate; suitable
	見つける（みつける）	to find ～ [*v.t.*]
12	引っ越す（ひっこす）	to move to a new place of residence
	～ことにする	to decide to ～ [>>>文法ノート9]
14	今晩（こんばん）	tonight
	知人（ちじん）	acquaintance
	Vたら	when V [>>>文法ノート10]
15	若い（わかい）	young
	男性（だんせい）	man; male
16	ていねい(な)	polite
	ペラペラ	fluently
	自己紹介（じこしょうかい）	self-introduction
17	びっくりする	to be surprised
	去年（きょねん）	last year
	仕方（しかた）	way (of doing something)
18	そのうち	before long; one of these days
19	それから	and then; after that
	中年（ちゅうねん）	middle-aged
	お互い（おたがい）	each other
21	美しい（うつくしい）	beautiful
	娘（むすめ）	daughter
	とても～ない	can't possibly ～ [>>>文法ノート11]
22	文法（ぶんぽう）	grammar
	考え方（かんがえかた）	way of thinking [>>>文法ノート12]
	ずいぶん	quite a lot
	違う（ちがう）	to differ; to be different
	～らしい	it seems that ～; evidently [>>>文法ノート13]
23	カルチャーショック	culture shock

漢字（かんじ）リスト

書くのを覚える漢字

読み方を覚えましょう。また、書けるようになるまで練習しましょう。

1. 初めて	2. 石山	3. 失礼	4. 申す	5. お願い
6. 教える	7. 前	8. 留学	9. 今年	10. 三田
11. 多い	12. 大学院生	13. ブラウン君	14. 電気工学	15. 専攻
16. 学部	17. 君も	18. 上手	19. 今度	20. 時
21. 実は	22. 中学	23. 文化	24. 女性	25. 帰る
26. 取る	27. 生まれる	28. 私	29. 仕事	30. 泊まる
31. 気に入る	32. 間	33. 所	34. 家	35. 電話
36. 日記	37. 成田	38. 町	39. 着く	40. 同じ
41. 自分	42. 近い	43. 歩く	44. 月曜日	45. 男性
46. 去年	47. 仕方	48. 美しい	49. 文法	50. 考え方

読めればいい漢字

読み方を覚えましょう。

1. 紹介	2. 宿題	3. 池田	4. 友達	5. 加藤
6. 僕	7. 趣味	8. 興味	9. 隣	10. 家族
11. 遊ぶ	12. 知識豊富	13. 飛行機	14. 座る	15. 卒業
16. 勤める	17. ～週間	18. 休暇	19. 京都	20. 育つ
21. 一晩	22. 両親	23. 名刺	24. 番号	25. 今日
26. 午後	27. 十数時間	28. 日付変更線	29. 空港	30. 迎える
31. 呼ぶ	32. 時差	33. 眠る	34. 連れる	35. 結局
36. 適当	37. 引っ越す	38. 若い	39. 自己	40. お互い
41. 娘	42. 違う			

漢字の部首
1
にんべん
亻

This radical comes from 人 and is used for characters representing human conditions, activities, etc.

「休」「作」「使」など

文法(ぶんぽう)ノート

1 >>> V (plain past) ばかり＝'have just done something; have just finished doing something'

［会話1 > ℓ.1 >>> 大学に入ったばかり］［会話3 > ℓ.6 >>> 卒業したばかり］

a）**大学に入ったばかり**だから、十八歳(さい)でしょう。
(Since she has just entered college, she is probably 18.)

b）**食べたばかり**だから、おなかがいっぱいです。
(I have just eaten, so I am full.)

c）**日本へ行ったばかり**のころは、日本語がわからなくて困(こま)りました。
(When I was a newcomer to Japan, I had trouble understanding Japanese.)

2 >>> あの

［会話1 > ℓ.19 >>> あのクラスは］

Both あの and その can be used with the meaning 'that ～' when an item you are referring to is not in sight. あの is used when both the speaker and the hearer are (or are assumed to be) familiar with a person or thing in question. When only the speaker or the hearer is familiar with an item, その should be used. In this passage, the use of あの indicates that both 石山先生 and キャロル are familiar with the class.

a）A：私が生まれたのは高山(たかやま)という町(まち)です。
(The town I was born in is called Takayama.)

B：**その町**はどんな町ですか。
(What kind of town is that?)

b）A：きのう、去年(きょねん)日本語のクラスにいたライルさんに会いましたよ。
(Yesterday, I met Lyle-san, who was in our Japanese class last year.)

B：ああ、**あの人**、どうしていますか。
(Oh, how is he [= that person] doing?)

3 >>> V (plain) ようになる

［会話2 > ℓ.17 >>> 興味を持つようになった］

This pattern indicates a change which has taken place or will take place. Just as い-adjective changes to -く (*e.g.*, 安くなる) and な-adjective to -に (*e.g.*, しずかになる), when a verb occurs with なる, ように is inserted.

a）日本へ行ってから、日本に興味(きょうみ)を**持つようになりました**。
(I came to have an interest in Japan after I went to Japan.)

b）漢字(かんじ)を勉強しなければ、日本語の新聞(しんぶん)が**読めるようにはなりません**。
(Unless you study kanji, you won't become able to read Japanese newspapers.)

c） このごろアメリカ人もさしみやとうふを**食べるようになりました**。
(These days Americans also eat sashimi and tofu [and this is a change].)

4 >>> 〜なあ

[会話2 > ℓ.23 >>> そうでもないけどなあ]

This is a sentence-final particle of exclamation. It is generally used to state one's feeling emphatically or one's wish emotively.

a） 困(こま)った**なあ**。
(I don't know what to do!)

b） 一度アフリカへ行ってみたい**なあ**。
(I wish I could go to Africa once!)

This expression has a flavor of "monologue" — *i.e.*, saying something without an addressee in mind. When it is said with an intention of getting a response from an addressee, 〜なあ tends to be restricted to men.

c） ひさしぶりだ**なあ**。
(Long time no see!)

d） お前(まえ)よくやった**なあ**。
(You did WELL!)

5 >>> V(plain)ところ

[会話3 > ℓ.8 >>> 帰るところなんです]

[V(plain present)ところ] means 'about to do something.'

a） ちょうどこれから**食事(しょくじ)をするところ**なんですが、いっしょにどうですか。
(I am about to eat right now, so why don't you join me?)

b） 今ちょうど**出かけるところ**なので、あとで電話(でんわ)をします。
(I am about to go out, so I will call you later.)

The meaning of 〜ところだ varies, depending on the tense of the verb. When V is in the past tense, it means 'have/has just done something'; when V is in the progressive as in Vているところだ, it means 'am/are/is in the process of doing something.' Compare the following sentences:

c） これから**食べるところ**です。
(I am about to eat.)

d） 今**食べたところ**だから、おなかはすいていません。
(I have just eaten, so I am not hungry.)

e） 今**食べているところ**だから、もう少し待ってください。
(I am [in the midst of] eating right now, so please wait a little.)

食べるところです

食べたところです

食べているところです

6 >>> V(plain)ことになっている＝'be expected/supposed to; it is a rule/custom that ～'

[会話3 > ℓ.13 >>> 教えることになっています]

V(plain)ことになった＝'it has been decided/arranged that ～'

[読み物 > ℓ.7 >>> 泊めてもらうことになった]

ことになっている／ことになった indicates that a certain decision has been made for the speaker by outside forces. Use ことになっています when you want to talk about your future plan, which has been already arranged. Use ことになりました when you are reporting a certain decision or arrangement which has been made. In both cases, you are presenting a decision or a plan as something which was beyond your personal control. Moreover, ことになっている is also often used to describe a rule, regulation or social custom, as in examples **e)** and **f)**.

a) 日本で英語を教(おし)え**ることになっています**。
(I am to teach English in Japan.)

b) あした先生に会**うことになっています**。
(I am supposed to meet my teacher tomorrow.)

c) 日本の会社で仕事(しごと)を**することになりました**。
([It has been arranged that] I will be working at a Japanese company.)

d) 来年結婚(けっこん)**することになりました**。
([It has come about that] I will get married next year.)

e) 日本の家に上(あ)がる時は、くつをぬ**ぐことになっています**。
(When you enter a Japanese house, you are supposed to take off your shoes.)

f) 教室(きょうしつ)では日本語で話**すことになっています**。
(You are supposed to speak Japanese in the classroom.)

7 >>> N (or Sentence＋の) は初(はじ)めてです

[会話3 > ℓ.14 >>> 日本は初めてですか]

This expression requires that you are in a relevant situation. It is appropriate, therefore, to say **a)**-B in a Japanese restaurant.

a) A：おすしを食べたことがありますか。
(Have you had sushi before?)

B：いいえ、おすし**は初(はじ)めてです**。
(No, this is the first time.)

This cannot be said, however, when you are discussing Japanese food in a classroom. In that case, you should say **b)**-B.

b) A：おすしを食べたことがありますか。
(Have you ever had sushi before?)

B：いいえ、**ありません**。
(No, I haven't.)

8 >>> V(stem)にくい

[読み物 > ℓ.8 >>>「トム」とは呼びにくい]

[V(stem of ます-form)にくい] means that something is difficult to V.

a) ステーキは、おはしでは**食べにくい**。
(Steaks are difficult to eat with chopsticks.)

b) 難(むずか)しい漢字(かんじ)は、**書きにくい**。
(Difficult kanji are hard to write.)

cf. [V(stem)やすい] means that something is easy to V.

c) きれいな字(じ)は、**読みやすい**です。
(Nice handwriting is easy to read.)

9 >>> V(plain)ことにする＝'decide to do ～'

[読み物 > ℓ.12 >>> 引っ越すことにした　ℓ.18 >>> 会うことにして]

Compared with ことになる, this pattern indicates active decision making by the person involved.

a) 来年日本へ**行くことにしました**。
(I have decided to go to Japan next year.)

b) 毎日 CD を**聞くことにしました**。
(I have decided to listen to CD's every day.)

10 >>> S_1たら、S_2 = 'When S_1, S_2'

[読み物 > ℓ.14 >>> 着いたら　ℓ.20 >>> 話していたら]

When たら clause is followed by a sentence (= S_2) in the past tense, it means 'when.' The second sentence usually expresses an event or state you did not expect.

a) きのう図書館へ行ったら、先生に会いました。
(Yesterday, when I went to the library, I saw my teacher.)

b) 日本の家族へのおみやげを買ったら、「Made in Japan」と書いてあった。
(I bought a present for my Japanese family, and I found that it was made in Japan [, and I was surprised].)

This should be distinguished from the case of V たら followed by the present tense form, as in 日本へ行ったら、日本語が話せるようになるでしょう. This is the case of so-called "conditional" use of たら, and it means 'if you go to Japan' or 'When you go to Japan.'

11 >>> とても〜ない = 'can't possibly'

[読み物 > ℓ.21 >>> とても言えない]

This phrase expresses a very strong sense of impossibility. The verb is usually in potential form.

a) たくさんあって、とても食べ切れません。
(There is so much that I can't possibly eat it all.)

b) 東京ではとても家なんか買えません。
(I can't possibly buy a house in Tokyo.)

12 >>> V (stem) 方 = 'way of ~ing'

[読み物 > ℓ.22 >>> 考え方]

[V(stem of ます-form) + 方] expresses 'the way of doing something.'

a) 漢字は、一つのものにも読み方がたくさんあるので、難しい。
(Kanji are difficult because [even] one kanji [often] has a number of readings.)

b) おはしの持ち方を教えてください。
(Please teach me how to hold chopsticks.)

13 >>> 〜らしい = 'it seems that; evidently'

[読み物 > ℓ.22 >>> 違うらしい]

〜らしい expresses one's conjectures. It can be attached to nouns (*e.g.*, 日本人らしい), stems of な-adjectives (*e.g.*,しずからしい), plain forms of い-adjectives (*e.g.*,安いらしい) and plain forms of verbs (*e.g.*, 行くらしい). It tends to be used when one's conjecture is based on what one has heard.

a) 日本人は、熱(あつ)いおふろが好き**らしい**。
(It seems that the Japanese people like hot baths.)

b) 東京は、物価(ぶっか)が高くて、住みにくい**らしい**。
(It seems that Tokyo is a difficult place to live in because everything is expensive.)

c) アメリカでは、学生が先生をファーストネームで呼(よ)ぶ**らしい**。
(Evidently, students call teachers by their first names in America.)

14 >>> Vて初(はじ)めてのN = 'the first N after V-ing'

[読み物 > ℓ.22 >>> 着いて初めてのカルチャーショック]

a) アメリカに**着(つ)いて初(はじ)めての**カルチャーショックだった。
(It was my first culture shock after arriving in America.)

b) 学校が**始(はじ)まって初めての**ピクニックで、先生やほかの学生におおぜい会った。
(I met many teachers and students at the first picnic of the semester.)

When a verb occurs instead of a noun, this expression takes the form of V_1て初めてV_2, meaning 'When V_1 happens, then for the first time V_2 happens.'

c) 日本へ**行って初めて**、一日中(じゅう)日本語だけで話しました。
(When I went to Japan, I spent a whole day speaking only in Japanese, for the first time in my life.)

d) 大学に**入って初めて**、日本人に会いました。
(When I entered college, I met a Japanese for the first time. [*i.e.*, I had never met a Japanese until I entered college.])

会話練習のポイント

a) >>> 紹介

>>>>>[会話1]

キャロル： あのう、石山先生**でいらっしゃいますか** [1]。
石山： ええ、石山ですが [2]。（はい、そうですが。）
キャロル： キャロル・ベーカー**と申します**。
石山： ベーカーさんですか。**どうぞよろしく**。
キャロル： **よろしくお願いします**。

1: でいらっしゃいますか is an honorific form of です. This is different from いらっしゃいますか, which is an honorific form of いますか.

2: Native Japanese speakers often end a sentence with 〜が (but ...). This suggests that something more might follow and hence gives a softer tone to the conversation, thus making it more polite than a sentence without が.

b) >>> 初めて会う人と話す

>>>>>[会話2]

田中： **ところで** [3]、トムが日本語に興味を持ったのは、いつですか。
トム： **実は** [4]、中学の時日本のアニメが好きで、よく見ていたんです。
田中： ああ、**それで** [5] 日本語を勉強したいと思うようになったんですね。
トム： ええ、**そうなんです**。高校で勉強して、一年高校留学もしました。
田中： ああ、**だから** [5] トムは日本語が上手なんですね。

3: ところで is used to change the topic of a conversation.

4: 実は is used to bring up an important point or information.

5: Try to use connectives such as それで and だから to get more information from a conversation partner and in general to have a smooth conversation.

運用練習

1 >>> 自己紹介

クラスの人に自己紹介しなさい。自己紹介には、次のことを忘れないこと。

a） 名前
b） 学年

c）日本へ行ったことがあるか、ないか（あるなら、いつ、どうして）

d）専攻

e）趣味

f）終わりの言葉

[例]　ハリスと申します。学部の二年生です。日本へはまだ行ったことがありませんが、来年留学したいと思っています。専攻は日本語です。趣味はテニスと音楽です。どうぞよろしくお願いします。

2 ペアワーク

a）ペアになって、お互いにどうして日本に興味を持つようになったかを聞きなさい。

b）聞いたことをクラスの人たちに報告（to report）しなさい。

3 ロールプレイ

➲ ペアになりなさい。一人は日本語の学生、もう一人は日本語の先生で、大学のパーティーで初めて会いました。この課の会話1のような会話をしなさい。学生になった人は、自己紹介をしながら、先生のこともいろいろ聞きなさい。

4 ペアワーク

a）ペアになって、生まれた所、育った所について聞きなさい。

b）聞いたことをクラスの人たちに報告しなさい。

5 ペアワーク

➲ ここにあるのは、名刺のサンプルです。この名刺をくれた人は、どんな人でしょうか。ペアになって、次の質問に答えなさい。

三田町商事株式会社
営業部部長

林　太郎

〒108-0023　東京都港区芝浦4丁目5番4号
TEL: (03)4567-8910　FAX: (03)4567-7777
E-mail: hayashi@mitamachi.co.jp

a）この人の名前は何ですか。

b）この人の仕事はどんな仕事でしょうか。

c）この人の会社はどこにありますか。

d）この人の電話番号は何番ですか。

商事（しょうじ）　株式会社（かぶしきがいしゃ）
営業部（えいぎょうぶ）　部長（ぶちょう）

海岸大学
文学部英文科

教授　**田中　花子**

勤務先　〒251-0000　神奈川県藤沢市海岸 1-2
Tel: (0466)77-8899　Fax: (0466)77-7777
自　宅　〒226-0000　神奈川県横浜市緑区青葉 3-2-1
Tel/Fax: (045)045-0450

e） 田中さんはどんな仕事をしていますか。
f） 田中さんの勤(つと)めている所は、どこにありますか。
g） 田中さんの家(いえ)はどこにありますか。
h） 田中さんの家の電話番号は何番ですか。

文学部（ぶんがくぶ）　教授（きょうじゅ）
勤務先（きんむさき）　自宅（じたく）

6 >>> 作文

自分を紹介する作文を書きなさい。長さは百字ぐらい。

聞き取り(と)練習(れんしゅう)　CD 1>>>06

アメリカ人学生が自己紹介しています。CD を聞いて、次(つぎ)の文(ぶん)が正(ただ)しければ○、間違(まちが)っていれば×を入れなさい。

- [ ] **a）** この人は大学院生です。
- [ ] **b）** 日本語を専攻しています。
- [ ] **c）** 日本へ行ったことがあります。
- [ ] **d）** 高校のとき、日本に留学しました。
- [ ] **e）** 大学に入ってから、日本に興味を持つようになりました。
- [ ] **f）** 卒業したら日本へ行くでしょう。
- [ ] **g）** 黒沢(くろさわ)（name of a Japanese film director）の映画(えいが)はたくさん見ました。
- [ ] **h）** 日本語を勉強したことはありません。
- [ ] **i）** 日本語はやさしくないと思っています。
- [ ] **j）** 日本語は覚(おぼ)えられると思っています。

速読

(単語表はありません。知らない単語があっても、だいたい意味が分かるはずですから、読んでみてください。)

「ノー・サンキュー」

これは、日本から来たばかりの留学生山下君が、初めてアメリカ人の家へ行った時の話です。ケラーというそのアメリカ人は、山下君のお父さんの友達で、山下君はお父さんから頼まれた手紙と小さなプレゼントを届けに行ったのです。その日は、八月の末で、ずいぶん暑い日でした。大学から十分ぐらい歩いて、ケラーさんのアパートに着きました。ケラーさんに「どうぞお入りなさい」と言われて、山下君は部屋に入りました。自己紹介が終わって、手紙とプレゼントを渡すと、ケラーさんは「コカコーラなんかどうですか」と聞きました。山下君はのどがかわいていて、何か冷たいものを飲みたかったけれど、「はい、飲みたいです」と答えるのは失礼だろうと思ったので、“No, thank you.” と答えました。もちろん、ケラーさんがもう一度聞いてくれるだろうと思ったからです。ところが、ケラーさんは「オーケー」と言っただけで、すぐ山下君のお父さんのことをいろいろと聞きはじめました。家族のことや、自分の勉強のことを一時間ぐらい話してから、山下君はケラーさんのアパートを出ました。のどは、まだかわいたままでした。山下君はその日、アメリカでは「ノー」は「ノー」なのだ、ということを知ったのです。

➲次の文を読んで、正しければ○、間違っていれば×を入れなさい。

☐ **a)** ケラーという人は、山下君の友達です。

☐ **b)** 山下君のお父さんがケラーさんに書いた手紙は、山下君が日本から持ってきたのでしょう。

☐ **c)** 山下君がアメリカに着いたのは、夏でした。

☐ **d)** 山下君は、ケラーさんの家まで、車で行きました。

☐ **e)** ケラーさんは、「コカコーラかなんかどうですか」と二度聞きました。

☐ **f)** ケラーさんは、コカコーラを出してくれました。

失敗は成功のもと

(*lit.*, Failure is the basis for success.)

1 ことわざ

第 2 課

あいさつ言葉(ことば)

あいさつの例(れい)

- ◆ いいお天気ですね。 …………>会話 1
- ◆ ひさしぶり！ …………>会話 3
- ◆ 寒(さむ)いですね。 …………> 読み物
- ◆ 失礼します。 …………>会話 1
- ◆ 先日(せんじつ)はどうも。 …………> 読み物

CULTURE NOTES

Greetings

>>>>>

Never assume that Japanese greetings and their English "equivalents" correspond exactly to each other. For example, although おはようございます means "Good morning!," the two expressions are different in that おはようございます is not normally used in the late morning. おはようございます also has an informal equivalent おはよう, which can be used when you are talking to children or close friends, but never to a 目上（めうえ） (= higher status) person. Another good example would be さよ(う)なら. さよ(う)なら indeed means "Good-by!" but it is never used to people one is living with; also it is a rather informal expression and is therefore incompatible with *keigo* (= polite speech). When parting with a 目上 person, it is safer, and less juvenile-sounding, to say 失礼します. The best strategy for Japanese greetings would be to observe how native speakers use them amongst themselves and emulate them.

Another thing students of Japanese should bear in mind is the fact that once a relationship has been established between two people in Japan, such as teacher-student, it does not break down. In America, you might call your professor "Professor so-and-so" in the beginning, but as the relationship grows closer, you might start using his/her first name. That is not the case in Japan, however. Your teacher, even after you graduate, remains 先生, i.e., a 目上 person, and your speech must continue to reflect that. In other words, you cannot all of a sudden switch from おはようございます to おはよう！

Addressing your friends

>>>>>

In school, classmates may call each other by last name ＋さん / くん, last name by itself, first name ＋ちゃん / さん / くん, first name by itself, etc. Oftentimes, moreover, they call each other by various nicknames or by shortened versions of their names such as ヨシ (for 吉田（よしだ）) in 会話 3.

会話 >>>>>>> 1

CD 1>>>07

キャロル・ベーカー、朝キャンパスで日本語の三田先生に会う。

キャロル：　おはようございます。

三　田：　おはようございます。

キャロル：　いいお天気ですね。

三　田：　そうですねえ。

同じ日の午後、キャンパスでまた三田先生に会う。

キャロル：　こんにちは。

三　田：　ベーカーさん、今「こんにちは」って言うのはおかしいんですよ。

キャロル：　どうしてですか。

三　田：　私たちは、もうけさ一度会っているでしょう。そういう時は「こんにちは」って言うとちょっと変なんです。

キャロル：　じゃあ、何て言えばいいでしょうか。

三　田：　何も言わないで[1]会釈すればいいでしょう。

キャロル：　「えしゃく」ってどういう意味ですか。

三　田：　（会釈をして見せながら）こういうふうに、ちょっと頭を下げておじぎをするっていう意味ですよ。

キャロル：　分かりました。

三　田：　じゃまた。

キャロル：　失礼します。

会話 >>>>>>>> 2

CD 1 >>> 08

◓ 朝八時に目覚まし時計が鳴って、キャロルが寮の部屋で目を覚ますと、同室の日本人留学生ゆりが話しかける。

ゆ　り：　おはよう。

キャロル：（眠そうな声で）おはよう。

ゆ　り：　眠そうだね。

キャロル：うん、ゆうべ二時半まで勉強してたから。

ゆ　り：　もっと早く寝ればいいのに[2]。

キャロル：日本語の宿題がたくさんあったし、それに[3]難しくて、なかなか[4]終わらなくて。

ゆ　り：　（時計を見て）あっ、大変だ。早く行かないと授業に遅れちゃう。

キャロル：私も。

ゆ　り：　ねえ、外、見た？

キャロル：え、なんで。

ゆ　り：　雨。

キャロル：雨？

ゆ　り：　そう。しかもザーザー降り。

キャロル：「ザーザー降り」って？

ゆ　り：　大雨っていうこと。雨がすごく降ってる。

キャロル：えっ！ いやだなあ。

ゆ　り：　じゃ、急いでるから先に行くね。

キャロル：うん、じゃ、また後でね。

会話 >>>>>>>> 3

CD 1>>>09

トム・ブラウン、留学生の吉田一郎にキャンパスで出会う。一郎はトムが高校時代に日本留学した時の同級生。

トム： ヨシ！

一郎： あ、トム！

トム： ひさしぶり！

一郎： ほんとに。

トム： いつ来たの。

一郎： 先週着いたばかり。

トム： そうか。ヨシが来ることは、けんじに聞いて知ってたけど、いつ[5]来るか分からなくて。

一郎： ごめん。トムのメールアドレスが分からなくて、メール出せなかったんだ。

トム： いいよ、いいよ。で、どこに住んでるの。

一郎： クロスビーっていう寮。

トム： ああ、クロスビーなら知ってる。僕はアパートに住んでる。

一郎： ふうん。いつか遊びに来ない？

トム： うん。ケータイ持ってる？

一郎： うん。えーと、番号は 123-345-2433。

トム： 僕のケータイの番号は 555-347-4167。

一郎： じゃ、今度電話して。

トム： うん。じゃ、また。

読み物 >>>>>>> 日米あいさつ言葉

CD 1>>>10

日本人がアメリカ人によく聞かれて困る質問の一つに、“How are you？” は日本語で何と言うか、というのがある。もちろん日本語にも「いかがですか」とか「お元気ですか」などという言葉はあるが、「いかがですか」は多分病気の人に言うのがふつうだし、「お元気ですか」はしばらくぶりで会った人にしか[6]言えない。つまり[7]、毎日会う人に「いかがですか」とか「お元気ですか」と言うと、非常に変なわけである[8]。日本人はその代わりに天気の話をすることが多いだろう。「いいお天気ですね」とか「寒いですね」とか、その日の天気によって[9]いろいろ言えばよい。

“Have a nice day！” というのは日本語で何と言うか、と聞かれるのも困る。日本語にはそれに当たる[10]言葉がないからである。人と別れる時には、相手が目上であれば「では、失礼します」、友人であれば「じゃ、また」などと言うだけだろう。“Have a nice day！” を日本語に訳して使ったら大変おかしい。アメリカ人は、そういう説明を聞くと変な顔をするが、実は、日本語にはあって英語にないあいさつ言葉もたくさんあるのだ。例えば、食事の前の「いただきます」、食事の後の「ごちそうさまでした」がそのいい例だ。日本人が自分の家を出る時に言う「行ってきます」、それに対して家族の言う「行ってらっしゃい」、家へ帰ってきた人の言う「ただいま」、その時家族の言う「お帰りなさい」などというあいさつも英語にはない。日本人は、数日前に会った人にまた会うと、「先日はどうも」とあいさつすることが多い。英語でも、“Thank you for the other day.” とか “It was good to see you the other day.” などと言えないことはないが、日本語の「先日はどうも」のような[11]決まり文句にはなっていない。

一般的に言って、決まり文句になったあいさつ用語は、英語より日本語の方が多いだろう。人に何かあげる時、客に食事を出す時、自分の子供の先生に会った時、そのほかどういう時に何と言ったらよいかが決まっていて、それを覚えるのが、大事な社会教育だと言ってもよいだろう。

単語

会話 >>>>>>> 1

	あいさつ	greeting
	言葉(ことば)	word(s); expression(s)
	例(れい)	example
1	朝(あさ)	morning
8	おかしい	strange; odd; funny
10	けさ	this morning
11	変(へん)(な)	strange
13	会釈(えしゃく)する	to greet by bowing slightly
14	意味(いみ)	meaning
15	こういうふうに	this way; in this manner
	頭(あたま)	head
	下(さ)げる	to lower [v.t.]
	おじぎ	bow
17	(〜が)分(わ)かる	to understand 〜

会話 >>>>>>> 2

1	目覚(めざ)まし時計(どけい)	alarm clock
	鳴(な)る	to ring [v.i.]
	寮(りょう)	dormitory
	部屋(へや)	room
	目(め)を覚(さ)ます	to wake up
	同室(どうしつ)	same room
	ゆり	[female given name]
4	眠(ねむ)そう(な)	looking sleepy
	声(こえ)	voice
7	寝(ね)る	to sleep; to go to bed
8	それに	moreover; besides [>>>文法ノート3]
	難(むずか)しい	difficult
	なかなか〜ない	not easily [>>>文法ノート4]
	終(お)わる	be finished; be over [v.i.]
9	時計(とけい)	clock; watch
	大変(たいへん)だ	Oh, no !
	授業(じゅぎょう)	class
	遅(おく)れる	to be late
	〜ちゃう	[contraction of てしまう]
11	外(そと)	outside
15	しかも	moreover; besides
	ザーザー降(ぶ)り	pouring rain
17	大雨(おおあめ)	downpour; heavy rain
	すごく	(to rain) hard; terribly; tremendously
	降(ふ)る	to fall [rain, snow, etc.]
19	急(いそ)ぐ	to hurry; to be in a hurry
	先(さき)に	ahead (of someone)
20	また後(あと)で	See you later.

会話 >>>>>>> 3

1	吉田（よしだ）	[family name]
	一郎（いちろう）	[male given name; often given to the oldest son]
	(～に)出会（であ）う	to run into (someone)
	高校時代（こうこうじだい）	high school years
2	同級生（どうきゅうせい）	classmate
3	ヨシ	＝吉田のニックネーム (nickname)
9	いつ～か分（わ）からない	don't know when ～ [>>>文法ノート5]
11	ごめん	Sorry. [informal]
	メール	e-mail
16	ケータイ	cell phone

読み物 >>>>>>>

0	日米（にちべい）	Japan and the U.S.[＝日本とアメリカ]
1	(～に)困（こま）る	to have difficulty (with ～)
	質問（しつもん）	question
3	多分（たぶん）	probably
	病気（びょうき）	sickness
	ふつう	common; usual
4	しばらくぶり	for the first time in a long time
	しか～ない	only; no more than [>>>文法ノート6]
	つまり	namely; in other words; in short [>>>文法ノート7]
5	非常（ひじょう）に	extremely; very
6	その代（か）わりに	in place of that
	寒（さむ）い	cold [with reference to weather]
7	～によって	depending on ～ [>>>文法ノート9]
	よい	＝いい
9	(～に)当（あ）たる	to correspond (to ～) [>>>文法ノート10]
	(～と)別（わか）れる	to part (from ～); to say farewell (to ～)
	相手（あいて）	addressee; the person you are talking to
	目上（めうえ）	person of higher status; one's senior
10	友人（ゆうじん）	friend
11	訳（やく）す	to translate
	説明（せつめい）	explanation
12	顔（かお）	face
	変（へん）な顔（かお）をする	to look annoyed; to look puzzled
13	例（たと）えば	for example
	食事（しょくじ）	meal
14	それに対（たい）して	in response to that
16	数日前（すうじつまえ）に	several days ago
17	先日（せんじつ）	the other day
19	決（き）まり文句（もんく）	set phrase
20	一般的（いっぱんてき）に	generally

20	用語(ようご)	terms
	～の方(ほう)が…	～ is more ... than
21	客(きゃく)	guest
	食事(しょくじ)を出(だ)す	to offer a meal
	子供(こども)	child
22	決(き)まる	to be set/fixed [*v.i.*]
	覚(おぼ)える	to learn; to commit to memory; to remember
	大事(だいじ)(な)	important
	社会教育(しゃかいきょういく)	social education

漢字リスト

書くのを覚える漢字

読み方を覚えましょう。また、書けるようになるまで練習しましょう。

1.例	2.朝	3.午後	4.変(な)	5.意味
6.下げる	7.分かる	8.目覚まし時計	9.眠い	10.声
11.二時半	12.難しい	13.大変	14.外	15.大雨
16.急ぐ	17.先に	18.後で	19.吉田	20.時代
21.出す	22.僕	23.番号	24.日米	25.困る
26.多分	27.代わり	28.当たる	29.相手	30.目上
31.友人	32.訳す	33.説明	34.例えば	35.食事
36.対して	37.家族	38.数日前	39.決まり文句	40.用語
41.方が	42.客	43.子供	44.覚える	45.大事
46.社会	47.教育			

読めればいい漢字

読み方を覚えましょう。

1.言葉	2.会釈	3.頭	4.鳴る	5.寮
6.部屋	7.同室	8.寝る	9.終わる	10.授業
11.遅れる	12.降る	13.一郎	14.同級生	15.質問
16.病気	17.非常	18.寒い	19.別れる	20.顔
21.一般的				

漢字の部首 2 ごんべん 言

This radical comes from 言 and is used for characters mainly representing language-related activities.

「語」「話」「読」など

NOTES ON STYLE

There are three different types of predicate endings——です・ます-forms, だ-forms and である-forms. So, the idea that Tanaka is a Japanese can be expressed as 田中さんは日本人です, 田中さんは日本人だ or 田中さんは日本人である. The styles which use です・ます-endings, だ-endings, and である-endings are called です・ます体, だ体, and である体, respectively. While である体 is mainly used in writing, both です・ます体 and だ体 are used both in speaking and writing. In speaking, です・ます体 is used in formal situations such as any formal meetings or in addressing strangers, acquaintances or people to whom you feel respect is due. だ体, on the other hand, is generally used in informal situations, such as when you are talking with your close friends or family members. だ体 can also be used toward someone for whom you feel respect is not due (*e.g.*, children, one's subordinate, etc.) In writing, だ体 is normally used in newspapers, novels, scholarly articles and essays. Letters and memos are usually written in です・ます体. である体 is very formal, so it is generally used for formal writings such as public documents and scholarly articles.

です・ます体 (polite form)	だ体 (plain form)	である体 (expository form)
日本人です	日本人だ	日本人である
日本人{では/じゃ}ありません	日本人{では/じゃ}ない	日本人ではない
子供でした	子供だった	子供であった
子供{では/じゃ}ありませんでした	子供{では/じゃ}なかった	子供ではなかった
きれいです	きれいだ	きれいである
きれい{では/じゃ}ありません	きれい{では/じゃ}ない	きれいではない
安いです	安い	安い
安くありません	安くない	安くない
食べます	食べる	食べる
食べません	食べない	食べない
食べました	食べた	食べた
食べませんでした	食べなかった	食べなかった

Traditionally, the Japanese language is known for having a distinctive difference between men's speech and women's speech. This distinction, which is mainly observed in casual conversation style, is seen in uses of pronouns (*e.g.*, *boku* vs. *watashi*), some nouns (*e.g.*, *meshi* vs. *gohan*, *hara* vs. *onaka*) and particularly in sentence endings. For example, sentence-final particles such as *zo* and *ze* are typically masculine while a sentence-final particle *wa* is generally considered to be feminine. Uses of these masculine and feminine senstence-final forms have been undergoing changes, and thus, it is best to classify them into four types, as below.

Strongly masculine:	ぞ（行くぞ） ぜ（行くぜ） かい？（行くかい？） 〜ないか？（行かないか？） imperative (plain form)（行けよ、食べろよ）
Moderately masculine:	(plain form) よ（行くよ、高いよ） だよ／だね／だよね（あしただよ、今日だよね）
Moderately feminine:	(plain form) の（行くの↘、高いの↘）
Strongly feminine:	わ／わよ／わね／わよね（行くわ↗、日本人だわ↗、あるわよ↗） [Noun／な-adjective] なの（日本人なの、きらいなの） かしら（行くかしら）

Uses of both strongly masculine and strongly feminine sentence-final particles have been on the decline. In fact, younger men and women hardly ever use these strongly masculine and strongly feminine endings anymore. Women these days generally use moderately masculine endings in casual conversations, and thus there is not much gender difference in the use of sentence endings. Older women, however, do still use strongly feminine sentence endings. Furthermore, in comics and *anime*, these strongly feminine and masculine endings are used to create certain character identity, and hence it is good to be able to recognize gender characteristics of these particles.

文法ノート

1 >>> Vないで＝'without V-ing; instead of V-ing'

［会話1 > ℓ.13 >>> 言わないで］

V ないで, one of the negative て-forms of a verb, is often followed by another verb, and indicates a manner in which a certain action is carried out.

a）日本では、何も言わないで食事を始めるのは失礼だ。
（In Japan, it is bad manners to begin a meal without saying anything.）

b）宿題をしないで学校へ来るのはよくない。
（It's not good to come to school without having done one's homework.）

c）図書館へ行かないで家で勉強する学生もいる。
（There are students who study at home instead of going to the library.）

V ないで often carries a connotation that one didn't do what one was expected to do. So, in **b）**, one is expected to do homework before coming to school but he/she did not.

2 >>> Vばいいのに＝'You should ~ (*lit.*, It would be good if you did ~)'

［会話2 > ℓ.7 >>> 寝ればいいのに］

This expression is usually used to suggest the opposite of what the other person is doing or not doing.

a）もっと早く寝ればいいのに。
（You should go to bed earlier.）

b）分からないところは先生に聞けばいいのに。
（You should ask your teacher about things that you don't understand. [Said to someone who is hesitant about asking the teacher some questions.]）

3 >>> それに＝'moreover; besides'

［会話2 > ℓ.8］

a）東京は、人が多いし、それに物価も高いので、住みにくいです。
（Tokyo has a huge population, and, moreover, prices are high. Therefore, Tokyo is a difficult place to live.）

b）A：今日は元気がなさそうだね。
（You don't look well today.）

B：うん、頭が痛くて、それに熱もちょっとあるんで。
（Yes, I have a headache, and I also have a slight fever.）

A：じゃ、早く帰って休んだ方がいいね。
（In that case, you should go home early and rest.）

Other conjunctions which are often used include それで 'therefore; so,' そして 'and; and then; and also,' それから 'after that.' そして is the most general conjunction meaning 'and.' それから emphasizes that an event follows another event in time, and それで emphasizes "causal" relation between two sentences.

c) きのうは買い物(もの)に行きました。{**それから、**/**そして、**} 友達の家のパーティーへ行って、夜(よる)十時ごろ家へ帰ってきました。

(I went shopping yesterday. After that I went to a party at a friend's house and came home about ten at night.)

In **c)**, both それから and そして are fine. However, それから emphasizes the fact that it was after the shopping that the speaker went to the party. In some cases, therefore, それから and そして are not interchangeable.

d) きのうは、日本料理(りょうり)屋へ行った。**そして**（*それから）おすしを食べた。

(Yesterday I went to a Japanese restaurant and ate sushi.) [* mark means that it is ungrammatical.]

e) 友達は六時ごろ家へ来た。**そして**（*それから）八時ごろ帰った。

(My friend came to my home about six, and left about eight.)

それで presents a reason or cause.

f) 雪(ゆき)が降(ふ)りました。**それで、**飛行機が遅(おく)れたんです。

(It was snowing. The flight was delayed because of that.)

4 >>> なかなか～ない＝'not easily'

[会話2 > ℓ.8 >>> なかなか終わらなくて]

なかなか, when used with a negative, means that something is not easily done or that it takes time for something to happen.

a) 漢字(かんじ)が**なかなか覚(おぼ)えられなくて**、困(こま)っています。

(It's terrible because it takes a long time for me to memorize kanji.)

b) コーヒーを飲んだので、**なかなか眠(ねむ)れません**でした。

(I had coffee, and so I couldn't fall asleep easily [*i.e.*, I had a hard time falling asleep].)

5 >>> Question word ＋～か分(わ)からない

[会話3 > ℓ.9 >>> いつ来るか分からなくて]

For embedding a wh-question in another sentence, simply change the ending of the embedded question into the plain form. The copula だ is optional. Be sure to keep the question particle か at the end of the clause.

a） **いつ**日本へ行く**か分(わ)かりません**。
(I don't know when I will be going to Japan.)

b） 卒業してから**何をするか**まだ**分かりません**。
(I don't know yet what I will be doing after graduation.)

c） 三年の日本語の先生は**だれ（だ）か**まだ**分かりません**。
(I don't know yet who will be teaching third year Japanese.)

d） **どの**レストランがいい**か**まだ**分かりません**。
(I can't tell yet which restaurant is good.)

Also note that a yes-no question can be embedded in another sentence by putting the predicate into the plain form and by adding かどうか.

e） 来年日本へ行く**かどうか分かりません**。
(I don't know whether I will be going to Japan next year or not.)

f） 今度の試験(しけん)は難(むずか)し**いかどうか分かりません**。
(I don't know whether the next test will be difficult or not.)

g） コピー代(だい)を払(はら)った**かどうか覚(おぼ)えていません**。
(I don't remember whether I paid the copying charge or not.)

h） 日本人**かどうか知りません**。
(I don't know if he is Japanese or not.)

6 >>> しか～ない＝'only; no more than'

[読み物 > ℓ.4 >>> しか言えない]

しか always occurs with a negative. The implied meaning is that the amount/item mentioned is not enough or less than expected.

a） 五ドル**しかない**から、映画(えいが)へ行けません。
(Because I only have five dollars, I can't go to the movie.)

b） きのうの晩は、五時間**しか寝(ね)なかった**から、今日は眠い。
(I only slept for five hours last night. So, I am sleepy today.)

c） まんが**しか読まない**子供が多いのは、困(こま)る。
(It's too bad that there are so many children who read only comic books.)

So, in **a)**, the speaker has five dollars, but the sentence emphasizes that five dollars is not enough. Note that しか, like the particle も, replaces the particles は, が, and を, but other particles are retained as in 学校でしか 'only at school,' 友達にしか 'only to my friend,' etc.

7 >>> つまり＝'in other words; that is; namely; in short'

［読み物 > ℓ.4］

a) A：ここ二、三年は、ベビーブームで高校生の数（number）が多いそうですよ。
(I hear that because of the Baby Boom there will be more high school students for the next two, three years.)

B：**つまり**大学に入るのが難しいということですね。
(In other words, it is more difficult to get into college, right?)

b) 昔は一ドル三百六十円だったこともあるが、今は一ドル百五円ぐらいだ。**つまり**、ドルを持っていると、日本では昔の三分の一ぐらいの買い物しかできないのだ。
(In the old days, there was a time when a dollar was worth 360 yen, but now it is worth about 105 yen. In other words, nowadays, with dollars in Japan you can buy only one third of what you used to be able to.)

8 >>> Sentence＋わけです＝'That is to say; It follows that; That means ...'

［読み物 > ℓ.5 >>> 変なわけである］

［Sentence＋わけです］states a logical conclusion which can be drawn from previous statements. It often gives a summary or a restatement of previous statements.

な-adjective：	上手なわけです；上手だったわけです
い-adjective：	安いわけです；安かったわけです
Verb：	行くわけです；行かないわけです；行ったわけです

a) A：スミスさんは日本に十年も住んでいたんですよ。
(Miss Smith has lived in Japan for as long as ten years.)

B：だから、日本語がペラペラな**わけですね**。
(That's why she speaks fluent Japanese, right?)

b) A：あの人は外へも出かけないで勉強ばかりしています。
(He studies all the time without even going out.)

B：よくできる**わけですね**。
(No wonder he is good.)

c) A：きのうシカゴへ行ったんですが、とちゅう込んでいて、家を三時に出たんですが、着いたのは七時ごろでした。
(We went to Chicago yesterday. Traffic was so heavy on the way that, although we left home at three, we didn't get there until around seven.)

B：四時間もかかった**わけですね**。
(That means it took you as much as four hours, doesn't it?)

9 >>> Nによって＝'depending on'

［読み物 > ℓ.7 >>>天気によって］

a） あいさつ言葉はその日の天気**によって**いろいろ言えばよい。
(What greeting you use may vary depending on the weather of the day.)

b） 人**によって**考えが違います。
(Opinions vary from person to person.)

c） コースの成績(せいせき)は、試験(しけん)の成績**によって**決(き)まります。
(A course grade depends on the exam grades.)

10 >>> Nに当(あ)たる＝'correspond to ～'

［読み物 > ℓ.9 >>> それに当たる言葉が］

a） 日本語の「こんにちは」は、英語の "Hello" **に当(あ)たる**。
(Japanese "*konnichiwa*" corresponds to English "hello.")

b） 一ドルは、何円**に当たります**か。
(How many yen is a dollar?)

11 >>> ～(の)ようなN＝'N, like ～; N such as ～'

［読み物 > ℓ.19 >>>「先日はどうも」のような決まり文句］

a） 「どうも」**のような**便利(べんり)なフレーズは、英語にはないだろう。
(I don't think English has a convenient phrase like "*doomo.*")

b） 名前の漢字(かんじ)は、日本人にも読めない**ような**読み方があるから、難(むずか)しい。
(Characters for names are difficult because there are readings such as those that even Japanese can't read.)

会話練習のポイント

a) >>> 友人との会話

>>>>>[会話2]

ゆり：　眠そうだね。
キャロル：　うん、ゆうべ二時半まで勉強してたから。
ゆり：　もっと早く寝(ね)れ**ばいいのに**[1]。
キャロル：　きのうは友達が遊びに来てた**し、それに**[2]あした出す宿題もたくさんあって。
ゆり：　それは大変(たいへん)だったね。

1: This expression is used to suggest to the addressee that he/she should have done something.

2: ～し、それに is used to give an additional reason.

運用練習

1 >>> ロールプレイ

ペアになり、一人は日本語の学生、もう一人は日本語の先生になりなさい。今は学年の初めで、学生はしばらくぶりに先生に出会(であ)った（出会う＝to bump into）ところです。元気かどうか、夏(なつ)休みはどうだったか、先生に聞きなさい。そして自分の夏休みについて先生に話しなさい。

それが終(お)わったら、学生をやった人が先生になり、先生をやった人が学生になって、もう一度同じ会話を練習しなさい。

2 >>> ロールプレイ

ペアになり、一人は日本語の学生、もう一人は日本人の友達になりなさい。そして、上の **1** と同じ会話を、くだけた日本語（informal Japanese）でしなさい。

3 >>> ロールプレイ

ペアになりなさい。二人は友達です。一人が元気がなさそうなので、もう一人がどうしてか聞きなさい。そして、アドバイスをしなさい。「～ばいいのに」を使って、くだけた日本語で話しなさい。

4 >>> ペアワーク

➡ ペアになり、ケータイについてのディスカッションをしなさい。次(つぎ)のような質問(しつもん)をするといい。

a） ケータイを持っているか、持っていないか。
b） どうして持っているのか、持っていないのか。
c） ケータイが好きか、きらいか。
d） どうして好きなのか、きらいなのか。
e） ケータイを使うのは、電話をかける時だけか、ほかのことに使うこともあるか。例(たと)えば、カメラ付きケータイはどんなことに使えるだろうか。（例：おいしかった料理(りょうり)を友達に教える。）

5 >>> 作文

➡ 夏(なつ)休みについて百五十字ぐらいの作文を書きなさい。一番おもしろかったことだけ書けばよい。

[例(れい)] 「私の夏休み」

私は夏休みに一週間ニューヨークへ行きました。ニューヨークでは、前に住んでいたことのあるコロンビア大学の近くへ行ってみました。大学は前と同じようでしたが、大学のそばの店(みせ)は、みんな違う店になっていたので、びっくりしました。一週間毎日、友達といろいろな所を見たり、レストランでおいしい物を食べたりできて、とてもよかったです。

聞き取り練習 CD 1>>>11

➡ キャロル・ベーカーが、キャンパスで石山先生に会いました。CDを聞いて、次(つぎ)の文が正(ただ)しければ○、間違(まちが)っていれば×を入れなさい。

☐ a） キャロルは日本語の授業へ行くところです。
☐ b） 石山先生とキャロルは、同じ建物(たてもの)へ行くんでしょう。
☐ c） 今日は涼(すず)しいそうです。
☐ d） もう夏(なつ)じゃないのに、まだ暑(あつ)いらしいです。
☐ e） きのうもおとといも、涼しかったらしいです。

速読

「リスと写真」

ニューヨークに住むサラは、日本の友人のさち子から、夏休みになったらニューヨークへ遊びに行きたいというメールをもらった。さち子はアメリカをまだ見たことがないという。サラはニューヨーク生まれ、ニューヨーク育ちなので、ニューヨークのことなら何でもよく知っている。さち子がニューヨークへ来たら、有名な所をいろいろ見せてあげようとプランを作った。

サラは、さち子が着いた次の日の朝早くから、マンハッタンを案内して歩いた。まずロックフェラー・センター、タイムズ・スクウェア、エンパイア・ステート・ビルなどを見てもらった。それから、2001年9月11日のテロでやられたワールド・トレード・センターが建っていた所へ連れていくと、さち子は悲しそうな顔を見せた。

さち子が一番喜んだのは、セントラル・パークでリスを見た時だった。「ああ、かわいい」と言って、リスの写真をたくさんとりはじめた。そして「東京では、イヌとネコしか見られないからつまらない」と言った。

単語

リス	squirrel	悲しい	sad
案内する	to show someone around	喜ぶ	to show joy
		かわいい	cute
建っている	to be standing	写真	pictuer; photogragh

次の文を読んで、正しければ○、間違っていれば×を入れなさい。

☐ a） さち子は、前にニューヨークに来たことがある。
☐ b） サラは、ニューヨークで生まれた。
☐ c） さち子は、夏休みの前にサラにメールを送ったのだろう。
☐ d） さち子は、セントラル・パークが一番気に入った。
☐ e） 東京にもリスがたくさんいる。

古池や かわず飛び込む 水の音
(芭蕉, 1644-94)

1
俳句

第 3 課

日本への留学

頼む(たの)

CULTURE NOTES

Asking Favors

>>>>>

Just as you would try to speak very politely when you ask a favor in English (*e.g.*, Would you ... please?, Would you mind ...?, etc.), one should be extra polite when asking a favor in Japanese. Japanese speakers often deliberately start out hesitantly by saying ちょっとお願いがあるんですけど…… (*lit.*, I have a small request but ...) instead of a more direct ちょっとお願いがあります.

Negative forms such as いただけませんか and いただけないでしょうか also occur frequently. In more informal speech (*e.g.*, when asking a favor of a family member, a friend, etc.), one would say もらえない?, くれない?, etc., instead. Another formula one should remember is よろしくお願いします, used as you part with the addressee, of whom you have just asked a favor. It literally means "I ask for your good favor," and is a standard ending to a request-making situation. (Remember this same expression was also used in Lesson 1 at the end of a self-introduction.)

Going to Japan for a Year's Study

>>>>>

For American students who have taken only one or two years of Japanese, it is virtually impossible to attend lectures for native speakers and expect to understand the content. Much as one might wish to experience authentic college life in Japan, that would most likely be beyond one's reach. It would be more reasonable, therefore, to attend a university that has an international division geared to foreign students. Toward the end of the year there, when one's proficiency in the language has improved considerably, one can perhaps receive permission to visit classes for Japanese students a few times to "get the general idea" about Japanese college courses.

会話 >>>>>>> 1

CD 1>>>12

◗キャロル・ベーカー、日本語の三田先生の研究室へ行く。

キャロル：　三田先生、ちょっとおじゃまします。

三　田：　はい、何ですか。

キャロル：　けさの授業で宿題をいただくのを忘れてしまったんですが。

三　田：　そうですか。ちょっと待ってください。これですね。今日はこの三枚でしたよ。

キャロル：　すみませんでした。

三　田：　じゃ、あした持ってくるのを忘れないで[1]ね。

キャロル：　はい、分かりました。あ、それからもう一つお願いがあるんですけど。

三　田：　何でしょう。

キャロル：　実は、今度の期末試験のことなんですけど。

三　田：　ええ。

キャロル：　日本語の試験の日に、ほかの試験が二つもあって……。

三　田：　一日に試験が三つですか。

キャロル：　ええ、そうなんです。日本語の試験をその前の日に受けさせていただけないでしょうか[2]。

三　田：　まあ、そういうことなら仕方ありませんね。前の日というと、18日の水曜日ですね。

キャロル：　はい、そうです。

三　田：　じゃ、その日の午後一時にここへ来てください。

キャロル：　はい、一時ですね。

三　田：　いいですか。

キャロル：　ええ、だいじょうぶです。じゃ、水曜日の一時にうかがいます。どうもありがとうございました。

三　田：　いいえ。

会話 2

CD 1>>>13

トム・ブラウン、日本語の石山先生の研究室へ推薦状を頼みに行く。

トム：　先生、今、二、三分よろしいでしょうか。

石山：　いいですよ。何ですか。

トム：　あのう、実は、来年留学したいので奨学金に申し込みたいんですが、推薦状を書いていただけないでしょうか。

石山：　ええ、いいですよ。

トム：　これが推薦状の用紙です。

石山：　ああ、そうですか。あて先は？

トム：　アドレスですか。

石山：　ええ。

トム：　この紙に書いてあります。切手も持ってきました。

石山：　分かりました。締め切りはいつですか。

トム：　あのう、「締め切り」って何でしょうか。

石山：　いつまでに送ればいいかっていうことですよ。

トム：　あっ、分かりました。来週の金曜日です。

石山：　じゃあ、今週中に[3]出しておきます。

トム：　すみません。よろしくお願いします。

石山：　はい。

会話 >>>>>>>> 3

CD 1>>>14

➡ 授業前、トムと一郎、教室で先生が入ってくるのを待っている。

トム：　あっ！
一郎：　何。
トム：　ペン忘れちゃった。
一郎：　じゃ、えんぴつ使えば？
トム：　えんぴつも忘れちゃったんだ。一本貸してくれない？
一郎：　いいよ。
トム：　ありがとう。

会話 >>>>>>>> 4

CD 1>>>15

➡ キャロルとゆり、朝早く寮の部屋で。

キャロル：　ゆり。
ゆり：　何。
キャロル：　私、今日も授業休もうと思って。
ゆり：　まだ熱あるの？
キャロル：　うん。それに頭も痛いし。
ゆり：　そう。だいじょうぶ？
キャロル：　うん……。悪いけど、一つ頼んでもいい？
ゆり：　なあに。
キャロル：　今日の午後、三田先生から日本語の宿題もらってきてくれない？
ゆり：　いいよ。三田先生の部屋ってどこにあるの。
キャロル：　ハリス・ホールの523。
ゆり：　523ね。三時ごろじゃないと寄れないけど。
キャロル：　三時はちょうど先生のオフィスアワーだから、だいじょうぶ。
ゆり：　じゃ、もらってくるね。
キャロル：　ありがとう。

読み物　留学情報

CD 1-16

このごろアメリカの主な大学では、日本の大学と交換プログラムをやっている所が多い。日本に留学したいと思ったら、そういうプログラムを利用するのが一番便利だろう。その場合、授業料はアメリカの大学に払うので、アメリカで勉強する時と同じである。毎年交換される学生の数は、プログラムによって決まっている。例えば、日本の大学から学生が毎年三人送られてくるなら、アメリカの大学からもだいたい同じ数の学生が行く、というのが普通だろう。

交換プログラムに選ばれるのが難しいかやさしいかは、大学によって違うが、一般的に言えば、申し込む学生が多ければ[4]多いほど、選ばれるのが難しくなる。交換プログラムに申し込むと、書類選考と面接が行われる。成績や性格や態度がよく、留学目的のはっきりしている学生が優先される。

交換プログラム[5]以外の大学に留学したい場合は、大学がほとんど何も助けてくれないから、入学申し込みは全部自分でやらなければならない。留学が終わって帰国してからも、日本の大学で取った単位を自分の大学で認めてもらいたければ、大学と交渉しなければならないし、[6]必ずしも同じ数の単位がもらえるというわけでもない。

留学生は、日本の大学では留学生別科か国際学部に入れられる。そこでは日本語の時間が一番多いが、そのほか日本の文学、歴史、経済、政治、宗教などのコースが英語で取れる。しかし、そういうクラスに出る学生はだいたい留学生[7]ばかりだから、日本人学生に会いたければ、サークル活動をするのがいい。スポーツでもいいし、音楽でもいいが、何かのサークルに入れば日本人学生と友達になれる。

留学生は、日本では[8]なるべくホームステイをす[9]べきだ。ホームステイをすれば、日本の家庭を中から見ることができる。また、ホストファミリーの人たちと日本語で話すことができるから、会話も上手になる。留学希望者の中には、東京で勉強したがる者が多いが、東京は特に住宅事情が悪いので、ホームステイがしにくいということを忘れる[9]べきではない。

単語

会話 >>>>>>> 1

	頼(たの)む	to request
1	研究室(けんきゅうしつ)	(professor's) office
4	忘(わす)れる	to forget
5	〜枚(まい)	[counter for thin, flat objects such as sheets of paper]
8	お願(ねが)い	request
10	期末試験(きまつしけん)	final exam [*lit.*, semester-end exam]
10	〜のこと	it's about 〜
14	(試験(しけん)を)受(う)ける	to take (an exam)
16	仕方(しかた)ない	It can't be helped.
22	だいじょうぶ	all right
	うかがう	[humble form of 行く and 来る]

会話 >>>>>>> 2

1	推薦状(すいせんじょう)	letter of recommendation
4	奨学金(しょうがくきん)	scholarship
	申(もう)し込(こ)む	to apply
7	用紙(ようし)	form
8	あて先(さき)	address to send mail to
11	紙(かみ)	paper; sheet
	切手(きって)	postage stamp
12	締(し)め切(き)り	deadline
14	送(おく)る	to send

会話 >>>>>>> 3

1	教室(きょうしつ)	classroom
6	貸(か)す	to lend

会話 >>>>>>> 4

5	熱(ねつ)	fever
6	頭(あたま)が痛(いた)い	to have a headache [*lit.*, the head is hurting]
8	悪(わる)いけど	I am sorry, but ...
13	寄(よ)る	to stop by

読み物 >>>>>>>

0	情報（じょうほう）	information
1	主（おも）(な)	main
	交換（こうかん）プログラム	exchange program
3	利用（りよう）する	to make use of
	一番（いちばん）	most
	便利（べんり）(な)	convenient
4	その場合（ばあい）	in that case
	授業料（じゅぎょうりょう）	tuition
	払（はら）う	to pay
5	数（かず）	number
8	だいたい	approximately; in most cases; in general
	普通（ふつう）	common; usual
9	選（えら）ぶ	to choose
10	多（おお）ければ多（おお）いほど	the more (students) there are, the more～ [>>>文法ノート4]
12	書類選考（しょるいせんこう）	screening by application forms; selection by examining one's papers
	面接（めんせつ）	interview
	行（おこな）う	to carry out; to conduct [usually used in written language]
	成績（せいせき）	grade; academic record
	性格（せいかく）	character; personality
13	態度（たいど）	attitude
	目的（もくてき）	purpose
	はっきりする	to become clear
	優先（ゆうせん）する	to give priority; to prefer
15	以外（いがい）	other than [>>>文法ノート5]
16	ほとんど～ない	hardly
	助（たす）ける	to help [*v.t.*]
	入学（にゅうがく）	admission to school
	全部（ぜんぶ）	all
17	帰国（きこく）する	to return to one's home country
18	単位（たんい）	credit (for a course)
	認（みと）める	to recognize; to approve
19	交渉（こうしょう）する	to negotiate
	必（かなら）ずしも～ない	not necessarily [>>>文法ノート6]
20	わけではない	it's not the case that
21	留学生別科（りゅうがくせいべっか）	special division for foreign students
	国際学部（こくさいがくぶ）	International Division
22	そのほか	besides; in addition
23	文学（ぶんがく）	literature
	歴史（れきし）	history
	経済（けいざい）	economics
	政治（せいじ）	politics
	宗教（しゅうきょう）	religion
24	しかし	however; but
25	サークル活動（かつどう）	extracurricular activities
26	音楽（おんがく）	music
28	なるべく	if possible; as ～ as possible [>>>文法ノート8]
	べき(だ)	should [>>>文法ノート9]
29	家庭（かてい）	home; family

29	Vことができる	can V
31	希望（きぼう）	wish; hope
	希望者（きぼうしゃ）	one who wishes to do ～ ［＝希望する人］
32	者（もの）	person ［＝人］
32	特に（とくに）	particularly
	住宅事情（じゅうたくじじょう）	housing conditions
	悪い（わるい）	bad

漢字リスト

書くのを覚える漢字

読み方を覚えましょう。また、書けるようになるまで練習しましょう。

1.頼む	2.忘れる	3.三枚	4.受ける	5.申し込む
6.切手	7.送る	8.部屋	9.痛い	10.悪い
11.主(な)	12.利用	13.一番	14.便利	15.払う
16.違う	17.行う	18.目的	19.以外	20.助ける
21.入学	22.全部	23.終わる	24.帰国	25.必ずしも
26.音楽	27.友達	28.会話	29.者	30.特に

読めればいい漢字

読み方を覚えましょう。

1.研究室	2.期末試験	3.推薦状	4.奨学金	5.用紙
6.紙	7.締め切り	8.貸す	9.熱	10.寄る
11.情報	12.交換	13.場合	14.授業料	15.数
16.普通	17.選ぶ	18.書類選考	19.面接	20.成績
21.性格	22.態度	23.優先	24.単位	25.認める
26.交渉	27.別科	28.国際学部	29.歴史	30.経済
31.政治	32.宗教	33.活動	34.家庭	35.希望者
36.住宅事情				

漢字の部首 3 さんずい 氵

This radical stands for water and is basically used for characters representing water-related conditions, activities, etc.

「池」「泊」「漢」など

文法ノート

1 >>> Vないで

[会話1 > ℓ.7 >>> 忘れないで]

In casual conversation, V ないでください is often contracted to V ないで.

a）あした持ってくるのを**忘(わす)れないで**ね。
(Please don't forget to bring [it] tomorrow, OK?)

2 >>> V(causative)ていただけないでしょうか

[会話1 > ℓ.14 >>> 受けさせていただけないでしょうか]

Literally it means 'Could I not receive a favor of your letting me do ～?' It is a very polite request for permission to do something.

a）前の日に試験(しけん)を**受(う)けさせていただけないでしょうか**。
(Would you please let me take the exam one day early?)

b）先生の論文(ろんぶん)を**読ませていただけないでしょうか**。
([Speaking to a professor] Would you mind letting me read your paper?)

Make sure you do not confuse V(causative)ていただけないでしょうか with V ていただけないでしょうか. When you say V(causative)ていただけないでしょうか, you are doing the action, but when you say V ていただけないでしょうか, you are asking your addressee to do an action. Compare the following two sentences.

c）先生、授業(じゅぎょう)を**休ませていただけないでしょうか**。
(Sensei, would you please let me be absent from class?)

d）# 先生、授業を**休んでいただけないでしょうか**。
(Sensei, would you be absent from class?)

[# mark indicates that this sentence is grammatical but is not appropriate.]

Sentence **c)** is the correct request. In **d)**, since you are asking your teacher to be absent, it is not usually appropriate.

e）先生、英語で**言わせていただけないでしょうか**。
(Sensei, would you let me say it in English?)

f）先生、英語で**言っていただけないでしょうか**。
(Sensei, would you say it in English?)

3 >>> ～中に＝'sometime during ～; by the end of ～' [会話2 > ℓ.16 >>> 今週中に出しておきます]

今週中に means 'sometime this week; by the end of this week.' Note that 中 is pronounced either as ちゅう or じゅう, depending on what comes before it: 今週中(こんしゅうちゅう), 今月中(こんげつちゅう), 午前中(ごぜんちゅう), 今日中(きょうじゅう), 今年中(ことしじゅう).

a) **今日中に**メールをしてください。
(Please e-mail sometime today.)

b) 家賃(やちん)は、**今月中に**払わなければならない。
([I] have to pay the rent by the end of this month.)

4 >>> ～ば～ほど＝'The more/less ～, the more/less ～' [読み物 > ℓ.11 >>> 多ければ多いほど]

The first part of this construction is a ば-conditional form, and the second part is a plain form of verbs and い-adjectives. When noun-だ or な-adjectives occur, であれば is used, as in **c)**.

a) 日本語は、**勉強すれば勉強するほど**おもしろくなると思います。
(I think that the more you study Japanese the more interesting you will find it.)

b) 学生が**多ければ多いほど**、選(えら)ばれるのが難しい。
(The more students there are [who apply], the more difficult it is to be selected.)

c) いいレストラン**であればあるほど**高い。
(Better restaurants are more expensive.)

d) 説明は**かんたんであればあるほど**いい。
(Simpler explanations are better.)

e) 日本語は、**勉強しなければしないほど**分からなくなります。
(The less you study Japanese, the less you will begin to understand it.)

5 >>> N以外(いがい)の／以外に＝'other than ～; besides ～' [読み物 > ℓ.15 >>> 交換プログラム以外の]

a) 学期(がっき)の初(はじ)めは、教科書(きょうかしょ)**以外**(いがい)**に**いろいろ買うものがある。
(At the beginning of the semester, there are so many things to buy besides textbooks.)

b) 文部科学省(もんぶかがくしょう)**以外の**奨学金(しょうがくきん)もあります。
(There are other scholarships than that from the Ministry of Education, Culture, Sports, Science and Technology.)

6 >>> 必(かなら)ずしも～というわけではない＝'it does not necessarily mean that ...'

[読み物 > ℓ.19 >>> 必ずしも同じ数の単位がもらえるというわけでもない]

必(かなら)ずしも is often followed by an expression such as ～というわけではない. This is a way of expressing that a certain expectation does not always hold.

a) **必ずしも**日本へ行けば日本語が上手になる**というわけではありません**。
(It is not necessarily the case that one's Japanese improves once one goes to Japan.)

b） **必ずしも**高いものがいい**というわけではない**。
(It is not necessarily the case that expensive things are good.)

c） **必ずしも**日本人がみんな納豆(なっとう)が好き（だ）**というわけではありません**。
(It is not necessarily the case that all Japanese like *natto*.)

7 >>> Nばかり＝'nothing but ～'

［読み物 > ℓ.25 >>> 留学生ばかり］

［X ばかりだ］ expresses the idea that there are so much X that it appears as if only X exists.

a） テレビのニュースはいやなニュース**ばかり**で、いやになる。
(TV news is nothing but bad news, and it's terrible.)

b） 日本へ行って初めのころは、おもしろいこと**ばかり**だった。
(When I went to Japan, in the beginning I had nothing but interesting experiences.)

In **a)**, there is of course other news on TV, but there is so much bad news that it seems as if there were nothing but bad news.
ばかり can also be used in combination with the て-form of a verb.

c） テレビを見て**ばかり**いると勉強できません。
(If you watch TV all the time, you can't study.)

8 >>> なるべく＝'as ～ as possible'

［読み物 > ℓ.28］

a） 教室の外でも、**なるべく**日本語を使った方がいいでしょう。
(It will be better if you speak Japanese as much as possible even outside of the classroom.)

b） 宿題は、**なるべく**次(つぎ)の日に出してください。
(If possible, please hand in homework the next day.)

9 >>> V（plain）べき＝'should; ought to'

［読み物 > ℓ.28 >>> ホームステイをすべきだ　ℓ.33 >>> 忘れるべきではない］

This is a form derived from the classical auxiliary verb べし. It follows the plain present tense form of verbs and carries the meaning 'one should do ～.' When the verb is する, both すべき and するべき are used. The negative form of べき is べきではない rather than *ないべきだ.

a） 日本語の新聞(しんぶん)が読みたかったら、漢字(かんじ)を勉強す（る）**べき**だ。
(If one wants to read Japanese newspapers, one should study kanji.)

b） ほかの人の意見(いけん)(opinion)も聞く**べき**だ。
(One should listen to the opinions of others.)

c） 悪(わる)い友達の意見は聞く**べきではない**。
(One should not listen to the opinions of bad friends.)

会話練習のポイント

a) >>> 先生に頼む(1)

>>>>>[会話1]

学生：　先生、**ちょっとお願いがあるんですけど**[1]。
先生：　はい、何でしょう。
学生：　**あのう、実は**来週の試験の**ことなんですけど**[2]。
先生：　ええ。
学生：　その日に病院に行かなくてはならなくなってしまって。
先生：　同じ時間にですか。
学生：　ええ。すみませんが、その次の日に**受けさせていただけないでしょうか**[3]。
先生：　まあ、そういうことなら仕方ありませんね。

1: When you have something to ask your superior, you begin the conversation with expressions such as ちょっとお願いがあるんですけど or 今ちょっとよろしいでしょうか.

2: You introduce the topic by 実は～のことなんですけど or 実は～たいんですが.

3: You ask permission by V (causative) ていただけないでしょうか, V (causative) ていただけませんか or V (causative) ていただきたいんですが.

b) >>> 先生に頼む(2)

>>>>>[会話2]

学生：　先生、**今ちょっとよろしいでしょうか**[1]。
先生：　いいですよ。何でしょう。
学生：　**あのう、実は**奨学金に申し込みたい**んですが**[2]、推薦状を書い**ていただけないでしょうか**[4]。
先生：　いいですよ。

4: You ask your superior to do something for you by ～ていただけないでしょうか. No causative form is used here.

c) >>> 友達に頼む

>>>>>[会話4]

キャロル：　ゆり、私、今日も授業休もうと思って。
ゆり：　どうしたの。
キャロル：　ちょっと頭が痛くて。
ゆり：　だいじょうぶ？
キャロル：　うん……。**悪いけど、一つお願いしていい？**[5]
ゆり：　なあに。
キャロル：　今日の宿題、先生の研究室に持っていっ**てくれない？**[6]
ゆり：　うん、いいよ。
キャロル：　ごめんね。

5: In informal conversation, a request can be introduced by expressions such as 悪いけど、一つお願いして(も)いい？ or ちょっと頼みたいことがあるんだけど.

6: An informal request can be made by ～てくれない？, ～てもらえない？, etc.

運用練習

1 >>> ロールプレイ

ペアになり、一人は日本語の先生、もう一人は日本に留学したい学生になりなさい。学生になった人は、次のことを日本語で言いなさい。

a) はじめの言葉。
b) You are applying to the Rotary Club for a scholarship.
c) You ask that the professor write a letter of recommendation for you.
d) The deadline is January 15.
e) You brought a stamp and you have also written the address on a sheet of paper.
f) 終わりの言葉。

それが終わったら、学生をやった人は先生になり、先生をやった人は学生になって、もう一度練習しなさい。

2 >>> ロールプレイ

ペアになり、一人は、日本に留学することになった学生、もう一人は、日本語の先生になりなさい。学生は、次のことを日本語で言いなさい。

a) はじめの言葉。
b) You are going to the University of Tokyo on a Monbukagakusho Scholarship.
c) You ask that the professor write a letter of introduction to Prof. Yoshioka of the University of Tokyo, a friend of his/hers.
d) 終わりの言葉。

それが終わったら、学生をやった人は先生になり、先生をやった人は学生になって、もう一度練習しなさい。

3 >>> ロールプレイ

ペアになり、一人は日本語を勉強しているアメリカ人学生、もう一人は日本人の学生になりなさい。二人は同じ日本文化のクラスに出ています。アメリカ人は、教室に着いた時、教科書(きょうかしょ) (textbook)を忘れたことに気がつき(to notice)、隣に座っている日本人の友達に本を見せてもらいたいと頼(たの)みます。くだけた日本語 (informal Japanese)で話すこと。それが終わったら、アメリカ人学生をやった人が日本人学生になり、日本人学生をやった人がアメリカ人学生になって、もう一度練習しなさい。

4 >>> ブレーンストーミング

● 三人のグループを作って、留学したい学生が先生に面接される時、どんなことを質問されるか考えなさい。グループで質問を三つ作りなさい。質問ができたら、クラスの人たちに発表 (to present) しなさい。

5 >>> 書く練習

● 推薦状を頼みに日本語の先生の研究室に来ましたが、先生がいません。先生にメモを書きましょう。メモに書くことは、**1** と同じにしなさい。

聞き取り練習 CD 1 >>> 17

● 学生が先生に何か頼んでいます。CD を聞いて、正しいものに○をつけなさい。

a) この学生は、（　）文部科学省 ／（　）ロータリークラブ の奨学金に申し込みたいと思っています。

b) この学生は、先生に（　）推薦状 ／（　）紹介状 を書いてもらいたいのです。

c) この学生は、（　）一年間 ／（　）一年半 日本へ行きたいと言っています。

d) 締め切りは（　）九月十五日 ／（　）九月二十五日 だそうです。

e) 先生が書いたものは、（　）学生 ／（　）先生 が出すでしょう。

速読

「ハンカチの使い方」

ジョージは、文部科学省の試験にパスして、日本に一年留学することになった。留学が決まった時、試験を受ける前に推薦状をお願いした石山先生に、すぐ知らせに行った。先生はそのことを聞くと、「よかったですね。おめでとう」と大喜びだった。その後で、先生は留学についてのアドバイスをいろいろしてくれたが、その中に「ハンカチを何枚か忘れずに持っていったほうがいいですよ」というアドバイスがあった。「どうしてですか。私は普通ティッシュを使いますけど」とジョージが言うと、先生は笑って、「そうじゃないんですよ。日本では、大学のトイレにはペーパータオルもドライヤーもないのが普通だから、手を洗った後で、ハンカチがないと困るんですよ」と答えた。

ジョージは日本へ行って、石山先生のアドバイスが正しかったことが初めて分かった。アメリカでは、駅のトイレでも大学のトイレでも、必ずドライヤーかペーパータオルがついているから、それを利用すればいい。しかし日本では、空港やホテルのトイレならドライヤーやペーパータオルがついていても、大学なら何もついていないのが普通だ。学生は手を洗ったあとで、ジーンズでふいたりしているが、ジョージは、ハンカチを持ってきてよかったと思った。

そればかりではなく、普通の所では、手を洗うにも、出てくるのは水だけで、お湯は出てこない。日本では、何でも機械化が進んでいて、タクシーや店のドアなど全部自動式なのに、どうしてトイレのお湯は出してくれないのかと、ジョージにはそれも不思議だった。

単語

大喜び	great joy	必ず	without fail
忘れずに	=忘れないで	機械化	mechanization
笑う	to laugh; to smile	進む	to advance
洗う	to wash	自動式	automatic
正しい	correct	不思議	mystery

➲次の文を読んで、正しければ○、間違っていれば×を入れなさい。

□ **a)** ジョージは、文部科学省の試験にパスしてから、石山先生に推薦状をお願いした。

□ **b)** 石山先生は、日本ではハンカチを持っていないと不便（inconvenient）だと言った。

□ **c)** 先生は、日本の大学にはドライヤーもペーパータオルもないトイレが多いと言った。

□ **d)** ジョージは、日本に着いて、石山先生の言ったことが間違っていたと思った。

□ **e)** ジョージは、日本の普通のトイレでお湯が出ないのは仕方がないことだと思っている。

急がば回れ
(*lit.*, When in a hurry, take a detour.)

2 ことわざ

第4課

ホームステイ

許可をもらう

きょか

- ちょっと見せてもらってもいい？ ……………………>会話1
- 自転車借りてもいいですか。 ……………………>会話3
- 連れてきたいんですけど、いいでしょうか。
- 六時半でもかまいませんか。

CULTURE NOTES

Homestays

>>>>>

When you are doing a homestay, ask questions whenever you don't understand something, *e.g.*, how to use the toilet, the bath, the washing machine, etc. Japanese people love electric appliances, many of which are quite different from, and frequently more complicated than, their American counterparts. The bath water might scald you unless you know how to regulate its temperature. Modern toilets, so-called "wash-lets," might completely puzzle you.

Also, never assume it is all right to do something without asking permission. Eating things in the refrigerator, bringing a friend home, coming home late, etc., might all upset the family's plans. The safest thing would be to ask permission. More will be said on this topic in Lesson 11.

Talking About One's Family

>>>>>

In 会話 1, Jason talks about his family. Although Jason doesn't do it here, when Americans talk about their family members, they often "brag" about them, as the woman mentioned in 読み物 in Lesson 1 did, saying, "I have three beautiful daughters." Japanese don't do this because they consider their family members as extensions of themselves, *i.e.*, just as it is in bad taste to brag about themselves, it would be in poor taste to brag about their family members.

Writing E-mails and Letters

>>>>>

When you are writing e-mails and letters, first write about the recent/current weather, inquire about the addressee's health, and touch upon your own health. Then proceed to the main body of the text. If you are making a request, explain the nature of the request here. If the purpose of the e-mail or letter is merely to talk about your current activities, describe them here. Lastly, in the concluding portion, write では、どうぞよろしくお願いします if it is an e-mail/letter of request. Otherwise, just write so-and-so によろしく, どうぞお元気で, etc. Remember that, in Japan, even in a business-type letter, such as a letter of request, one should take time first to talk about the weather, health, etc., and should not rush into the business at hand. If it is a formal e-mail or letter, you begin your e-mail or letter by 拝啓(はいけい) (a formal salutation) and you close it by 敬具(けいぐ). If you are writing to a friend, however, you normally leave out all these formal salutations.

会話 >>>>>>> 1

CD 1>>>18

アメリカ人留学生ジェイソン、ホームステイ先のお母さんと話している。

お母さん：　ジェイソン、家族の写真持ってる？

ジェイソン：ええ、あります。

お母さん：　ちょっと見せてもらってもいい？

ジェイソン：ええ。（写真を財布から出しながら）二枚ありますけど。

お母さん：　これがお父さん？

ジェイソン：ええ、父です。

お母さん：　ずいぶん背の高い方ね。

何してらっしゃるの。

ジェイソン：大学で教えています。

お母さん：　そう。何の先生。

ジェイソン：アメリカの歴史です。

お母さん：　アメリカ史ね。……お母さんも背が高いね。

ジェイソン：ええ、だから僕も背が高くなったんだと思います。

お母さん：　それで、お母さんも何か仕事してらっしゃるの？

ジェイソン：母は弁護士です。

お母さん：　へえ。アメリカには女性の弁護士が多いの？

ジェイソン：ええ。別に珍しくありません。[1]

お母さん：　そう。それで、これがお兄さんと妹さんね。お兄さんも大学生？

ジェイソン：ええ、兄は僕より一つ上だから、もう来年卒業ですけど。

お母さん：　妹さんは？

ジェイソン：妹は僕より三つ下で、高校の四年生です。

お母さん：　お母さんに似てるね。

ジェイソン：そうですか。

お母さん：　とってもかわいい。

会話 >>>>>>>> 2

CD 1>>>19

アメリカ人留学生スーザン、ホームステイ先のお父さんと話している。

お父さん：　スーザンが生まれたのはどこ。

スーザン：　生まれたのはニューヨークだったんですけど、全然覚えていません。

お父さん：　どうして。

スーザン：　三つの時に、今のウィスコンシンに引っ越しちゃったんです。

お父さん：　ああそう。今住んでいる所は、マディソンていったかな[2]。

スーザン：　ええ、ウィスコンシンの州都です。

お父さん：　人口はどのぐらい。

スーザン：　たしか[3] 220千ぐらいだと思います。

お父さん：　「220千」て何。22万のこと？

スーザン：　あ、すみません。間違えました。22万です。

お父さん：　じゃ、あんまり大きい町じゃないね。

スーザン：　でも、ウィスコンシンでは二番目に大きいんですよ。

お父さん：　へえ、一番大きいのは？

スーザン：　ミルウォーキーです。

お父さん：　ああ、ミルウォーキーか、ビールで有名な[4]。

スーザン：　ええ。

お父さん：　で、マディソンてどんな町。

スーザン：　私の行ってるウィスコンシン大学があるし、それに州都だから、知事もいます。

お父さん：　きれいな所？

スーザン：　ええ、湖がたくさんあって、いい所ですよ。冬は寒いけれど、春から秋まではとてもきれいですばらしいと思います。

お父さん：　ふうん。一度行ってみたいなあ。

スーザン：　いつか皆さんでいらっしゃってください。

会話 >>>>>>>> 3

CD 1>>>20

スーザン、ホームステイ先のお母さんに許可を求める。ホームステイ先の家は駅からちょっと遠い。

スーザン： お母さん、ちょっと駅前まで買い物に行きたいんですけど、自転車借りてもいいですか。

お母さん： いいですよ。

スーザン： それから……。

お母さん： 何。

スーザン： アメリカの大学の友達で、今東京で英語を教えている人に、きのう偶然会ったんです。いつかここへ連れてきたいんですけど、いいでしょうか。

お母さん： いいですよ。何ていう人。

スーザン： エミリーっていうんです。日本人の家に一度も行ったことがないなんて言ってました。

お母さん： じゃあ、あした夕食に来てもらったらどう。久しぶりにすきやきにしようと[5]思っていたところだから。

スーザン： 本当にいいですか。

お母さん： もちろん。六時に来てもらったらどう。

スーザン： エミリーは六時まで仕事だって言っていたから、六時半でもかまいませんか。

お母さん： いいですよ。じゃ、六時半にしましょう[5]。

スーザン： ありがとうございます。

読み物 >>>>>>> 日本からのメール

CD 1>>>21

ジェイソン、アメリカの大学で日本語を教えてもらった三田先生にメールをする。

三田先生

もう十月の末になりましたが、東京はまだ暖かくて、時々夏のように[6]暑い日さえ[7]あります。そちらは、もう紅葉も終わったころではないでしょうか。

長い間ごぶさたしましたが、その後お元気ですか。日本へ来てから、いつのまにか[8]二ヵ月もたってしまいました。毎日面白い経験をしているので、時のたつのが速いです。そちらはどうですか。今学期はどんなコースを教えていらっしゃいますか。

私はもうだいぶ日本の生活になれ[9]てきました[10]。そちらを出る前に、先生や日本人の友達たちから、日本の生活や大学についていろいろ聞いておいたのが、大変役に立っています。もちろん初めのうち、カルチャーショックがなかったわけではありません[11]が、あまりひどいショックは受けないで済みました[12]。

こちらの大学では学生たちがみんな携帯電話を持っているので、私もこちらに来てすぐ携帯電話を買いました。電車の中では携帯で話すことはできませんが、みんな電車に乗るとすぐメールを熱心に打っているのにはびっくりしました。

ホストファミリーの人たちはみんないい人たちなので、本当に助かっています。お母さんは料理が上手で、毎日おいしい物を食べさせてくれます。でも、日本料理は体にいいようです[6]ね。ずいぶん食べているのに、体重はほとんど変わりません。

大学では、日本語、日本史、日本経済、仏教などを取っています。日本語のクラスでは、新聞記事など難しい物をたくさん読んでいます。漢字テストが毎日あるので、新しい漢字をずいぶん覚えました。

アルバイトも一週間に三時間ぐらいやっています。三人の人に毎週一時間ずつ[13]英会話を教えるアルバイトですが、一回三千円ももらえます。アメリカのアルバイトよりずっといいです。でも、アルバイトをしすぎる[14]と、勉強時間が足りなくなるから、これ以上[15]はやらないことにしようと思っています。

では、今晩はこれから日本語の宿題をしなければならないので、これで失礼します。そちらはこれから寒くなると思います。どうぞお体にお気をつけください。石山先生にもよろしくお伝えください。

ジェイソン・トンプソン

単語

会話 >>>>>>> 1

	許可	permission
1	ホームステイ先	＝留学生がホームステイをしている家
2	写真	picture; photograph
5	財布	wallet
8	背	one's height
13	アメリカ史	American history
16	弁護士	lawyer
18	別に〜ない	not particularly [>>>文法ノート1]
	珍しい	rare
19	お兄さん	(someone else's) older brother
	妹さん	(someone else's) younger sister
20	兄	(one's own) older brother
23	(〜に)似ている	to resemble (〜)
25	かわいい	cute; lovely

会話 >>>>>>> 2

3	全然〜ない	not at all
6	〜かな	I wonder [generally used by male speakers] [>>>文法ノート2]
7	州都	state capital
8	人口	population
9	たしか	if I remember correctly [>>>文法ノート3]
11	間違える	to make a mistake
13	二番目に(大きい)	second (largest)
14	へえ	Really?; Gee!; You're kidding.
16	有名(な)	famous [>>>文法ノート4]
19	知事	governor
21	湖	lake
	冬	winter
	春	spring
	秋	fall
22	すばらしい	wonderful; terrific
24	皆さん	all of you

会話 >>>>>>> 3

1	求める(もとめる)	to request; to ask for
	駅(えき)	train station
	遠い(とおい)	far
2	自転車(じてんしゃ)	bicycle
	借りる(かりる)	to borrow
7	偶然(ぐうぜん)	by chance
10	なんて	things like [＝などと]
12	夕食(ゆうしょく)	dinner [*lit.*, evening meal]
	久しぶり(ひさしぶり)	for the first time in a long time
12	(〜に)する	to decide (on 〜); to have/take (〜) [>>>文法ノート5]
13	Vたところだ	have just done something
14	本当に(ほんとうに)	really; truly
16	かまいません	it's all right; one doesn't mind

読み物 >>>>>>>

3	末(すえ)	end
	暖かい(あたたかい)	pleasantly warm [with reference to weather]
	夏(なつ)	summer
	Nのように	like N [>>>文法ノート6]
	暑い(あつい)	hot [with reference to weather]
	さえ	even [>>>文法ノート7]
4	紅葉(こうよう)	fall colors (of leaves)
5	長い(ながい)	long
	ごぶさたする	to neglect to write for a long time; not to correspond for some time
	その後(ご)	since I saw you last; since that time
5	いつのまにか	before I knew it [>>>文法ノート8]
6	たつ	(time) passes
	面白い(おもしろい)	interesting
	経験(けいけん)	experience
	速い(はやい)	fast; quick
7	今学期(こんがっき)	this semester
8	だいぶ	fairly well; to a large extent; pretty much
	生活(せいかつ)	life
	(〜に)なれる	to be accustomed (to 〜) [>>>文法ノート9]
9	役に立つ(やくにたつ)	to be useful
11	ひどい	terrible; awful
	ショック	shock

11	～ないで済(す)む	to get by without ～ing; to come off without ～ [>>>文法ノート12]
12	携帯電話(けいたいでんわ)	cell phone
13	電車(でんしゃ)	train
14	(～に)乗(の)る	to ride (in/on ～)
	熱心(ねっしん)に	intently; eagerly
	打(う)つ	to type (messages)
15	助(たす)かる	to be saved; (something) helps [*v.i.*]
16	料理(りょうり)	cooking; cuisine
	体(からだ)	body; health
17	体重(たいじゅう)	(body) weight
	変(か)わる	to change [*v.i.*]
18	仏教(ぶっきょう)	Buddhism
19	新聞記事(しんぶんきじ)	newspaper article
	漢字(かんじ)	Chinese character
21	～ずつ	～ each [>>>文法ノート13]
22	一回(いっかい)	per occasion
	ずっと	far ～er; by far
23	～すぎる	to do something too much; too ～ [>>>文法ノート14]
	足(た)りる	to be sufficient
26	(～に)気(き)をつける	to pey attention to; to take care
27	(～に)よろしくお伝(つた)えください	Say hello (to ～) for me.

漢字リスト

書くのを覚える漢字

読み方を覚えましょう。また、書けるようになるまで練習しましょう。

1.写真	2.アメリカ史	3.別に	4.お兄さん	5.妹
6.兄	7.似る	8.州	9.人口	10.間違える
11.有名	12.湖	13.冬	14.春	15.秋
16.駅	17.遠い	18.自転車	19.借りる	20.連れる
21.夕食	22.久しぶり	23.本当	24.末	25.夏
26.暑い	27.長い	28.速い	29.今学期	30.生活
31.役に立つ	32.電車	33.乗る	34.体	35.変わる
36.仏教	37.新聞記事	38.漢字	39.一回	40.今晩

読めればいい漢字

読み方を覚えましょう。

1.許可	2.財布	3.背	4.弁護士	5.珍しい
6.全然	7.州都	8.知事	9.皆さん	10.求める
11.偶然	12.暖かい	13.紅葉	14.面白い	15.経験
16.済む	17.携帯	18.熱心に	19.打つ	20.料理
21.物	22.体重	23.足りる	24.伝える	

漢字の部首 4 きへん 木

This radical comes from 木 and is generally used for characters representing kinds of trees, wood products, etc.

「校」「枚」「様」など

文法ノート

1 >>> 別に(べつ)(～ない)＝'not particularly'

[会話1 > ℓ.18 >>> 別に珍しくありません]

別に is an adverb which is usually followed by a negative form and indicates that something is not particularly the case.

a) 先生：ブラウン君、今日は元気がありませんね。どうかしたんですか。
(Mr. Brown, you don't look very well today. Is something wrong?)

ブラウン：いいえ、**別に(べつ)**何でも**ありません**。
(No, there is nothing particularly wrong.)

b) ホワイト：日本語のクラスは、どう。難しい？
(How is your Japanese class? Difficult?)

ブラウン：ううん、**別に**。
(Not particularly.)

In speech, the phrase which follows 別に is often omitted, as in **b)** above.

2 >>> ～かな

[会話2 > ℓ.6 >>> マディソンていったかな]

This is a colloquial form of ～でしょうか meaning 'I wonder.' ～かな used to be used mainly by male speakers, but these days, both male and female speakers often use it in informal speech.

a) 人口(じんこう)はどのぐらい**かな**。
(What is the population, I wonder.)

b) 今日は晩(ばん)ご飯(はん)に何が出てくる**かな**。
(I wonder what will be served for dinner today.)

～かな is often used in ～と思う construction, as in the following example.

c) マディソンてどんな町**かなと思って**いたんです。
(I have been wondering what kind of town Madison is.)

3 >>> たしか＝'if I remember correctly; if I am not mistaken'

[会話2 > ℓ.9 >>> たしか220千ぐらいだと思います]

When たしか is used, the speaker is somewhat uncertain about the truth of his statement.

a） 日本の人口は、**たしか**一億二千万ぐらいでしょう。
(If I am not mistaken, the population of Japan is about 120,000,000.)

b） アメリカで一番人口の多い州は、**たしか**カリフォルニアだと思います。
(If I am correct, the most populous state in the U.S. is California.)

> Do not confuse たしか with たしかに 'certainly.'
>
> ［例］たしかに私が悪かったです。(Certainly, I'm the one who was wrong.)

4 >>> XはYで有名だ＝'X is famous for Y'

［会話2 > ℓ.16 >>> ビールで有名な］

> Y can be a noun or a noun phrase (*i.e.*, a sentence ＋の／こと).

a） ミルウォーキー**は**、ビール**で有名です**。
(Milwaukee is famous for its beer.)

b） 京都**は**、古いお寺**で有名な**町です。
(Kyoto is famous for its old temples.)

c） 日本人**は**、よく働くの**で有名です**。
(The Japanese people are famous for working hard.)

5 >>> Nにする＝'to decide on N; to have/take N'

［会話3 > ℓ.12 >>> すきやきにしようと… ℓ.17 >>> 六時半にしましょう］

> This expression is used when one decides on a certain choice among many, as when one decides on an item on the menu, a date for a certain event, an item to buy in the store, etc.

a） 私は、すきやき**にします**。
(I will have sukiyaki.)

b） ピクニックは、今度の土曜日**にしましょう**。
(Let's make it [the picnic] this Saturday.)

6 >>> ～ようだ＝'it seems that; it looks like ～'
Nのように＝'like; as if it were'

［読み物 > ℓ.17 >>> 体にいいようですね］
［読み物 > ℓ.3 >>> 夏のように］

> ～ようだ expresses one's conjectures. It is attached to nouns, な-adjectives, plain forms of い-adjectives and verbs.
>
> 日本人だ → 日本人**のようだ**
> しずかだ → しずか**なようだ**
> 面白い → 面白い**ようだ**
> 行く → 行く**ようだ**

a） A：この白いのは何でしょうか。
(What's this white thing?)

B：さあ、よく分かりませんが、おとうふ**のようです**ねえ。
(Well, I don't know for sure, but it looks like tofu.)

b） 日本人は白い車が好き**なようです**。
(Japanese people seem to like white cars.)

c） 先生は毎日お忙しい**ようです**。いつも研究室にいらっしゃいます。
(Our teacher seems to be busy every day. [He/She] is always in [his/her] office.)

d） このごろちょっとやせた**ようです**。前にきつかった洋服が着られるようになりました。
(It seems I've lost some weight. I am able to wear clothes which were too tight before.)

Both らしい and よう give conjectures. With よう, there is a sense that the conjecture is based on the speaker's first-hand information such as one's direct observation. らしい, on the other hand, bases its conjectures more on what one heard. So, in the following sentences, **e)** will be uttered, for example, by a teacher who has given an exam and observed that the students were having difficulty finishing the exam or were looking grim, etc. Sentence **f)**, on the other hand, suggests that the speaker has heard one of the students saying that the exam was difficult.

e） 試験は難しかった**ようだ**。

f） 試験は難しかった**らしい**。
(It seems that the exam was difficult.)

[N_1 のような N_2] specifically expresses the idea that N_1 looks/behaves like N_2. In the following examples, ような indicates that 田中さん is really not a woman but looks/acts like a woman. らしい, on the other hand, indicates that 田中さん is a typical woman — *i.e.*, feminine.

g） 田中さんは、女**のような**人です。
(Mr. Tanaka looks like a woman.)

h） 田中さんは、女**らしい**人です。
(Ms. Tanaka is very feminine.)

The following are similar examples.

i） 夏**のような**日です。
(It's a summer-like day [*i.e.*, It's hot like summer although it is not summer].)

j） 夏**らしい**日です。
(It's a very summery day.)

Similarly, N のように, which is an adverbial form, expresses the idea that someone/something acts/is like someone/something else.

k） 十月の末なのに、夏**のように**暑いです。
(Although it's the end of October, it's hot like a summer day.)

l） スミスさんは、日本人**のように**日本語が上手です。
(Mr. Smith speaks Japanese like a native speaker.)

m） 赤(あか)ちゃんは、ペンギン**のように**歩きます。
(Babies walk like penguins.)

Note that both V/Adj(stem)そうだ and ～ようだ are based on visual evidence. There are differences, however. (Stem)そうだ is used to give a visual impression one gets about a person or an object upon seeing him/her/it, and one's impression might or might not turn out to be true. ～ようだ, on the other hand, involves more reasoning on the part of the speaker, and the speaker is more committed to the truth of the proposition.

n） この試験は難し**そうだ**。
(This test looks difficult.)

o） この試験は難しい**ようだ**。
(It seems that this test is difficult.)

A student might utter sentence **n)** upon seeing the test he/she is about to take. Sentence **o)**, on the other hand, could be said by the teacher, who infers that the test is difficult upon seeing students having difficulty, not finishing in time, etc.

Both ～らしい and V/Adj(plain form)そうだ are based on what one has heard. While (plain form)そうだ is hearsay and reports what one has heard, ～らしい again is a conjecture made by the speaker.

p） スミスさんは病気**だそう**です。
(I hear that Smith-san is sick.)

q） スミスさんは病気**らしい**です。
(It seems that Smith-san is sick.)

There is a definite source of information in **p)**.

7 >>> さえ='even'

[読み物 > ℓ.3 >>> 夏のように暑い日さえあります]

さえ most normally follows a noun (or a sentence ＋こと), focusing on the most unusual or least expected case.

a） 自分の名前**さえ**書けない人は少(すく)ないでしょう。
(There probably are very few people who can't even write their own names.)

b） 期末試験の前は、学生は忙しくて、寝る時間**さえ**ありません。
(Students are so busy before final exams that they don't even have time to sleep.)

c） ときどき夏のように暑い日**さえ**あります。
(Some days, it's even as hot as summer.)

d） 日本の夏は暑くて、眠れないこと**さえ**あります。
(It's so hot in the summer in Japan that there are even times you can't sleep.)

8 >>> いつのまにか＝'before one knows it; before one realizes'

[読み物 > ℓ.5 >>> いつのまにか二ヵ月も]

a） お金は**いつのまにか**なくなってしまいます。
(Money is gone before you know it.)

b） 外は**いつのまにか**暗(くら)くなっていました。
(It had gotten dark outside before I realized it.)

9 >>> ～になれる＝'be used to; be accustomed to'

[読み物 > ℓ.8 >>> 日本の生活になれてきました]

This phrase follows a noun directly or a sentence followed by の.

a） 日本の生活**になれて**きました。
(I have become used to the Japanese way of life.)

b） 日本人でも敬語(けいご)を使うの**になれて**いない人がおおぜいいます。
(Even among the Japanese, there are many people who are not used to using honorifics.)

10 >>> Vてくる

[読み物 > ℓ.8 >>> 日本の生活になれてきました]

When 来る and 行く are used with verbs which express change, process, transition, etc., they indicate how a certain change relates to the speaker in time. Vてくる indicates that a certain change has been taking place *up to now*, and Vていく indicates that a change will continue to take place *from now on*.

a） だいぶ日本の生活になれ**てきました**。
(I have gotten accustomed to the Japanese way of life quite a bit.)

b） 日本語がだいぶ話せるようになっ**てきました**。
(I have come to be able to speak Japanese a lot better.)

c） 私たちの生活は、どんどん変(か)わっ**ていく**でしょう。
(Our life style will continue to change rapidly.)

11 >>> ～わけではない＝'it does not mean that ...; it does not follow that ...'

[読み物 > ℓ.10 >>> ショックがなかったわけではありません]

～わけではない negates what one would generally conclude from previous statements or situations.

a) あまり英語を話しませんが、英語ができない**わけではありません**。
([I] don't speak English much, but that does not mean that [I] can't speak it.)

b) アメリカの大学生はたくさん勉強しなければいけませんが、勉強ばかりしている**わけではありません**。
(American college students have to study a lot, but that does not mean that they do nothing but study.)

In **a)** above, if someone does not speak English, we generally conclude that he/she does not know English; this conclusion is negated.

12 >>> Vないで済む

[読み物 > ℓ.11 >>> 受けないで済みました]

V ないで (negative て-form) followed by 済む means that one manages or gets by without doing V.

a) 図書館に本があったので、**買わないで済みました**。
(Because the book was in the library, I did not have to buy it [*i.e.*, I got by without having to buy it.])

b) バスがすぐ来たので、あまり**待たないで済みました**。
(The bus came right away, and so I did not have to wait too long.)

c) 毎日ご飯を**作らないで済む**といいですね。
(It will be nice if we don't have to cook every day, don't you think?)

13 >>> ～ずつ＝'each; at a time'

[読み物 > ℓ.21 >>> 毎週一時間ずつ]

ずつ is used after a number (usually, number + counter) or limited quantity (*e.g.*, 少し) and indicates that a quantity is distributed equally among two or more objects, time, etc.

a) きのうは友達の誕生日だったので、赤いバラとピンクのバラを六本**ずつ**あげました。
(Yesterday was my friend's birthday, so I gave (him/her) red roses and pink roses, six each.)

b) 郵便局で切手と葉書を五枚**ずつ**買いました。
(I bought five each of stamps and postcards at the post office.)

c) 私は毎日漢字を五つ**ずつ**覚えることにしています。
(As a rule, I memorize five kanji every day.)

d) 私の日本語は少し**ずつ**上手になってきたと思います。
(I think my Japanese is improving little by little.)

e） 一人一枚**ずつ**取ってください。
(Please take one sheet each.)

14 >>> V/Adj (stem) すぎる='too ~; do something too much'

[読み物 > ℓ.23 >>> アルバイトをしすぎると]

食べる → 食べすぎる； する → しすぎる； 高い → 高すぎる； しずかな → しずかすぎる

a） **食べすぎる**と、おなかが痛くなりますよ。
(If you eat too much, you will get a stomachache.)

b） ウィスコンシンはいい所ですが、冬(ふゆ)が**長(なが)すぎます**。
(Wisconsin is a great place, but winter it too long.)

15 >>> ～以上='more than ～'

[読み物 > ℓ.23 >>> これ以上は]

a） アメリカ人留学生は、日本では週に三時間**以上**英語を教えない方がいい。
(American students should not teach English more than three hours a week in Japan.)

b） 一学期に十五単位**以上**取ると大変だと思いますが。
(I think it will be hard to carry more than fifteen credits a semester.)

会話練習のポイント

a) >>> 許可を求める

>>>>> [会話3]

スーザン： 今アメリカの友達が日本に遊びに来て**いるんですけど**[1]、一度ここへ**連れてきてもいいでしょうか**[2]。

お母さん： いいですよ。あした夕食（ゆうしょく）に**来てもらったらどう**[3]。久（ひさ）しぶりにすきやきにしよう**と思っていたところだから**[4]。

スーザン： はい、じゃ早速（さっそく）(right away) 友達に電話してみます。

1: Generally you provide the reason for asking permission with an expression such as んですけど.

2: When you want to ask permission, use expressions such as ～てもいいですか or ～たいんですが、いいでしょうか.

3: Suggestions can be made by saying V たらどうでしょうか in formal style, and V たらどう or V たら？ in informal style.

4: This expression ～と思っていたところだから can be used to give a reason for your suggestion.

運用練習

1 >>> ロールプレイ

➡ 家から家族の写真（しゃしん）を持ってきなさい。ペアになり、一人は日本でホームステイをしている留学生、もう一人はホームステイ先のお父さん／お母さんになります。留学生は、写真を見せながら家族を説明しなさい（例：「これは父です。父は会社に勤めています」）。ホームステイ先のお父さん／お母さんは、くだけた日本語を使いなさい（例：「何という名前ですか」ではなくて、「何ていう名前」と言う）。

終わったら、留学生をした人がお父さん／お母さんになり、お父さん／お母さんをした人が留学生になって、もう一度練習しなさい。

2 >>> ペアワーク

- ペアになって、相手（partner）の人と自分の町について話し合いなさい（どこにあるか、人口（じんこう）はどのぐらいか、何で有名（ゆうめい）かなど）。

3 >>> ブレーンストーミング

- 三人のグループになりなさい。ホームステイを始（はじ）める時に、ホームステイ先のお母さんにいろいろな許可（きょか）をもらいたかったら、どんな質問をしたらいいかを考えて、グループで質問を三つ作りなさい。「〜てもいいですか」「〜てもかまいませんか」「〜たいんですが、いいでしょうか」を一度ずつ（once each）使いなさい。質問ができたらクラスの人たちに発表（はっぴょう）（to present）しなさい。

4 >>> グループワーク

- 日本でホームステイをしたことのある人を一人ずつグループに入れて、その人にホームステイについていろいろ聞きなさい（例：「どんな家族でしたか」「食事はどうでしたか」）。

5 >>> グループワーク

- 日本へ行ったことのある学生を一人ずつグループに入れて、日本へ行った時のカルチャーショックについて聞きなさい。

6 >>> 書く練習

- 日本にいる日本人の友達（if you don’t have one, use an imaginary one）に、百五十字ぐらいのみじかいメールを書きなさい。(First, write about the season, then about your recent activities, and end with an appropriate concluding remark.)

聞き取り練習

CD 1 >>> 22

ジェイソンとホームステイ先のお父さんが話しています。CDを聞いて、正しいものに○をつけなさい。

a) ジェイソンのお母さんは

- (　　) 12年ぐらい弁護士をしています。
- (　　) 2年ぐらい前から弁護士です。
- (　　) 2年ぐらい前にロースクールに入りました。

b) ジェイソンのお母さんは、

- (　　) 結婚する前に
- (　　) ジェイソンが子供のころ
- (　　) ジェイソンが大きくなってから

ロースクールに入りました。

c) ジェイソンは、

- (　　) 何になるか分かりません。
- (　　) もう大学を卒業しました。
- (　　) 弁護士になるつもりです。

速読

「日本人とスリッパ」

ベティーは、日本でホームステイをした時、スリッパの使い方になれるまで、ずいぶん時間がかかった。家へ帰ってきて、玄関で靴をぬいで上がると、スリッパがたくさん置いてあり、その一足をはく。しかし、そのスリッパは廊下と洋間のためだけで、日本間に入る時にはぬがなければならない。初めのころは、よくスリッパのまま畳の部屋に入ってしまい、家族の人たちに注意された。

一番わけが分からなかったのは、トイレのスリッパだった。トイレのドアの外で自分のスリッパをぬいでから、ドアをあけて入り、トイレ用の特別のスリッパにはきかえなければならない。トイレが済んだら、トイレ用のスリッパをぬぎ、廊下にぬいでおいた自分のスリッパに、もう一度はきかえる。日本人はこれになれていて、自動的にぬいだりはいたりできるが、なれていない外国人にとってはずいぶん複雑な習慣だ。ある日、ベティーがトイレのスリッパをはいたまま、リビングルームに入っていったら、ホームステイの兄弟たちは、それを見て笑い出した。ベティーはこの面倒な習慣になれるまで、結局二、三週間もかかってしまった。

単語

玄関（げんかん）	front hallway	特別（とくべつ）	special
一足（いっそく）	a pair of footwear	済む（すむ）	=終わる
廊下（ろうか）	hallway; corridor	自動的に（じどうてきに）	automatically
洋間（ようま）	western-style room	複雑（な）（ふくざつ）	complicated
畳（たたみ）	mat for a Japanese-style room	習慣（しゅうかん）	custom
注意する（ちゅういする）	to caution; to remind		

◓次の文を読んで、正しければ○、間違っていれば×を入れなさい。

☐ a） 日本人は、家の中でスリッパをはくことが多いらしい。
☐ b） 日本人は、外へ行く時も、スリッパをはいて出かける。
☐ c） 畳の部屋でも、スリッパをはいていなければいけない。
☐ d） トイレのスリッパと、ほかのスリッパは違う。
☐ e） トイレのスリッパをはいたままほかの部屋に入るのは、日本人にはおかしい。

我と来て　遊べや親の　ない雀
（一茶, 1763-1827）

2
俳句

第5課

大学で

質問する

◆ ちょっと伺いたいんですが。 ……> 会話1

◆ もう一つ質問してもいいですか。

アドバイスを求める／与える

◆ ちょっとご相談したいことがあるんですが、今よろしいでしょうか。 ……> 会話2

◆ 移った方がいいかと思うんですが。

◆ 様子を見たらどうですか。

◆ 様子を見てから、またご相談します。

◆ そうしたら？ ……> 会話3

◆ その時に決めたらどう。

CULTURE NOTES

Advisors

>>>>>

At American colleges and universities, each student is assigned to an academic advisor. This might not necessarily be the case in Japan. Some institutions that have an International Division (known as 国際学部 or 留学生別科) may have an advisor system as you see in 会話 1 in this lesson, but that is rather rare. Even at such universities, a *ryuugakusei* is expected to choose his/her own courses and then go to see the advisor just for formal approval. If a student has serious problems regarding course work as in 会話 2 in this lesson, he/she should discuss them with the teacher concerned. For other types of problems, one can go to the 留学生係(がかり) as you will see in later lessons, *e.g.*, 会話 3, Lesson 8.

Extra-curricular Activities

>>>>>

Japanese colleges/universities have all kinds of clubs for extra-curricular activities. Some are sports clubs, *e.g.*, 野球部(やきゅうぶ), テニス部, etc., whose members play against teams from other colleges/universities. These varsity players engage in their sports throughout the year. Baseball players, for example, practice all year round. Their practice sessions are often Spartan, and those who miss them for no apparent reason are likely to be severely criticized. The language used within these sports clubs is often very restrictive in that *koohai* (younger members) must use *keigo* toward *senpai* (older members). Students who hate this regimentation yet love a particular sport often belong to a less restrictive group usually referred to as 同好会(どうこうかい), *i.e.*, a group of people sharing the same interest. There are also all kinds of non-sports clubs ranging from ESS (English Speaking Society) to 歌舞伎同好会(かぶきどうこうかい) (kabuki club). There are many students who seem to spend more hours on extra-curricular activities than on course work. This situation, which most Americans find hard to understand, is possible, of course, because Japanese professors are generally far from demanding.

会話 >>>>>>>> 1

CD 1>>>23

◐ スーザン、留学先の大学へ初めて行って、留学生別科の事務員と話す。

スーザン： おはようございます。

事務員： おはようございます。

スーザン： ちょっと伺いたいんですが。

事務員： 何でしょう。

スーザン： 私、新しい留学生なんですけど。

事務員： はい。

スーザン： あしたのオリエンテーションはどこでしょうか。

事務員： オリエンテーションは朝の九時からで、部屋はこの建物の 208 号室ですよ。玄関のドアのそばに貼り紙がしてあったでしょう。

スーザン： すみません。気がつきませんでした。[1] 九時から 208 号室ですね。

事務員： そうです。

スーザン： それから、もう一つ質問してもいいですか。

事務員： いいですよ。

スーザン： アドバイザーの先生にお会いしたいんですけど、何という先生でしょうか。

事務員： ああ、アドバイザーの先生の名前は、あしたのオリエンテーションの時に発表されますから、それまで待ってください。

スーザン： はい。それから、あしたは日本語のプレイスメントテストもありますね。

事務員： ええ、プレイスメントテストはオリエンテーションのすぐあとで、場所は同じ 208 号室です。

スーザン： 分かりました。どうもありがとうございました。

事務員： いいえ。

会話 2

CD 1 >>> 24

スーザン、日本語の佐藤先生の研究室へ行く。

スーザン： 先生、ちょっとご相談したいことがあるんですが、今よろしいでしょうか。

佐　藤： ええ、どうぞ。何でしょうか。

スーザン： 実は、あのう、日本語のクラスのことなんですけど、今のクラスは私にはちょっとレベルが高すぎると思うんです。もう一つ下のクラスに移った方がいいかと思うんですが。

佐　藤： うん、でも、ラーセンさんは、漢字はもう一歩といったところですが、プレイスメントテストの成績も悪くなかったし、文法もちゃんとしているから、がんばればだいじょうぶだと思いますよ。せっかく[2]日本へ来たんだから、少し難しいクラスにチャレンジしてみる方がいいと思いますけどね。

スーザン： そうですね。でも、あのう、予習や宿題にものすごく時間がかかって。ほかに日本文学と現代史と社会学のコースを取っていて、どのコースもけっこう宿題が多いので、日本語ばっかり勉強しているわけにもいかない[3]んです。この調子だと、学期末になってどうなるか心配です。

佐　藤： そうですか。それは大変ですね。でも、そうかと言って[4]、もう一つ下のレベルのクラスだと、やさしすぎてつまらないと思いますよ。もう少しがんばって様子を見たらどうですか。

スーザン： そうですね。じゃ、あと一週間ぐらい様子を見てから、またご相談します。お忙しいところ、どうもありがとうございました。

佐　藤： いいえ。

会話 >>>>>>>> 3

CD 1>>>25

ジェイソン、新しい部員を勧誘中の日本人学生たちとキャンパスで話している。

学生A(男)：探検部（たんけんぶ）に入りませんか。

ジェイソン：「たんけん」部ってどういう部ですか。

学生A：探検って、英語でexpeditionって言ったかな。

学生B(女)：うん、でも、この場合はexpeditionじゃなくて、explorationだと思うけど。

学生A：ああ、そうか。よく知ってるね。(ジェイソンに) Exploration Clubですよ。

ジェイソン：ああ、そうですか。でも、どんな所へ行くんですか。

学生B：無人島とか。

ジェイソン：「むじんとう」って？

学生A：人の住んでいない島のこと。日本には島がたくさんあるから、だれもいない島も多いわけ。それから、洞窟（どうくつ）探検に行ったり。

ジェイソン：「どうくつ」っていうのは？

学生A：ねえ、英語の先生、洞窟は英語で何て言うの。

学生B：ええと、cave。

ジェイソン：へえ。面白そうだなあ。

学生B：うん。留学生も、今日三人入ったし。ビルとジョンとペギーだったかな。

ジェイソン：ふうん、じゃ僕も入ろうかな。

学生A：そうしたら？　えーと、名前は？

ジェイソン：ジェイソン。

学生A：じゃ、ジェイソン、あしたの午後五時から、駅前の「むら」っていう居酒屋で新入生の歓迎会があるから、その時に決めたらどう。

ジェイソン：うん、じゃ、そうします。じゃ、その時にまた。

学生B：じゃ、また、あした。

読み物

日本の高校生・大学生

CD 1 >> 26

日本の高校生は、大学に入る[5]ために入学試験にパスしなければならない。そのため、有名な大学に入りたい学生は一生けんめい勉強する。有名な大学に入れば、将来一流の会社などに就職しやすいからである。日本の高校では、三年生が一番上だが、三年生になると、部活動をやめて勉強ばかりする生徒が増える。毎日学校へ行くのはもちろんだが、授業が終わっても[6]、すぐには家へ帰らず[7]、塾や予備校へ行って勉強する。入学試験にパスし、希望の大学に入れた場合はいいが、試験に落ちた生徒は、もっとやさしい大学に入るか、卒業後一年間浪人する。つまり、一年間予備校などで勉強しながら、次の年の入学試験を待つのである。

しかし、この傾向は最近少し変わってきている。確かにこのように勉強する高校生もいるが、勉強が大切ではないと考える高校生も増えているようだ。二〇〇五年のある調査によると[8]、アメリカの高校生の七四パーセントが「成績がよくなること」が大切だと考えているのに、そう考えている日本の高校生は三三パーセントだった。そして、アメリカの高校生の多く(八三パーセント)が「勉強がよくできる生徒」になりたいと考えているのに、日本では、「クラスのみんなに好かれる生徒」になりたいと答えた高校生が、四八・四パーセントで一番多かった。この理由はいろいろあると思うが、最近日本は少子化[9]で子供の数が少なくなっていて、大学も前より入りやすくなっているのかもしれない。また、勉強しても必ずしもいい将来があるわけではないという気持ちが強くなっているのかもしれない。

大学に関して言えば、一般的に日本の大学生は楽だ。日本の大学では、宿題、試験、レポートなどが少ないし、コースのために本をたくさん買わされたり[10]、読まされたりすることも少ない。クラスへ行って、先生の講義をよく聞いて、ノートをよく取り、それをよく覚えれば、試験でいい点がもらえる。

大学生活で重要なことは何かというと、「勉強や研究第一」と答える学生が年々増えている。九〇年には二〇・三パーセントだったが、二〇〇四年には二七・六パーセントだった。「友達との付き合い第一」と答えた学生は、年々減っていて、九〇年より一〇パーセントぐらい少ない。時代が変わると学生の考えも変わるということだろう。

単語

会話 >>>>>>> 1

	与える（あたえる）	to give
1	留学先（りゅうがくさき）	[school where a foreign student studies ＝留学している学校や大学]
	事務員（じむいん）	office clerk
4	伺う（うかがう）	[humble form of 聞く（to ask）]
9	建物（たてもの）	building
	２０８号室（にひゃくはちごうしつ）	Room 208
10	玄関（げんかん）	entrance (to a house or a building)
	貼り紙（はりがみ）	paper posted (on a board, a wall, etc.)
11	（〜に）気がつく（きがつく）	to notice (something) [>>>文法ノート1]
16	発表する（はっぴょうする）	to announce
19	場所（ばしょ）	place

会話 >>>>>>> 2

1	佐藤（さとう）	[family name]
2	相談する（そうだんする）	to consult (someone) about (something)
5	レベル	level
	（〜に）移る（うつる）	to move (to 〜) [*v.i.*]
7	もう一歩（もういっぽ）	to need just a little more improvement [*lit.*, just one more step]
8	ちゃんとしている	to be proper; to be solid; to be in good shape
9	せっかく	with much trouble [>>>文法ノート2]
11	予習（よしゅう）	preparation (for class)
	ものすごく	tremendously [＝とても]
12	現代史（げんだいし）	contemporary history
	社会学（しゃかいがく）	sociology
	けっこう	fairly; pretty; quite
14	調子（ちょうし）	condition; state
	心配だ（しんぱいだ）	to be worried
15	そうかと言って（そうかといって）	but; and yet [>>>文法ノート4]
17	様子を見る（ようすをみる）	to see how it goes

会話 >>>>>>> 3

1	部員（ぶいん）	member of a club
	勧誘（かんゆう）	inviting someone to join (a club)
	〜中（ちゅう）	in the middle of doing something
2	〜部（ぶ）	club
10	島（しま）	island
13	ねえ	Hey! [a way of getting someone's attention]
14	ええと	Well [used when looking for a right expression]
17	ふうん	Oh, really.; Really?
21	居酒屋（いざかや）	Japanese style pub
22	新入生（しんにゅうせい）	new student
	歓迎会（かんげいかい）	welcome party

読み物 >>>>>>>

1	ために	in order to [>>>文法ノート5]
	入学試験（にゅうがくしけん）	entrance examination
3	一生（いっしょう）けんめい	very hard
	将来（しょうらい）	in the future
	一流（いちりゅう）の	first-rate
4	就職（しゅうしょく）する	to get a job [*e.g.*, at a firm]
5	部活動（ぶかつどう）	club activities [in the sense of 'extracurricular activities']
6	生徒（せいと）	student; pupil
	(〜が)増（ふ）える	to increase [*v.i.*]
	もちろん	of course
7	帰（かえ）らず	[written form of 帰らないで] [>>>文法ノート7]
	塾（じゅく）	after-school school; cramming school
	予備校（よびこう）	school designed to prepare students for college entrance exams
8	パスする	to pass (an exam)
9	(試験（しけん）に)落（お）ちる	to fail (an exam) [*v.i.*]
10	XかY	X or Y
	浪人（ろうにん）	unemployed samurai; a high school graduate who is spending a year studying for a college entrance examination
11	次（つぎ）の年（とし）	the following year
12	傾向（けいこう）	tendency
	最近（さいきん）	recently
	確（たし）かに	certainly
13	大切（たいせつ）(な)	important
14	調査（ちょうさ）	survey; investigation
15	〜によると	according to 〜 [>>>文法ノート8]

20	好く	すく	to like [*v.t.*]
21	理由	りゆう	reason
22	少子化	しょうしか	decrease in the number of children due to low birth rate [>>>文法ノート9]
	少ない	すくない	few; low in number
24	また		also
25	強い	つよい	strong
26	〜に関して	かん	concerning
	楽(な)	らく	easy; comfortable; leading an easy life
29	講義	こうぎ	lecture
31	点	てん	mark; score; grade; point
32	重要(な)	じゅうよう	important
	〜第一	だいいち	〜 first
33	年々	ねんねん	every year
34	パーセント		percent
35	付き合い	つきあい	socialization; friendship; association
36	減る	へる	to decrease [*v.i.*]
	時代	じだい	age; period

漢字リスト

書くのを覚える漢字

読み方を覚えましょう。また、書けるようになるまで練習しましょう。

1.質問　2.別科　3.伺う　4.新しい　5.～号室
6.研究室　7.移る　8.一歩　9.成績　10.予習
11.宿題　12.現代史　13.部員　14.島　15.(入学)試験
16.一生　17.生徒　18.卒業　19.次の年　20.大切
21.理由　22.数　23.少ない　24.強い　25.一般的に
26.楽(な)　27.いい点　28.重要　29.第一　30.付き合い

読めればいい漢字

読み方を覚えましょう。

1.事務員　2.建物　3.玄関　4.貼り紙　5.発表
6.場所　7.佐藤　8.相談　9.調子　10.心配
11.様子　12.勧誘　13.無人島　14.居酒屋　15.歓迎会
16.将来　17.一流　18.就職　19.増える　20.塾
21.予備校　22.落ちる　23.浪人　24.傾向　25.最近
26.確かに　27.調査　28.好く　29.少子化　30.関して
31.講義　32.年々　33.減る

漢字の部首 5
てへん
扌

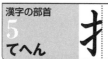

This radical comes from 手 and is used for characters representing hand-related activities.

「持」「払」「授」など

文法ノート

1 >>> (〜に)気がつく='to notice 〜'

[会話1 > ℓ.11 >>> 気がつきませんでした]

This expression can be used either with a noun or a phrase (sentence +の or こと).

a) 間違いに**気がつきませんでした**。
(I wasn't aware of my mistake.)

b) 宿題を忘れたことに**気がついた**のは、授業が始(はじ)まってからだった。
(It was after the class started that I noticed that I had forgotten my homework.)

2 >>> せっかく

[会話2 > ℓ.9 >>> せっかく日本へ来たんだから]

せっかく indicates that something has been done with a great deal of trouble, that someone has spent a great deal of time to reach a certain state.

a) 人が**せっかく**作ってくれた料理を食べないのは失礼だ。
(It's impolite not to eat food which someone has taken the trouble of preparing for you.)

b) **せっかく**習った漢字は忘れないようにしましょう。
(Please try not to forget kanji, which you have spent considerable time and energy to learn.)

3 >>> V(plain)わけにはいかない

[会話2 > ℓ.13 >>> 勉強しているわけにもいかないんです]

[V(plain, present, affirmative)わけにはいかない] means that one cannot do certain things for social/moral/situational reasons.

a) 普通のアメリカのパーティーで日本語を話す**わけにはいきません**。
(We can't very well speak Japanese at an ordinary American party.)

In **a)**, the speaker has the ability to speak Japanese but cannot do it even if he/she wants to because it is inappropriate to speak Japanese in this particular situation.

b) ほかのコースの勉強もあるので、日本語ばかり勉強している**わけにはいきません**。
(Since I have to study for other courses also, I can't spend all my time studying Japanese.)

c) これは先生の本だから、あなたに貸す**わけにはいきません**。
(Since this is my teacher's book, I can't very well lend it to you.)

When the negative form is used with わけにはいかない, the meaning is affirmative — *i.e.*, it has the sense of 'can't help but do 〜.' One does not have any other choice.

d） あした試験があるから、今晩勉強し**ないわけにはいきません**。
(Since I have an exam tomorrow, I cannot help but study tonight.)

e） 忙しくても**寝ないわけにはいきません**。
(Even though I am busy, I don't have any other choice but to sleep.)

4 >>> そうかと言って＝'but; and yet'

［会話2 > ℓ.15］

This phrase is used to quality the preceding statement. It is often followed by ～わけにはいかない, ～わけではない, etc.

a） アメリカの大学生はよく勉強するが、**そうかと言って**勉強ばかりしているわけではない。
(American students study a lot, but that does not mean that they spend all their time studying.)

b） A：寮の食事はまずいねえ。
(Dormitory food is bad!)

B：うん、でも、**そうかと言って**食べないわけにもいかないし。
(Yes, but we still have to eat, so ...)

5 >>> V（plain）ために＝'in order to'

［読み物 > ℓ.1 >>> 大学に入るために］

［V（plain, present）ために］ indicates a purpose for one's action.

a） このごろは**遊ぶために**アルバイトをする学生も多いそうだ。
(I hear that these days there are many students who work part-time so that they have money for fun.)

b） キャロルは、試験の日を**変えてもらうために**先生の研究室へ行った。
(Carol went to her teacher's office in order to ask him/her to change an exam date.)

c） **やせるために**毎日運動(うんどう)をしています。
(I am exercising every day in order to lose weight.)

When ため is followed by の, the phrase modifies a following noun.

d） 日本の高校生は、大学に**入るための**勉強をしなければならない。
(Japanese high school students have to do [a lot of] studying which is [necessary] for entering college.)

e） 辞書(じしょ)は、言葉の意味を**調べるための**ものです。
(A dictionary is a thing you use to look up meanings of words.)

6 >>> ～ても

[読み物 > ℓ.7 >>> 授業が終わっても]

[V/Adj(て-form)＋も] means 'even when ～' or 'even if ～.' With the sense of 'even when/if,' the main sentence is usually in the non-past. Nouns and な-adjectives can take the form of ～であっても (*e.g.*, しずかであっても，学生であっても), but they are usually contracted to ～でも (*e.g.*, しずかでも, 学生でも).

a) 日本へ行く前に日本文化について勉強しておけば、日本へ**行っても**カルチャーショックは受けないでしょう。
(If you study Japanese culture before you go to Japan, you won't have culture shock even when you go there.)

b) アメリカンフットボールは、雪(ゆき)が**降っても**やるそうです。
(I hear that they play football even when it snows.)

c) 日本料理は、たくさん**食べても**太(ふと)らないそうです。
(I hear that with Japanese food, even if one eats a lot, one does not gain weight.)

d) 東京ドームがあるから、雨の日**でも**野球(やきゅう)ができます。
(Because they have Tokyo Dome, they can play baseball even on rainy days.)

7 >>> Vず

[読み物 > ℓ.7 >>> 家へ帰らず]

ず is a negative form in classical Japanese. The modern equivalent is ない. The form ず often appears in contemporary Japanese (especially in written style). ず is used between clauses with the sense of なくて／ないで as in **a)** below, or in the form of ずに with the sense of 'without doing such and such' as in **b)**. Verbs conjugate with ず in the same manner as with ない (*e.g.*, 読む→読まない→読まず, 貸す→貸さない→貸さず, くる→こない→こず) with the exception of せず for する.

a) アメリカで二年間日本語の勉強をしていったので、ひどいカルチャーショックも**受けず**、すぐ日本の生活になれました。
(Since I had studied Japanese for two years in America, I did not have much culture shock and got used to life in Japan quickly.)

b) **寝ずに**勉強すると病気になるでしょう。
(If you study without sleeping, you will get sick.)

8 >>> Nによると＝'according to ～'

[読み物 > ℓ.15 >>> ある調査によると]

This expression is used to indicate a source of information and is generally followed by an expression such as [V(plain)そうだ] indicating hearsay.

a) 天気予報(よほう) (weather forecast) **によると**、今日は午後雨が降るそうだ。
(According to the weather forecast, it will rain this afternoon.)

b） 今日の新聞**によると**、きのうカリフォルニアで地震 (earthquake) があったそうだ。
(According to today's newspaper, there was an earthquake in California yesterday.)

9 >>> ～化

[読み物 > ℓ.22 >>> 少子化]

This suffix attaches mainly to kanji compounds and expresses the idea of ～になる or ～にする.

a） 戦後日本はずいぶん**西洋化**した。
(Since the war, Japan has become quite westernized.)

b） **映画化**された小説は多い。
(There are many novels which have been made into movies.)

10 >>> Causative-passive: 買わされる＝'be made to buy'

[読み物 > ℓ.28 >>> たくさん買わされたり]

This is a shortened variation of a causative-passive form 買わせられる. -せられる is often contracted to -される, unless the resulting form duplicates さ. (*e.g.*, 話させられる is not contracted to *話さされる.)

a） たいてい一学期に一つは論文を**書かされる**。
(In general, we are made to write at least one paper a semester.)

b） 長い間**待たされる**のはだれでもいやだ。
(Nobody likes to be kept waiting for a long time.)

会話練習のポイント

a) >>> 先生にアドバイスを求める／アドバイスをしてもらう

>>>>>[会話2]

学生：先生、**ちょっとご相談したいことがあるんですが**[1]、今よろしいでしょうか。
先生：いいですよ。
学生：あのう、このクラスはちょっと難しすぎるので、下のレベルのクラスに移った方がいい**かと思うんですが**[2]。
先生：そうですか。でも、プレイスメントテストの成績も悪くなかったし、もうちょっとがんばってみた**方がいいと思いますけどね**[3]。
学生：**ええ、でも**[4]、ほかのコースも忙しくて。
先生：そうですか。じゃあ、もう一週間様子を**見たらどうですか**[3]。
学生：はい、じゃあ、そうします。

1: When you want to consult with your teacher, you can begin your conversation with this expression. If you are consulting with your friend, you can say ちょっと相談したいことがあるんだけど, ちょっと聞いてもらいたい話があるんだけど, etc.

2: Here, you are offering your opinion in a non-assertive manner. か in this expression makes it indirect, with the sense that 'I think it might be better to . . .'

3: When you give advice, you can use expressions such as ～方がいいと思います, ～たらどう(ですか) or ～たらいいと思います.

4: When you want to offer a different opinion than what is suggested, you preface your remark with ええ、でも, それはそうだけど, それは分かるけど、でも, etc.

運用練習

1 >>> ロールプレイ

ペアになり、一人は留学生、もう一人は日本の大学の事務員になりなさい。留学生になった人は、次のことを日本語で言いなさい。

a) Have just arrived in Japan today.
b) Would like to see the academic advisor tomorrow, if possible.

事務員になった人は、次のことを日本語で言いなさい。

c) The faculty members are not there this week.
d) You cannot see your advisor until you have taken the Japanese language placement test next Monday.

それが終わったら、留学生をやった人は事務員になり、事務員をやった人は留学生になって、もう一度練習しなさい。

2 >>> ロールプレイ

● ペアになり、一人は留学生、もう一人は日本語の先生になりなさい。留学生は次のことを日本語で言いなさい。

a) Studied Japanese at an American college for two years.
b) This is a second-year Japanese language class and is too easy.
c) Would like to switch to a class one level higher.

二人は、いろいろ話し合って、移るべきかどうか決めます。
決まったら、留学生をやった人は先生になり、先生をやった人は留学生になって、もう一度練習しなさい。

3 >>> ロールプレイ

● ペアになりなさい。一人は新しい留学生で、大学で何かのサークルに入りたいと思っています（スポーツや音楽などのいろいろなサークルのうちから、面白そうなのを選びなさい)。もう一人は、そのサークルの先輩（older member）になります。留学生は、先輩にそのサークルについて聞き、入るか入らないかを決めます。

決まったら、留学生をやった人が先輩になり、先輩をやった人が留学生になって、もう一度練習しなさい。

4 >>> ブレーンストーミング

- 日本へ行って、アメリカの大学について説明しなければならなかったら、どんなことを言ったらいいでしょうか。小さいグループを作ってアイディアを出し合い、リストを作りなさい。リストができたら、クラスの人たちに発表（はっぴょう）しなさい。

5 >>> 作文

- 自分の大学について説明する作文を書きなさい。長さは百五十字ぐらい。

聞き取り練習 CD 1 >>> 27

- 留学先の大学で、ジェイソンが留学生係（がかり）(one in charge of foreign students) の人と話しています。CD を聞いて、正（ただ）しい言葉を入れなさい。

a) ジェイソンは、ホストファミリーと＿＿＿＿＿＿＿＿いっています。

b) 高田さんの家族は、みんな＿＿＿＿＿＿＿＿親切（しんせつ）です。

c) 高田さんの家の食事は、＿＿＿＿＿＿＿＿日本料理です。

d) 高田さんの家では、＿＿＿＿＿＿＿＿納豆（なっとう）が出ます。

e) ジェイソンは、納豆が食べられるけれども＿＿＿＿＿＿＿＿好きでもありません。

速読

（単語表はありません。知らない単語があっても、だいたい意味が分かるはずですから、読んでみてください。）

「『あなた』の使い方」

ジェイソンが日本に着いた次の日、ホストファミリーのお母さんが、隣の佐藤(さとう)さんの家へあいさつに連れていってくれた。隣のご主人(しゅじん)は四十歳(さい)ぐらいの会社員で、アメリカに何年も住んでいたことがあり、英語が上手だ。佐藤さんが英語で、ジェイソンが日本語で話すというおかしな会話になった。ジェイソンが佐藤さんの英語に感心(かんしん)して「あなたの英語は上手ですねえ」と言うと、佐藤さんはちょっといやな顔をした。後でホームステイ先の家へ帰ってから、ジェイソンはお母さんに、「目上の人に『あなた』なんて言っちゃだめ」とおこられた。その後ジェイソンは、日本人の会話をよく聞くようにしたが、本当に「あなた」は目上に対して使われないだけでなく、友達と話す時でもあまり使われないということが、だんだん分かってきた。しかし、ジェイソンが「あなた」を使わないで長い会話ができるようになるのには、一年近くかかってしまった。

次の文を読んで、正(ただ)しければ○、間違っていれば×を入れなさい。

- [ ] a） ジェイソンは、アメリカで佐藤さんに会ったことがあるらしい。
- [ ] b） この佐藤さんは、男性である。
- [ ] c） ジェイソンが「あなたの英語は上手ですねえ」と言うと、佐藤さんは喜(よろこ)んだ（was glad）。
- [ ] d） 日本人が「あなた」という言葉を使うことは少ない。
- [ ] e） ジェイソンは、今では「あなた」を使わずに会話ができる。

類(るい)は友を呼ぶ

(*lit.*, Similarities attract friends.)

3 ことわざ

第6課

レストランで

注文する（ちゅうもん）

- ◆ 親子お願いします。 ……>会話 1
- ◆ 私は天どん。
- ◆ コカコーラの大きいのをください。 ……>会話 3

引用する（いんよう）

- ◆ 百年以上前からやっているお店なんですって。 ……>会話 1
- ◆ ここのは、おいしいっていう話ですよ。
- ◆ ここはおいしいと言われているので、いつ来ても込んでるんですよ。 ……>会話 2
- ◆ 違うって聞いてたけど、ほんとに違うね。 ……>会話 3

CULTURE NOTES

Restaurants

>>>>>

People in Japan love to eat out. Basically, there are three types of food: Japanese, Chinese, and Western. In big cities like Tokyo, however, there are all kinds of ethnic restaurants, such as Thai, Korean, and Indian. In Japan, there are probably more specialized restaurants than in the United States. For example, sushi restaurants serve only sushi, tempura restaurants only tempura, eel restaurants only eel, etc. Although there are lots of restaurants that serve all these items, such restaurants are usually not considered first-rate. This is perhaps due to the faith in specialized professionalism that is shared by most Japanese, *i.e.*, they believe that no one can surpass the quality of food prepared by specialists, *e.g.*, sushi made by chefs who have prepared nothing but sushi all their lives.

At inexpensive restaurants such as noodle shops, whenever it gets crowded, you will be asked to share the table with strangers. The waitress will say something like, 相席(あいせき)お願いします (Please let another party sit with you), and there is nothing you can do but nod in agreement.

Besides eating out, Japanese often have food delivered, too. In America, very few places other than pizzerias and Chinese restaurants deliver food to homes, but in Japan, in addition to those, sushi restaurants and noodle restaurants regularly offer delivery service, and you don't even have to tip the delivery person!

会話 >>>>>>> 1

CD 1>>>28

日本の会社に勤めているディック・ロバーツ、同僚の高橋ゆみとそば屋へ行く。

高　橋：　ここは、百年以上前からやっているお店なんですって[1]。

ロバーツ：　おいしいでしょうか。

高　橋：　ちょっと高いけど、おいしいこと[2]はおいしいらしいですよ。

ロバーツ：　（メニューを見ながら）ずいぶんいろいろなものがあるんですね。

高　橋：　ええ、おそばだけじゃなくて、うどんもあるし、丼ものもありますね。

ロバーツ：　「丼もの」って何ですか。

高　橋：　ご飯の上に何かのっているのが丼ですよ。天ぷらがのっていれば「天どん」ていうし、とんカツがのっていれば「カツどん」ていうんです。おそばやうどんより、丼ものの方がおなかがいっぱいになりますよ。

ロバーツ：　そうですか。じゃ、今日はおなかがすいているから、丼ものにしようかな。

高　橋：　私もおなかがすいてるから、親子丼にしようと思ってるんです。

ロバーツ：　「親子丼」って？

高　橋：　実物が来たらすぐ分かりますよ。ここのは、おいしいっていう話ですよ。

ロバーツ：　そうですか。でも僕は天どんにしておきます。

＊　＊　＊

店　員：　何になさいますか。

高　橋：　私は親子お願いします。

ロバーツ：　私は天どん。

店　員：　はい、親子と天どんですね。

天どん　　親子丼

＊　＊　＊

店　員：　親子と天どん、お待たせしました。

高橋／ロバーツ：ありがとう。

高　橋：　これが親子ですよ。親というのはチキンで、子というのは卵なんです。

ロバーツ：　なるほど。鳥が卵を生むから、鳥が親で、卵が子供っていうわけですか。面白いですね。じゃあ、今度食べてみます。

会話 >>>>>>>> 2

CD 1>>>29

大学の先生二人がすし屋へ昼食に行く。今井は五十代の女性、佐藤は六十代の男性。

店　員：　いらっしゃいませ。お二人様ですか。こちらへどうぞ。

佐　藤：　（腰をかけながら）けっこう込んでますね。

今　井：　ええ、ここはおいしいと言われているので、いつ来ても込んでるんですよ。

佐　藤：　そうですか。知りませんでした。

今　井：　込んでると、カウンターで食べられなくてつまらないですね。

佐　藤：　そうですね。私もおすしを握ってるのを見ながら食べるのが好きでね。

すし屋のカウンター

店員、お茶を持ってくる。

店　員：　お決まりですか。

佐　藤：　私は並を一つ。

今　井：　私はちらしを一つお願いします。

店　員：　並一つ、ちらし一つですね。お飲み物は？

今　井：　私はお茶だけでいい[3]ですけど、先生はビールか何か召し上がりますか。

佐　藤：　ビールと言いたいところだけど、今日はこれから授業だからやめときます。

二十分後、食べ終わって……

佐　藤：　おいしかったですね。

今　井：　そうですね。じゃ、そろそろ参りましょうか。私も一時から授業があるので。（今井、請求書を手に取ろうとする。）

佐　藤：　私に払わせてください。

今　井：　いいえ、いつも先生におごっていただくというわけにはいきませんから、今日は私が。

佐　藤：　そうですか。じゃ、ごちそうになります。

会話 >>>>>>> 3

CD 1>>>30

ジェイソン、友人の大山健一と大学の辺りを歩いている。

(写真提供:日本マクドナルド(株))

ジェイソン: おなかがすいたなあ。

健　一: そうだね。僕も腹へってきたよ。

ジェイソン: マックに入ろうか。

健　一: いいよ。

店に入る。

店　員: いらっしゃいませ。何になさいますか。

ジェイソン: えーと、ビッグマックとポテトMサイズとアップルパイ一つずつ。

店　員: はい、ビッグマックとポテトMサイズとアップルパイ一つずつですね。お飲み物は?

ジェイソン: コカコーラの大きいのをください。

店　員: はい、全部で880円になります。

健　一: 僕はてりやきマックバーガーとアイスコーヒーのSサイズ。

店　員: てりやきマックバーガーとアイスコーヒーのSサイズですね。370円いただきます。

二人はお金を払って席に着く。

ジェイソン: 日本のマクドナルドはアメリカのとちょっと違うって聞いてたけど、ほんとに違うね。

健　一: どこが。

ジェイソン: アメリカのマクドナルドで売ってるものが、日本の店にもあるとは限らない[4]し、それに日本のマクドナルドにしかないものもあるね。

健　一: 例えば、てりやきマックバーガーとか?

ジェイソン: うん。

健　一: そうだね。ほかに、えびフィレオっていうのもあるよ。

ジェイソン: 外国の物でも、日本に入ると日本化しちゃうんだね。

健　一: うん、でも、そういうことは、日本だけのことじゃないと思うなあ。

読み物 チップの習慣

CD 1-31

日本人がアメリカを旅行して面倒だと感じることの一つは、チップの習慣である。例えば、空港からタクシーでホテルに着くと、タクシーを降りる前に[5]、運転手にチップを渡さなければならない。ボーイに部屋まで荷物を運んでもらえばチップ、部屋を片付けてくれるメイドにもチップ、食堂で食事をすればウエーターやウエートレスにチップ、出かける時に[5]ドアマンがタクシーを呼び止めてくれれば、それに対してチップ、というように、何度も[6]チップを取られる。

日本にはチップの習慣がないので、その点簡単である。ホテルや旅館に泊まればサービス料を取られることは[2]取られるが、それはだいたい宿泊料の十パーセントに決まっていて、請求書に含まれているので、自分で計算しなくてもよい。高級レストランや料理屋でも同じようにサービス料を取られるが、普通のすし屋、そば屋、レストランなどならチップは必要ない。タクシーに乗ってもチップは払わなくていいし、床屋や美容院でもチップはいらない。チップを十五パーセントにしようか[7]、二十パーセントにしようかなどと心配しなくていいのは、ほんとうにありがたい。

アメリカ人は、レストランや床屋でチップを払うのに慣れているので、日本でチップを払わないとサービスが悪くなるのではないか[8]と、心配になるかもしれないが、日本のレストランや床屋のサービスは、アメリカと比べてむしろ[9]いいと言える。日本の物価が高いことはアメリカでも有名だが、チップの習慣のないことは意外に[10]知られていない。もっと宣伝されてもいいのではないだろうか[8]。

単語

会話 >>>>>>> 1

	注文(ちゅうもん)する	to order (something)
	引用(いんよう)する	to quote
1	同僚(どうりょう)	colleague; co-worker
	高橋(たかはし)	[family name]
	ゆみ	[female given name]
	そば屋(や)	noodle shop
2	店(みせ)	shop; store
5	メニュー	menu
6	うどん	[type of noodle]
	丼(どんぶり)もの	[name of dish; bowl of rice topped with things like fried pork cutlet or fried shrimp, etc.]
8	ご飯(はん)	cooked rice
9	とんカツ	pork cutlet
14	実物(じつぶつ)	actual thing
16	店員(てんいん)	clerk; shop-employee
22	親(おや)	parent
	卵(たまご)	egg
23	なるほど	I see.
	鳥(とり)	chicken [*lit.*, bird]
	生(う)む	to lay (egg); to give birth to [*v.t.*]

会話 >>>>>>> 2

1	昼食(ちゅうしょく)	lunch [＝昼(ひる)ご飯]
	今井(いまい)	[family name]
	五十代(ごじゅうだい)	in one's fifties
2	様(さま)	[polite form of さん]
3	腰(こし)をかける	＝いすに座る
	込(こ)む	to be crowded
6	カウンター	counter
7	すしを握(にぎ)る	to make sushi by hand
8	お茶(ちゃ)	(green) tea
10	並(なみ)	(sushi serving of) medium quality/price
11	ちらし	[a kind of sushi; a box of sushi rice covered with small slices of fish]
15	召(め)し上(あ)がる	[honorific form of 食べる／飲む]
16	やめる	to refrain from 〜ing [*v.t.*]
	やめときます	[contraction of やめておきます]
19	参(まい)る	[humble form of 行く／来る]
20	請求書(せいきゅうしょ)	bill; invoice
22	おごる	to treat (someone) to (something [usually food or drink])
24	ごちそうになる	to be treated by someone

会話 >>>>>>> 3

1	大山(おおやま)	[family name]
	健一(けんいち)	[male given name]
	辺り(あたり)	vicinity
3	腹(はら)(が)へる	to be hungry [used by men]
13	てりやきマックバーガー	teriyaki McBurger
16	席(せき)に着(つ)く	to seat oneself (at a table)
20	売(う)る	to sell [*v.t.*]
	～とは限(かぎ)らない	not necessarily ～[限(かぎ)る = to limit] [>>>文法ノート4]
24	えびフィレオ	fried shrimp burger
25	外国(がいこく)	foreign country; abroad
	日本化(にほんか)する	to Japanize; to become Japanese

読み物 >>>>>>>

0	チップ	tip
	習慣(しゅうかん)	custom
1	旅行(りょこう)する	to travel
	面倒(めんどう)(な)	troublesome
	～と感(かん)じる	to feel that ～
3	(～を)降(お)りる	to get off ～; to get out of (a vehicle)
	運転手(うんてんしゅ)	driver [by occupation]
4	渡(わた)す	to hand (something) to [*v.t.*]
	ボーイ	porter
	荷物(にもつ)	luggage; baggage
	運(はこ)ぶ	to carry
5	片付(かたづ)ける	to clean; to tidy up [*v.t.*]
6	食堂(しょくどう)	dining room
7	呼(よ)び止(と)める	to flag down
10	簡単(かんたん)(な)	simple; easy
11	旅館(りょかん)	Japanese inn
	(～に)泊(と)まる	to stay (at ～) [*v.i.*]
11	サービス料(りょう)	gratuity
12	宿泊料(しゅくはくりょう)	hotel charges
13	(～に)含(ふく)まれる	to be included (in ～) [passive form of 含(ふく)む]
	計算(けいさん)する	to calculate
14	高級(こうきゅう)	high class; first-rate
	料理屋(りょうりや)	high class Japanese style restaurant
16	必要(ひつよう)ない	not necessary
17	床屋(とこや)	barber shop
	美容院(びよういん)	beauty salon
	(～が)いる	to need ～; ～ is necessary
19	心配(しんぱい)する	to worry
23	(～と)比(くら)べて	compared with
	むしろ	rather [>>>文法ノート9]
24	物価(ぶっか)	(commodity) prices
25	意外(いがい)に	unexpectedly [>>>文法ノート10]
26	宣伝(せんでん)する	to advertise

漢字リスト

書くのを覚える漢字
読み方を覚えましょう。また、書けるようになるまで練習しましょう。

1. 注文	2. 勤める	3. お店	4. ご飯	5. 親子
6. 実物	7. 店員	8. 鳥	9. 面白い	10. 昼食
11. 今井	12. 様	13. お茶	14. 席	15. 売る
16. 限る	17. 習慣	18. 旅行	19. 感じる	20. 空港
21. 渡す	22. 呼び止める	23. 旅館	24. 宿泊料	25. 高級
26. 料理屋	27. 必要	28. 心配	29. 慣れる	30. 比べる
31. 物価				

読めればいい漢字
読み方を覚えましょう。

1. 引用	2. 同僚	3. 高橋	4. 丼もの	5. 卵
6. 腰	7. 握る	8. 並	9. 召し上がる	10. 参る
11. 請求書	12. 健一	13. 辺り	14. 腹	15. 面倒
16. 降りる	17. 運転手	18. 荷物	19. 運ぶ	20. 片付ける
21. 食堂	22. 簡単	23. 含む	24. 計算	25. 床屋
26. 美容院	27. 宣伝			

漢字の部首
6
ぎょうにんべん
彳

This radical comes from the left half of 行 and is often used for characters representing kinds of roads or types of walking.

「行」「待」「後」など

NOTES ON KEIGO

敬語

辞書形 (Plain Form)	尊敬語 (Respect Form)	謙譲語 (Humble Form)		丁寧語 (Polite Form)
		I	II (丁重語) (Courteous Form)	
言う	おっしゃる おっしゃいます	申し上げる 申し上げます	申す 申します	言います
行く	いらっしゃる いらっしゃいます	(目上の家・オフィスへ) 伺う・伺います	参る 参ります	行きます
来る	いらっしゃる いらっしゃいます お見えになる お見えになります	伺う 伺います	参る 参ります	来ます
いる	いらっしゃる いらっしゃいます		おる おります	います
する	なさる なさいます	いたす いたします	いたす いたします	します
食べる	召し上がる 召し上がります	いただく いただきます	いただく いただきます	食べます
飲む	召し上がる 召し上がります お飲みになる お飲みになります	いただく いただきます	いただく いただきます	飲みます
見る	ご覧になる ご覧になります	拝見する 拝見します		見ます
聞く	お聞きになる お聞きになります	伺う 伺います お聞きする お聞きします		聞きます
会う	お会いになる お会いになります	お目にかかる お目にかかります お会いする お会いします		会います
寝る	お休みになる お休みになります			寝ます
知っている	ご存じだ ご存じです	存じ上げている 存じ上げております	存じている 存じております	知っています
Nだ (N is usually a name.)	Nでいらっしゃる Nでいらっしゃいます		Nでございます	Nです
あげる	おあげになる おあげになります	さしあげる さしあげます		あげます
もらう	おもらいになる おもらいになります	いただく いただきます		もらいます
くれる	くださる くださいます			くれます

尊敬語 (respect form) is used when you are talking about an action or state of someone to whom you have to show respect. So, when you talk about the action of your teacher, for example, you use 尊敬語.

謙譲語 (humble form) is used when you are talking about your own or your family member's action. There are two types of 謙譲語——I and II. Type I is used when you (or your family member's) action directly involves the other to whom you want to show respect (*e.g.*, visiting a superior's house or helping your superior with his/her luggage, etc.) By humbling your own action, you are in effect showing respect to your superior. Type II, which is called 丁重語 (courteous form) is generally used when you want to talk about your own action or state in a humble manner just to be polite to the addressee. 丁重語 is used when your action does not directly involve your superior, but most likely the person you are talking to is your superior or someone to whom you want to be very polite. So, if you are going to your superior's house (or office), you use 伺う. If you are reporting to your superior that you went somewhere, then you use 参る (see illustrations in (1)). Similarly, if you are asking your superior to let you look at his/her book, you use 拝見する. If you are telling you superior that you went to see a movie, you say 映画を見ました (see illustrations in (2)).

(1)

(2)

One can use 丁寧語 (polite form) instead of 丁重語 (courteous form), but use of 丁重語 is much more polite. So, if your superior asks you whether you play tennis or not, you can either say テニスをいたします or テニスをします. 丁重語 is very polite, and you probably won't be using it in your daily conversations, unless a situation calls for very polite language (such as in job interviews, in business situations, etc.).

If there are no special respect forms, use [おV(stem) になります]. If there are no special humble forms, use [お V(stem) します／いたします].

辞書形 (Plain Form)	尊敬語 (Respect Form)	謙譲語 (Humble Form)		丁寧語 (Polite Form)
		I	II (丁重語) (Courteous Form)	
話す	お話しになる お話しになります	お話しする お話しします お話しいたします		話します
電話をかける	電話をおかけになる 電話をおかけになります	電話をおかけする 電話をおかけします 電話をおかけいたします		電話をかけます
作る	お作りになる お作りになります	お作りする お作りします お作りいたします		作ります

文法ノート

1 >>> 〜って

［会話1 > ℓ.2 >>> お店なんですって］

In Japanese, it is very important to distinguish the information you obtain through secondary sources (what you have heard or read) from what you know firsthand. When one does not have firsthand knowledge of what one is saying, reportive expressions such as って, (plain form)そうです, と言っていました, らしいです or the like should be used.

a）東京の冬はあまり寒くないんだ**って**ねえ。
(I hear winter in Tokyo is not too cold, [is that right?])

b）日本へ行けば、英語を教えるアルバイトならたくさん**あるって**聞きました。
(I heard that there are lots of part-time jobs teaching English once you get to Japan.)

2 >>> 〜ことは（〜が）

［会話1 > ℓ.4 >>> おいしいことはおいしいらしい］
［読み物 > ℓ.11 >>> 取られることは取られるが］

[V/Adj ことは V/Adj] is generally used to qualify one's statement, with the meaning 'it is the case that . . . , but . . . .' If one is talking of a past fact, the second V/Adj is put in the past tense.

な-adjective：　しずかな**ことは**しずかです
い-adjective：　寒い**ことは**寒いです
Verb：　食べる**ことは**食べます

a）「乱(らん)」という映画(えいが)は面白い**ことは**面白い**が**、ちょっと長すぎる。
(The movie called "*Ran*" *is* interesting, but it's a little too long.)

b）日本の高校生は勉強する**ことは**します**が**、入学試験のための勉強ばかりですから、自分の意見(いけん)（opinion）を作るためには役に立っていないようです。
(Japanese high school students *do* study a lot, but since all they do is study for entrance examinations, it does not seem to contribute to forming their own opinions.)

c）作文を書く**ことは**書いた**が**、間違いが多かっただろうと思うと、恥(は)ずかしい。
(I *did* write a composition, but I am sure there were lots of mistakes, and I feel embarrassed.)

3 >>> Nでいいです／Nでけっこうです＝'N will do; N will suffice'

［会話2 > ℓ.15 >>> お茶だけでいいですけど］

a）辞書(じしょ)は、一冊(さつ)**でいい**でしょうか。
(Would one dictionary do?)

b）お茶(ちゃ)**でけっこうです**。
([Green] tea would be fine.)

4 >>> ～とは限らない＝'it is not necessarily the case that ～'; 'it does not mean that ～'

［会話3 > ℓ.20 >>> 日本の店にもあるとは限らない］

a） 日本の高校生がみんな勉強ばかりしている**とは限らない**。
(It's not necessarily the case that all Japanese high school students do nothing but study.)

b） 日本語を勉強している学生がみんな日本へ行く**とは限らない**。
(It's not necessarily the case that students who are studying Japanese will all be going to Japan.)

This expression is often used with an adverb 必ずしも.

c） 高いものが**必ずしも**みんなよい**とは限らない**。
(Expensive things are not necessarily good.)

5 >>> ～前に／～あと（で）／～時（に）＝'before ～／after ～／when ～'

［読み物 > ℓ.3 >>> タクシーを降りる前に　ℓ.7 >>> 出かける時に］

The verb which precedes 前に is always in the present tense form. Contrast this with [V (past)＋あと（で）] 'after V.' In general, when an action verb occurs in clauses such as 時（に）, 前に, あと（で）, etc., the past tense form indicates that an embedded action will occur (or occurred) *before* the main action. The present tense form indicates that an embedded action will occur (or occurred) either *simultaneously with* or *after* the main action.

a） 日本へ**行く前に**名刺を作っておく方がいいでしょう。
(It is a good idea to have your cards made before you go to Japan.)

b） 試験が**終わったあと（で）**パーティーをしましょう。
(Let's have a party after the exam is over.)

c） 日本へ**行く時（に）**パスポートがいります。
(You need a passport when you go to Japan.)

d） この辞書は、日本へ**行った時（に）**買いました。
(I bought this dictionary when I went to Japan [*i.e.*, while I was in Japan].)

e） この辞書は、日本へ**行く時（に）**買いました。
(I bought this dictionary when I went to Japan [before or on the way to Japan].)

f） 辞書は、日本へ**行った時（に）**買います。
(As for a dictionary, I will buy it when I get to Japan [after I get to Japan].)

Notice that in **e)**, since 行く is used, it indicates that buying took place before the speaker went to Japan or on the way to Japan. In **f)**, since the main verb 買う is in the present tense form, the speaker has not bought a dictionary yet, but 行った indicates that buying will take place after he/she gets to Japan.

6 >>> 何＋counter も＝'many ～'

[読み物 > ℓ.8 >>> 何度も]

a) 日本へは**何度も**行ったことがあります。
(I have been to Japan many times.)

b) 中華料理屋は**何軒も**あります。
(There are many Chinese restaurants.)

> cf. 何十冊も　'dozens of volumes (*lit.*, tens of volumes)'
> 　一＋ counter も＋ negative　'not even one'

c) 翻訳をする人は、辞書を**何十冊も**持っているそうです。
(I hear people who translate have dozens of dictionaries.)

d) 日本へ行ったことは、**一度も**ありません。
(I have not been to Japan, even once.)

7 >>> ～か～かと（心配した）＝'worried whether ～ or ～'

[読み物 > ℓ.18]

> [V (volitional form) か V (volitional form) かと] can be followed by verbs such as 心配する, 迷う or 考える, and it indicates that the subject of the sentence is wondering which option to take.

a) チップを十五パーセント**にしようか**二十パーセント**にしようかと**心配しなくていい。
(One does not have to worry whether to leave a 15% tip or a 20% tip.)

b) おすし**にしようか**天ぷら**にしようかと**迷った。
(I had trouble making up my mind whether to have sushi or tempura.)

8 >>> ～のではないでしょうか ／ ～のではないだろうか ／ ～のではないか ＝'I think it might be the case that～'

[読み物 > ℓ.22, 26]

> This is a less assertive, more indirect way of expressing one's opinion. By saying もっと宣伝されてもいいのではないだろうか, the speaker/writer thinks that it should be publicized more. のではないだろうか is used here because the speaker/writer does not want to put forth this opinion too strongly. In colloquial speech, のではない is contracted to んじゃない. This expression generally follows a sentence in plain form (*e.g.*, 行くのではないだろうか, 悪いのではないだろうか, 必要ないのではないだろうか), but nouns and な-adjectives, in their affirmative present tense form, occur as 習慣<u>な</u>のではないだろうか or 簡単<u>な</u>のではないだろうか.

a) サービスが悪い時は、チップを払わなくてもいい**のではないでしょうか**。
(I wonder if it's all right [I think it's all right] not to leave a tip when service is bad.)

b) 予約 (reservation) をしていかないと、入れない**のではないだろうか**。
(I fear we won't be able to get in unless we make a reservation in advance.)

c） アメリカ人：今度日本へ行くんですが、ホテルと旅館(りょかん)とどっちの方がいいでしょうか。
(I'm going to Japan. Which do you think would be better, to stay at hotels or at Japanese inns?)

日本人：旅館の方が面白い**んじゃないでしょうか**。
(I think Japanese inns would be more fun.)

> 〜のではないだろうか can be followed by と plus such verbs as 思う, 心配する. In such cases, it takes a shortened form のではないか.

d） チップを払わないとサービスが悪くなる**のではないか**と心配している。
([He] is worried service might become bad if [he] does not leave tips.)

e） 最近、日本語のできる外国人も増えてきている**のではないか**と思います。
(I think the number of foreigners who can speak Japanese has increased recently.)

9 >>> むしろ='rather'

[読み物 > ℓ.23 >>> むしろいいと言える]

> むしろ is used when, of two alternatives, one is more 〜 than the other; one is preferable to the other; one fits the description better than the other, etc.

a） 今の日本の若者(わかもの)より、アメリカで日本語を勉強したアメリカ人の方が、**むしろ**敬語(けいご)の使い方などをよく知っているのではないだろうか。
(I wonder if it might be the case that Americans who study Japanese in America, rather than the Japanese youth, are better able to use honorifics.)

b） 夏かぜは冬のかぜより**むしろ**治(なお)りにくいから、気をつけてください。
(A summer cold is even harder to get rid of than a winter cold, so take care.)

c） 会話は、日本語の方が英語より**むしろ**やさしいかもしれない。
(As far as conversation goes, actually Japanese may be easier than English.)

> Often, when むしろ is used, there is a certain general or contextual expectation that the opposite is true. So, **a)** is said in the context of a general expectation that the Japanese people are better at using honorifics.

10 >>> 意外に='more/less 〜 than expected; contrary to one's expectation'

[読み物 > ℓ.25 >>> 意外に知られていない]

a） 今度の試験は**意外に**やさしかった。
(The exam this time was easier than I expected.)

b） 日本へ行く飛行機の切符(きっぷ)は**意外に**安かった。
(The air ticket to Japan was cheaper than I expected.)

会話練習のポイント

a) >>> そば屋で

>>>>>[会話1・会話2]

店員：　何になさいますか。
先生1：私はカツどん**お願いします**[1]。
先生2：私は天ぷらうどんにします。
店員：　カツどんと天ぷらうどんですね。少々(a little)お待ちください。
（食事が終わってから）
先生1：今日は私の**おごりです**から、**私に払わせてください**[2]。
先生2：いいえ、いつも先生におごっていただくというわけにはいきませんから、今日は私が。
先生1：そうですか。**じゃ、ごちそうになります**[3]。

1: When you place an order at a restaurant, you say ～お願いします.

2: When you offer to treat the other person, you can say 私に払わせてください, 私のおごりです, etc. However, it is better not to use the word おごる／おごり to your superior.

3: This expression is used to accept an offer.

運用練習

1 >>> ロールプレイ

➲ 三人ずつになり、二人は留学生、一人は店員（てんいん）になりなさい。日本で留学生二人がマクドナルドへ行き、食べ物と飲み物とを注文（ちゅうもん）します。注文する物は、次のリストから選びなさい。

食べ物	飲み物
ハンバーガー	コーラ
チーズバーガー	コーヒー
ビッグマック	ミルク
フィレ・オ・フィッシュ	オレンジジュース

2 >>> 小(しょう)グループワーク

a) すし屋へ行った時の経験について話し合いなさい。行ったことのない学生は、行ったことのある学生にいろいろ質問しなさい。

b) このごろアメリカでもすしを食べる人が多くなりましたが、それはなぜかを話し合いなさい。グループの意見(いけん)（opinion）を、後でクラスの人たちに発表しなさい。

3 >>> ペアワーク

● ペアになり、一人が最近読んだり聞いたりしたニュースについて、「って」を使って報告(ほうこく)（to report）し、もう一人はそれに答(こた)えなさい。

［例］　A：けさ天気予報(よほう)聞いたんですけど。

B：ええ。

A：今日は午後からいい天気になるって言ってましたよ。

B：ああ、よかった。今日は夕方(ゆうがた)ジョギングをしたいと思っているんですよ。

それが終わったら、報告をした人は答える人に、答えた人は報告する人になって、もう一度練習しなさい。

4 >>> ペアワーク

● ペアになり、くだけた言葉を使って、上の **3** と同じような会話をしなさい。

［例］　A：ゆうべテレビで見たんだけど。

B：うん。

A：きのうマディソンの銀行(ぎんこう)にどろぼうが入ったんだって。

B：えっ！ いやだなあ。

5 >>> 作文

● 自分の好きなレストランについて、二百字ぐらいの作文を書きなさい。

聞き取り練習 CD 1>>>32

女の人がすし屋に電話をかけています。CDを聞いて、次の文が正(ただ)しければ○、間違っていれば×をつけなさい。

- □ a) すし屋の名前は、「みこしずし」です。
- □ b) この女の人の名前は、松井(まつい)といいます。
- □ c) この女の人は、前にもこのすし屋のすしを注文(ちゅうもん)したことがあります。
- □ d) この女の人のうちでは、このおすしを晩ご飯に食べるのでしょう。
- □ e) 晩ご飯は六時でしょう。

速読

（単語表はありません。知らない単語があっても、だいたい意味が分かるはずですから、読んでみてください。）

「ドギーバッグ」

アメリカの大学で勉強しているみさ子の所へ、日本から母が訪(たず)ねてきた。母が着いた日の晩、みさ子は母を有名なシーフードのレストランへ夕食に連れていった。二人が注文し終わると、初めにパンとサラダがたくさん出てきた。それを食べながら待っているうちに、魚(さかな)のメインコースが出てきた。母は「ずいぶんたくさんね」と言って食べ始(はじ)めたが、すぐおなかがいっぱいになって、食べるのをやめてしまった。みさ子は、しばらくがんばって食べたが、半分(ぶん)ぐらい残(のこ)ってしまった。みさ子が「アメリカ人は、全部食べられないと、残りを袋(ふくろ)に入れてもらって家へ持って帰るんだから、私たちもそうしようよ」と言うと、母は「日本じゃそんなことしないよ」と答(こた)えた。みさ子が「アメリカじゃ、だれでもするんだよ」と言っても、母は「そんなことしたくない」とか「いや」などと言うばかりだ。結局二人は、残った食べ物をそのままにして、帰ってきてしまった。

➡次の文を読んで、正(ただ)しければ○、間違っていれば×を入れなさい。

☐ **a）** みさ子の母は、みさ子といっしょにアメリカへ来た。
☐ **b）** みさ子の母は、パンもサラダも食べなかった。
☐ **c）** みさ子の母は、みさ子がやめるより早く、食べるのをやめた。
☐ **d）** みさ子の母は、メインコースをあまり食べなかった。
☐ **e）** 日本では、あまりドギーバッグを使わないらしい。
☐ **f）** みさ子はドギーバッグをもらった。

ぬすびとに　取(と)り残(のこ)されし　窓(まど)の月(つき)

（良寛(りょうかん), 1758-1831）

3 俳句

第 7 課

レクリエーション

人を誘う（さそ）

◆（野球（やきゅう）の）試合を見に行くんですけど、
みんなで行きませんか。 ………………………………………>会話 1

◆グラントさんもどうですか。

◆一緒（いっしょ）に行かない？ ………………………………………>会話 3

◆見に行こうよ。

人に誘われる

◆ご一緒させてください。 ………………………………………>会話 1

◆ええ、僕も喜（よろこ）んで。

◆私はちょっと……。

◆残念（ざんねん）ですけど、またいつかお願いします。

◆じゃ、楽（たの）しみにしています。 ………………………………………>会話 2

CULTURE NOTES

How to Decline an Invitation

>>>>>

Japanese people are known for being indirect and vague about declining invitations. When they cannot accept an invitation, they, as a rule, do not say いいえ, because they feel that it would be too curt. They prefer expressions such as その日はちょっと……, meaning "That day is a bit . . . ." Since the word for *inconvenient* is often left out, one is expected to guess what is implied. Guessing, however, is not as difficult as it might sound, for, after all, X はちょっと…… is not only a standard expression, but is always accompanied by a reluctant tone of voice as well as a facial and bodily expression of regret.

Respect for the Aged

>>>>>

In 会話 1, there is a brief mention of a special occasion called 古稀, a celebration held on someone's 70th birthday. In addition to 古稀, other birthdays singled out for special celebration are: 60th, 77th, 80th, 88th, 90th and 99th. Currently, Japan enjoys the top longevity rate in the world; one therefore often hears about these birthdays being celebrated in Japan.

Akihabara

>>>>>

Akihabara (sometimes shortened to Akiba) is located less than 5 minutes by train from Tokyo Station. It is well-known for its hundreds of electronic shops, and you can get good deals on anything from a TV, camera, computer, to electronic parts and software. In recent years, moreover, it has become famous worldwide as a mecca of pop culture, including games, *manga* and *anime*. Akihabara has also become strongly associated with the so-called *otaku* culture. *Otaku* refers to people who have obsessive interest in one particular thing, notably *manga* and *anime*. In Akihabara, you can see new types of cafés which cater to *Otaku*, such as メイド喫茶, where waitresses dressed in western-style maid uniforms serve food. There are also マンガ喫茶, where customers can read *manga* and watch DVD's, etc., but this does not seem to be limited only to Akihabara anymore.

会話 >>>>>>> 1

CD 1>>>33

日本語の小林先生が、クラスの学生たちを野球の試合に誘っている。

小林(女)： 来週の金曜日の晩、ドラゴンズとジャイアンツの試合を見に行くんですけど、みんなで行きませんか。佐藤先生も今井先生もいらっしゃるそうですよ。

ジェイソン： 僕も行きたいけど、いくらですか。

小　林： 安い席ならそんなに高くありませんよ。ひとり1,500円ぐらいだと思いますけど。

ジェイソン： それじゃご一緒させてください。

小　林： グラントさんもどうですか。

ビ　ル： ええ、僕も喜んで。僕は高校の時、野球のチームに入ってピッチャーやってたんですよ。

小　林： へえ。すごいですね。ラーセンさんは？

スーザン： 私はちょっと……。

小　林： 野球はきらいですか。

スーザン： いいえ、でもその日の晩は、ホストファミリーのお母さんのお父さんの、七十歳のお祝いがあるので。

小　林： ああ、古稀(こき)のお祝いですね。それじゃ仕方ないですね。

スーザン： ええ、残念ですけど、またいつかお願いします。

小　林： じゃあ、また今度ね。

会話 >>>>>>>> 2

CD 1>>>34

東京のある会社の課長である山田に英会話を教えているスティーブ・ホワイトが、山田の家で、一緒に音楽を聞いている。

ホワイト：　このスピーカー、いい音しますね。どこのメーカーですか。

山　田：　実は、私が作ったんですよ。

ホワイト：　えっ、ご自分で？　すごいですね。

山　田：　いやいや、大したことないですよ。

ホワイト：　作るのに時間かかったでしょうね。

山　田：　いや、部品を買ってきて、自分で組み立てただけですけど。

ホワイト：　へえ。ほんとにいい音ですよね。僕もこんなスピーカー欲しいなあ。

山　田：　自分で作る方が買うよりずっと安いし、いいものができますよ。

ホワイト：　そうなんですか。部品はどこで手に入れるんですか。

山　田：　私はいつも秋葉原に行って買うんです。

ホワイト：　秋葉原ですか。

山　田：　ええ、今の若い人にとって、秋葉原はアニメなんかで有名だけれど、秋葉原は何と言っても[1]昔から電気街として知られていますからね。

ホワイト：　そうなんですか。それで電気部品の専門店もたくさんあるんですね。

山　田：　ええ。よかったら、今度の日曜日、一緒に行きませんか。

ホワイト：　はい、ぜひご一緒させてください。

山　田：　秋葉原までどうやって行くか分かりますか。

ホワイト：　はい、前に一度友達と行ったことがあります。東京駅から山手線で二つ目でしたっけ[2]？

山　田：　そうです。京浜東北線の快速に乗ると次の駅ですけど。私はその日の午前に用事があるので、一時にJRの秋葉原駅で待ち合わせでいいですか。

ホワイト：　分かりました。たしか、秋葉原の駅は出口がいくつかあったと思うんですけど。

山　田：　ええ、少し分かりにくいですよね。ええと、じゃ、中央改札口にしましょうか。

ホワイト：　はい、じゃ、一時に中央改札口を出たところにいるようにします[3]。

山　田：　ええ。じゃ、そうしてください。

ホワイト：　じゃ、楽しみにしています。

会話 >>>>>>> 3

CD 1>>>35

ジェイソン、友人の大山健一に映画に誘われる。

健　一：　明日の晩、映画に行こうと思ってるんだけど、一緒に行かない？

ジェイソン：何の映画。

健　一：　黒沢って知ってる？

ジェイソン：映画監督の？

健　一：　うん、そう。

ジェイソン：黒沢の映画なら、「乱(らん)」とか「影武者(かげむしゃ)」とか、二、三本アメリカで見たけど。

健　一：　そんなんじゃなくて、もっと古いのは？　「羅生門(らしょうもん)」とか「七人の侍」なんか。

ジェイソン：全然聞いたことないなあ。

健　一：　そんならよかった。明日の晩、オリオン座で「七人の侍」をやるから、見に行こうよ。

ジェイソン：何時。

健　一：　八時からだけど、ノーカットだから、終わるのは十一時半ごろになるかもしれない。

ジェイソン：困ったなあ。

健　一：　どうして。金がないの？

ジェイソン：そうじゃなくて、時間がないんだ。あさっての朝一時間目に日本語の試験があるから、明日の晩は勉強しようと思ってたんだよ。

健　一：　そんなら今晩勉強しとけば？　僕だって、あさっての朝出さなきゃならないレポートがあるから、今晩徹夜で書いちゃおうと思ってるんだ。

ジェイソン：そう、じゃ、僕も今晩勉強するよ。

健　一：　「七人の侍」なんてめったにやらないんだから、来た時に見なきゃ。

ジェイソン：うん、じゃ、行く。それで、どこで会う。

健　一：　オリオン座知ってる？

ジェイソン：うん、前に一度行ったから。

健　一：　じゃ、七時半にオリオン座の前で会おう。きっとたくさん並んでると思うけど、三十分前に行けば、だいじょうぶだね。

ジェイソン：七時半にオリオン座の前だね。じゃ、また。

健　一：　じゃ。

全国から県や地域の予選で優勝したチームが、兵庫(ひょうご)県の甲子園(こうしえん)という野球場に集まり、[5]二週間ぐらいのトーナメントをする。甲子園での大会は全試合がテレビで放映され、[5]日本中の人がそれを見ながら、自分たちの県や地域のチームを応援する。野球をしている高校生にとって、[8]甲子園大会に出場するということは大変名誉なことで、卒業後にプロ選手になる者も少なくない。

欧米から入ったスポーツでは、野球のほかにサッカーが特に盛んである。一九九三年にJリーグというプロサッカーのリーグが始まってから、人気が高まった。サッカーの日本代表チームの国際試合も、日本中の関心を集めている。

伝統的な[9]スポーツで一番人気があるのは、何と言っても[1]大相撲だろう。大相撲は、プロの力士によって行われている相撲である。最近ではモンゴル、東ヨーロッパ出身の力士も多くなってきている。こういう外国人力士が皆、日本語を上手に話せるのは面白いことである。

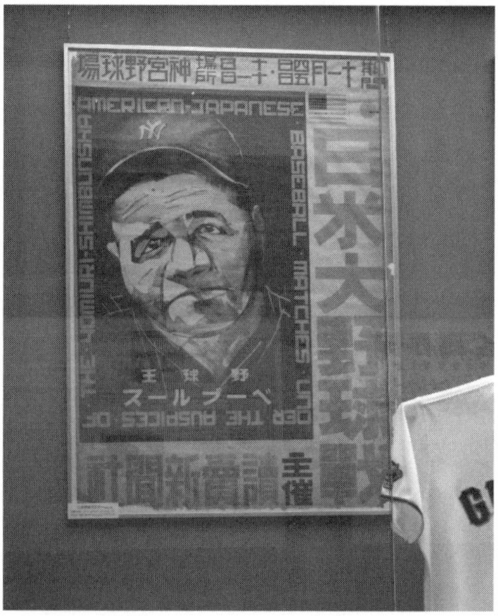

博物館に展示されている、日米野球のポスター
（写真提供：（財）野球体育博物館）

人気の高い大相撲（写真提供：共同通信社）

読み物 >>> 日本のスポーツ

CD 1 >>> 36

日本人はスポーツが好きで、いろいろなスポーツが盛んだが、一番人気のあるスポーツの一つは、野球だろう。アメリカではあまり知られていないことだが、日本に野球が入ったのは、今から百三十年以上も前の一八七二年のことだった。日本人に初めて野球を紹介したのは、ウィルソンというアメリカ人だったと言われている。一八九〇年ごろになると、野球をする人は、もうかなり多くなっていた。「ベースボール」ではなくて、「野球」という日本語が[4]使われ始めたのも、そのころだった。

一九一〇年ごろから、日本の大学野球チームが、ときどきアメリカへ出かけて試合をするように[5]なり、アメリカからも、ワシントン、シカゴ、ウィスコンシンその他の大学チームが日本へ遠征（えんせい）するようになった。

一九三〇年代の前半に、アメリカのプロ野球のチームが日本を訪問したことがある。そのチームには、ベーブ・ルースも入っていた。その時、日本では、いい選手を集めてチームを[5]作り、アメリカ・チームと試合をしたが、[6]何度戦っても簡単に負けてしまった。しかし、一度だけ、沢村（さわむら）という若いピッチャーが投げた時、負けたことは負けたが、ベーブ・ルースを[7]始め、有名なバッター数人に三振をさせて、たちまち日本のヒーローになった。その後まもなく、日本でもプロ野球が始まった。

一九四一年から四五年までの太平洋戦争の間、野球はほとんど忘れられていた。沢村選手も戦死した。しかし、戦争が終わると、日本人はすぐ野球を始めた。今では、学生野球もプロ野球も、なかなか盛んである。プロ野球には、リーグが二つあり、それぞれ「セントラル・リーグ」「パシフィック・リーグ」と呼ばれている。秋になると、両リーグを通しての日本一を決める試合が行われる。近年では、日本のプロ野球のレベルも上がってきていて、アメリカの大リーグで活躍する選手も増えてきている。

また、日本では高校野球が盛んである。毎年八月には、

単語

会話 >>>>>>> 1

	レクリエーション	recreation
	誘(さそ)う	to invite (someone to do something with the speaker)
1	小林(こばやし)	[family name]
	野球(やきゅう)	baseball
	試合(しあい)	game
2	ドラゴンズ	Dragons [name of a baseball team]
	ジャイアンツ	Giants [name of a baseball team]
5	席(せき)	seat
7	一緒(いっしょ)	together
9	喜(よろこ)んで	gladly; with pleasure
	チーム	team
	ピッチャー	pitcher
11	すごい	Great!
14	～歳(さい)	～ years old
15	お祝(いわ)い	celebration
17	残念(ざんねん)(な)	regrettable

会話 >>>>>>> 2

1	課長(かちょう)	section chief
3	音(おと)	sound
	メーカー	manufacturer; maker
6	大(たい)したことない	not too good; not great
8	部品(ぶひん)	parts
	組(く)み立(た)てる	to assemble; to put together
9	欲(ほ)しい	to want
11	手(て)に入(い)れる	to obtain
12	秋葉原(あきはばら)	[place name]
14	～にとって	for ～; to ～
15	何(なん)と言(い)っても	undeniably; no doubt; by any account [*lit.*, no matter what others may say] [>>>文法ノート1]
15	昔(むかし)	the past; the old days
	電気街(でんきがい)	electronic store district
	～として	as ～
20	山手線(やまのてせん)	[name of a train line]
	二(ふた)つ目(め)	second
22	京浜東北線(けいひんとうほくせん)	[name of a train line]
	快速(かいそく)	rapid train or bus
23	用事(ようじ)	errand; things to do
	J R(ジェイアール)	Japan Railways
	待(ま)ち合(あ)わせ	to arrange to meet
24	出口(でぐち)	exit
	いくつか	a few
25	中央改札口(ちゅうおうかいさつぐち)	central ticket gate

26 〜ようにする　to try to〜; to make an effort to〜 [>>>文法ノート3]

28 (〜を)楽(たの)しみにしています　to be looking forward (to〜)

会話 >>>>>>> 3

1	映画(えいが)	movie
2	明日(あした)	tomorrow
4	黒沢(くろさわ)	[family name]
5	監督(かんとく)	movie director
7	乱(らん)、影武者(かげむしゃ)、羅生門(らしょうもん)、七人(しちにん)の侍(さむらい)	[movie names＝映画(えいが)の名前(なまえ)]
8	侍(さむらい)	samurai
	Nなんか	＝Nなど
10	オリオン座(ざ)	[name of a movie theater]
13	ノーカット	uncut
19	〜とけば	[contraction of 〜ておけば]
	僕(ぼく)だって	I, also [＝僕も]
	〜なきゃならない	have to 〜 [contraction of 〜なければならない]
20	レポート	report; paper
	徹夜(てつや)	staying up all night
22	めったに〜ない	rarely
26	きっと	for sure; surely
	並(なら)ぶ	to stand in line [*v.i.*]

読み物 >>>>>>>

1	盛(さか)ん(な)	thriving
2	人気(にんき)がある	popular
7	かなり	fairly
9	V(stem)始(はじ)める	to begin V-ing [>>>文法ノート4]
12	その他(た)	and others
13	遠征(えんせい)する	to visit a far-away place to compete in sports
14	三〇年代(さんじゅうねんだい)	the thirties
	前半(ぜんはん)	first half
	プロ野球(やきゅう)	professional baseball
15	訪問(ほうもん)する	to visit
16	選手(せんしゅ)	player selected for a team [usually athletic]
	集(あつ)める	to gather [*v.t.*]
17	何度(なんど)〜ても	no matter how many times〜 [>>>文法ノート6]
18	戦(たたか)う	to fight; to compete
	負(ま)ける	to lose (a game) [*v.i.*]
	沢村(さわむら)	[family name]
19	投(な)げる	to pitch
20	〜を始(はじ)め	starting with〜; including〜 [>>>文法ノート7]
	バッター	batter

20	数人（すうにん）	several people
	三振（さんしん）	strike-out
21	たちまち	instantly
	ヒーロー	hero
	まもなく	not much later; soon
23	太平洋戦争（たいへいようせんそう）	Pacific War
	ほとんど	almost
24	戦死（せんし）する	to die in battle
27	リーグ	league
	セントラル・リーグ	Central League
	パシフィック・リーグ	Pacific League
28	両（りょう）～	both ～
29	近年（きんねん）	in recent years
30	上（あ）がる	to rise [*v.i.*]
31	活躍（かつやく）する	to play an active part in
33	全国（ぜんこく）	the entire nation
	県（けん）	prefecture
	地域（ちいき）	region
	優勝（ゆうしょう）	championship
	兵庫県（ひょうごけん）	Hyogo Prefecture
33	甲子園（こうしえん）	[name of a baseball stadium]
34	野球場（やきゅうじょう）	baseball stadium
	集（あつ）まる	to gather [*v.i.*]
	トーナメント	tournament
35	大会（たいかい）	(big) tournament
	放映（ほうえい）する	to televise
37	応援（おうえん）する	to cheer for
38	出場（しゅつじょう）する	to participate in (an event); to compete in
	名誉（めいよ）(な)	honorable
40	欧米（おうべい）	West [*lit.*, Europe and America]
	～のほか	besides ～
42	高（たか）まる	to increase [*v.i.*]
43	関心（かんしん）を集（あつ）める	to gain interest
45	伝統的（でんとうてき）(な)	traditional [>>>文法ノート9]
46	大相撲（おおずもう）	the professional sumo
	力士（りきし）	sumo wrestler
	～によって	by
47	モンゴル	Mongolia
	出身（しゅっしん）	one's home

漢字リスト

書くのを覚える漢字

読み方を覚えましょう。また、書けるようになるまで練習しましょう。

1. 小林	2. 試合	3. お祝い	4. 課長	5. 音
6. 部品	7. 組み立てる	8. 欲しい	9. 手に入れる	10. 若い
11. 昔	12. 用事	13. 出口	14. 中央	15. 楽しみ
16. 映画	17. 明日	18. 侍	19. 並ぶ	20. 盛ん(な)
21. 始める	22. その他	23. 訪問	24. 集める	25. 戦う
26. 負ける	27. 太平洋	28. 戦争	29. 戦死	30. 近年
31. 増える	32. 県	33. 放映	34. 欧米	35. 関心
36. 伝統的	37. 最近	38. 出身		

読めればいい漢字

読み方を覚えましょう。

1. 誘う	2. 野球	3. 一緒	4. 喜んで	5. 七十歳
6. 残念	7. 秋葉原	8. 電気街	9. 山手線	10. 京浜東北
11. 快速	12. 改札口	13. 黒沢	14. 監督	15. オリオン座
16. 徹夜	17. 選手	18. 投げる	19. 三振	20. 活躍
21. 地域	22. 優勝	23. 野球場	24. 応援	25. 出場
26. 名誉	27. 大相撲	28. 力士		

漢字の部首 7 ひへん **日**

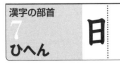

This radical comes from 日 and is used for characters representing times of day, degrees of lightness, etc.

「時」「明」「晩」など

文法ノート

1 >>> 何と言っても＝'undeniably; no doubt; by any account' [会話2 > ℓ.15] [読み物 > ℓ.45]

a) 日本の映画監督(えいがかんとく)の中で最(もっと)も有名なのは、**何と言っても**黒沢明(くろさわあきら)だろう。
(The most famous movie director in Japan by any account must be Akira Kurosawa.)

b) 日本が経済大国(たいこく)になれたのは、**何と言っても**アメリカのおかげだろう。
(No doubt it was thanks to America that Japan become an economic power.)

2 >>> ～たっけ／だっけ [会話2 > ℓ.21 >>> 二つ目でしたっけ？]

This sentence-final expression is used when the speaker does not remember certain information and tries to recall it by jogging his/her own or the addressee's memory. It has the sense of 'I seem to remember that ～, but I am not certain. Can you tell me if it's right?' or 'I don't recall (this particular information). Can you help me remember it?' This is a colloquial expression, and it is not used in writing. Usually, you use this form with the past tense (both plain and polite) forms, as in 行ったっけ or 行きましたっけ. だっけ is also acceptable (*e.g.*, 日本人だっけ and 行くんだっけ). Note that it is not attached to the です form, so a sentence such as 寒かったですっけ is ungrammatical. The conjugational pattern is illustrated below.

Present tense ＋っけ	Past plain ＋っけ	Past polite ＋っけ
日本人だっけ	日本人だったっけ	日本人でしたっけ
病気だっけ	病気だったっけ	病気でしたっけ
—	近かったっけ	—
—	行ったっけ	行きましたっけ
～んだっけ	～んだったっけ	～んでしたっけ

a) 去年の夏も**暑かったっけ**。
(I seem to remember that it was also hot last summer. Am I right?)

b) 試験は**来週だったっけ**。(来週だっけ is acceptable.)
(I seem to remember that the exam is next week. Am I right?)

c) 病院の前にガソリンスタンドが**ありましたっけ**。
(Is there a service station in front of the hospital? I don't recall [seeing it].)

d) 試験は**いつでしたっけ**。
(I don't remember when the exam is. Would you tell me?)

3 >>> V(plain)ようにする

[会話2 > ℓ.26 >>> いるようにします]

V(plain)ようにする means 'to make an effort to do something' or 'to make a point of doing something.'

a) 日本語は毎日**勉強するようにして**ください。
(Please try to study Japanese every day.)

b) 遊ぶお金は、アルバイトで**かせぐようにしています**。
(I make a point of earning my spending money by working part time.)

4 >>> V(stem)始(はじ)める='begin V-ing'

[読み物 > ℓ.9 >>> 使われ始めた]

a) 私が日本語を**勉強し始(はじ)めた**のは一年前です。
(It was a year ago that I started studying Japanese.)

b) ミステリーは、**読み始める**とやめられません。
(You can't stop reading a mystery novel once you start reading [it].)

[V(stem)終わる] indicates 'finish V-ing.'

c) 午前三時にやっと論文(ろんぶん)を**書き終わり**ました。
(I finally finished writing a paper at 3 a.m.)

5 >>> S_1 V(stem), S_2

[読み物 > ℓ.11 >>> なり ℓ.17 >>> 作り ℓ.34 >>> 集まり ℓ.35 >>> 放映され]

The stem of a V-ます form (*e.g.*, *tabe*, *tsukuri*, *iki*) can be used in place of V-て form to connect two sentences. This use is generally restricted to written style.

a) いい選手(せんしゅ)を集(あつ)めてチームを**作り**、アメリカ・チームと試合をした。
(They formed a team by gathering good players and played games with the American team.)

b) 多くのチームが甲子園(こうしえん)に**集まり**、二週間のトーナメントをする。
(A number of teams gather together at Koshien for a two-week tournament.)

6 >>> Question word + ~ても

[読み物 > ℓ.18 >>> 何度戦っても]

Question words (何/いつ/だれ/どこ/何度/ etc.) followed by て-forms followed by も indicate 'no matter what/when/who/where/how often,' etc.

a) 富士山(ふじさん)は、**いつ見ても**きれいです。
(Mt. Fuji is beautiful no matter when we look at it.)

b) **何を食べても**太(ふと)らない人がうらやましいです。
(I envy people who never get fat no matter what they eat.)

c) 東京の町は、**どこへ行っても**人で込んでいます。
(Tokyo is crowded with people no matter where you go.)

7 >>> ～を始め＝'starting with ～; including ～'

［読み物 > ℓ.20 >>> ベーブ・ルースを始め］

This phrase introduces the most obvious example, as in the following examples.

a） アメリカではフットボールを始め、バスケット、アイスホッケーなどのスポーツも盛んです。
(In America, sports such as basketball and ice hockey, not to mention football, are popular.)

b） 黒沢明は、「羅生門」を始め、「七人の侍」「乱」など、多くの名画の監督である。
(Akira Kurosawa is the director of many famous movies such as *Seven Samurai* and *Ran*, not to mention *Rashomon*.)

8 >>> Nにとって＝'for ～; to ～'

［読み物 > ℓ.37 >>> 高校生にとって］

a） 日本人にとっては普通のことでも、外国人にとっては変に見えることも多いだろう。
(There are probably lots of things which seem normal to a Japanese but strange to a foreigner.)

b） 多くのアメリカの大学生にとって、成績は一番重要なことらしい。
(It seems that grades are most important for many American college students.)

9 >>> ～的＝'～type; ～ic; ～ical'

［読み物 > ℓ.45 >>> 伝統的な］

a） **日本的な**おみやげと言うと、着物とか扇子などだろう。
(A typical Japanese souvenir might be a kimono or a fan.)

b） 「行くぞ」とか「行くぜ」と言うと、**男性的に**聞こえる。
(It sounds masculine if you say *iku zo* or *iku ze*.)

c） 黒沢は**世界的に**有名な監督である。
(Kurosawa is a world-famous movie director.)

d） 最近では、どの国でもエネルギーを**経済的に**使おうとしている。
(In recent years, every country is making an attempt to use energy efficiently [economically.])

会話練習のポイント

a) >>> 誘う／誘われる

>>>>>[会話2]

山田：	ホワイト先生、今度の土曜日はお忙しいですか。
ホワイト：	いいえ、別に。
山田：	じゃ、うちへ**遊びにいらっしゃいませんか**[1]。
ホワイト：	あ、ありがとうございます。よろしいんですか。
山田：	ええ、家内も一度先生にお会いしたいなんて言っているんですよ。
ホワイト：	そうですか。じゃ、**遠慮なくおじゃまさせていただきます**[2]。
(会う時間と場所を決めてから)	
ホワイト：	**じゃ、楽しみにしています**[3]。
山田：	じゃ、また。

1: When you want to invite someone to do something, you use expressions such as ～ませんか, ～だけど、～さんもどうですか (formally), and V ない？ (informally).

2: This expression is used to accept an invitation to someone's home. 遠慮なく means "without hesitation" and おじゃまする literally means "to intrude on someone's time." When you accept an invitation to some event, you can say ぜひご一緒させてください(formally), ぜひ行く(informally), etc.

3: This expression is used to close an invitation sequence, saying that you are looking forward to it.

b) >>> 誘う／断る

>>>>>[会話1]

ゆみ：	土曜日の晩、パーティーがあるんだけど、**行かない**[1]？
キャロル：	土曜日は**ちょっと**[4]。
ゆみ：	**パーティーはきらい？**[5]
キャロル：	きらいじゃないけど。
ゆみ：	**勉強が忙しい？**[5]
キャロル：	うん、ちょっとね。
ゆみ：	じゃあ、仕方ないね。
キャロル：	うん、ごめんね。**せっかく誘ってくれたのに。今度またお願いね**[6]。

4: ちょっと implies that you can't comply with an invitation.

5: Oftentimes, it is polite to ask this type of question, which would make it easier for the addressee to refuse your invitation.

6: When you can't accept an invitation, make sure you give thanks for the invitation and ask to be considered for another opportunity.

運用練習

1 >>> ロールプレイ

ペアになり、一人は留学生、もう一人は日本語の先生になりなさい。留学生は、自分のアパートでパーティーをするので、先生を招待（to invite）します。日時は自由（as you like)。どのようなパーティーかも、自分で決めなさい。留学生は敬語を使うこと。先生は招待を断ります（to decline）が、なぜ行けないかを上手に説明しなければいけません。

2 >>> ロールプレイ

ペアになり、一人は留学生、もう一人は日本のホストファミリーのお母さんになりなさい。お母さんは、今晩家族でファミリーレストランへ行くので、留学生も誘います。留学生はどう答えてもよい。

3 >>> ロールプレイ

ペアになり、一人は留学生、もう一人はその友達の日本人学生になりなさい。日本人学生は、留学生を自分の家族に紹介したいので、自分の家へ夕食に招待します。留学生は日本人の家に行ったことがないので喜びます。名前、日時は自由。二人ともくだけた言葉で話しなさい。(先生は、駅から日本人学生の家までの簡単な地図を作り、学生たちがそれを使って会話ができるようにしてください。)

4 >>> ロールプレイ

ペアになり、一人は大学生、もう一人はその友達になりなさい。大学生は、友達が遊びに来たので、自分の町を案内（to show him/her around）したいと思っています。どこか行きたいところを決めて、友達を誘いなさい。どこで会うかも話し合いなさい。

5 >>> ペアワーク

a) ペアに分かれ、どんなスポーツが好きか、どうして好きか、いつからやっているか、上手かどうかなど、なるべくたくさん質問して答えを聞き、後でクラスに発表しなさい。

b) 最近見た映画についてお互いに質問し、聞いた答えを後でクラスに発表しなさい。次の単語表の単語を使ってもよい。

俳優(はいゆう)	actor/actress	現代物(げんだいもの)	contemporary drama
アニメ	cartoon [*lit.*, anima(tion)]	時代物(じだいもの)	period drama
コメディー	comedy	ハッピーエンド	happy end(ing)
ホラー映画(えいが)	horror film	すじ	plot of a film
SF(エスエフ)	science fiction		

6 >>> 作文

「私とレクリエーション」という題で、二百字の作文を書きなさい。

聞き取り練習 CD 1 >>> 37

ジェリーが友達の真美(まみ)の家に電話をかけています。CD を聞いて、次の質問に答(こた)えなさい。

騒(さわ)ぐ	to make a lot of noise

a) 真美の名字(みょうじ)(family name)は何といいますか。

b) ジェリーが電話をかけた時、初めにだれが出ましたか。どうして分かりますか。

c) ジェリーは、真美を何に誘いましたか。

d) パーティーは何時ごろ終わるでしょうか。

e) 真美はジェリーのアパートに行ったことがあるでしょうか。どうして分かりますか。

速読

「どこに座るか」

エミリーは、アメリカの大学の大学院で経済を専攻しているが、今年は日本に留学している。留学先は東京のK大学で、有名なY教授のゼミに入れてもらった。ゼミは10人ぐらいのグループで、アメリカやイギリスの論文を英語で読んで、それについてディスカッションをする。読む物は英語だから問題ないが、ディスカッションは日本語なので、エミリーは、日本語の単語をたくさん覚えなければならなくて大変だ。

ゼミが始まって二ヵ月後に、ゼミの学生たちがY教授を招待して飲み会をすることになった。飲み会では、学生たちが一緒に飲んだり食べたりしながら教授にいろいろ話を聞くそうで、エミリーには初めての経験である。場所はSというすきやき屋に決まった。エミリーはゼミの友人斉藤君に地図をかいてもらったが、道に迷うと困ると思って早く出かけて行ったので、だれよりも早く着いてしまった。

飲み会の部屋に案内されると、和室だった。八畳の部屋には、低いテーブルがいくつか置かれ、座ぶとんがたくさん敷かれていた。エミリーは靴をぬいで上がったが、どこに座ったらいいのか分からなかった。しかし、多分一番奥に座るのがいいだろうと思って、床の間の前に座った。五分後に斉藤君がY教授と現れた。Y教授は、エミリーが座っているのを見ると、ちょっとびっくりしたような顔をして、斉藤君に何か言った。すると斉藤君はエミリーに、「エミリー、すまないけど、もっと横の方に座って」と言った。そして、エミリーの座っていた、床の間の前の所に、Y教授を座らせた。

飲み会は楽しかったが、エミリーはなぜ自分が動かされたのか、どうしても

分からなかった。翌日大学で斉藤君に会った時聞いてみると、斉藤君は次のように答えた。

「和室では、床の間の前に、一番目上の人が座ることに決まっているんだ。僕も忘れていたんだけど、Y 先生に注意されちゃったよ。」

単語

教授	professor
ゼミ	a group of students that meets regularly with a designated professor to study specific topics
論文	article; essay; thesis
招待する	to invite
道に迷う	to get lost [＝道が分からなくなる]
案内する	to show (someone) the way to a place
和室	a tatami room [＝畳の部屋]
八畳	eight-mat room [12'x12']
低い	low [↔高い]
座ぶとん	a small cushion for sitting on [＝座る時に使う小さなふとん]
敷く	to lay flat (to sit on)
奥	the back [＝入り口から遠い所]
床の間	alcove
現れる	appear; arrive [＝やってくる]
動く	to move [*v.i.*]
翌日	the next day [＝次の日]
注意する	to caution

次の文を読んで、正しいものに○、間違っているものに×をつけなさい。

- [ ] **a)** エミリーはひとりですきやき屋に行った。
- [ ] **b)** エミリーは前にも飲み会に出たことがあった。
- [ ] **c)** Y 教授が学生をこのパーティーに招待した。
- [ ] **d)** エミリーが着いた時には、まだだれも来ていなかった。
- [ ] **e)** エミリーは、先生が座るはずのところに座っていた。

サルも木から落ちる

(*lit.*, Even monkeys fall from trees.)

4

ことわざ

第 8 課

アルバイト探し(さが)

仕事を探す

- 英会話教師の仕事のことでちょっと伺いたいんですが。 ………>会話 1
- そちらで英会話教師を
  探していらっしゃると伺ったので、お電話いたしました。
- 何かアルバイトしたいんだけど、
  いいアルバイト知らない？ ………………………………………>会話 2
- アルバイトをしたいと思っているんですが、
  何かないでしょうか。 ………………………………………………>会話 3

CULTURE NOTES

Jobs for Students

>>>>>

In the U.S., even elementary school and junior high school children sometimes work to earn pocket money by babysitting, delivering newspapers, mowing grass for others, etc. High school students with part-time jobs are not at all rare. In Japan, on the other hand, youngsters through high school are usually discouraged by their parents and teachers from working part-time since they must study hard in and out of school to survive "examination hell." They are expected to devote their full energy to studying to get into the "right" school or college. They simply do not have time for part-time jobs.

Once in college, however, things change dramatically. Since course work is not even half as rigorous in Japan as in the U.S., many college students acquire part-time jobs. The best kind of job is tutoring students from elementary school to high school to prepare them for entrance exams. They also work as sales clerks, sports instructors, interpreters/translators, or anything else as long as it brings in money.

In the U.S., one often hears about students working their way through college. That is not usually the case in Japan. Parents are supposed to take care of their children through college, and they do. Japanese college students, therefore, work part-time to earn extra money for enjoyment. They may buy small used cars, motor scooters, sporting goods, or go on trips abroad.

Job Interviews

>>>>>

When looking for a part-time job, an American student in Japan may be expected to speak in Japanese, depending on the type of work he/she wants. When interviewed in Japanese, either face-to-face or over the phone, you must speak very politely, using 敬語(けいご). There have been cases of Americans selected over their competitors only because their 敬語 was better. Therefore, learn to use expressions such as 失礼ですが and, above all, never refer to the interviewer as あなた!

会話 >>>>>>>> 1

CD 1>>>38

◐ビル・グラントが、ある英会話学校へアルバイトのことで電話する。

受付の人：　マディソン英会話学院です。

ビ　ル：　もしもし、わたくしグラントと申しますが、英会話教師の仕事のことでちょっと伺いたいんですが。

受付の人：　それでは、係の者と代わりますので、少々お待ちください。

＊　＊　＊

石　田：　もしもし、代わりました。主任の石田ですが。

ビ　ル：　わたくし南西(なんせい)大学の留学生でグラントと申します。南西大学の横山先生から、そちらで英会話教師を探していらっしゃると伺ったので、お電話いたしました。

石　田：　ああ、それはどうも。今こちらで探しているのは、中高生対象のクラスを教えられる先生ですが、経験はありますか。

ビ　ル：　アメリカで、日本からの高校留学生にボランティアで教えたくらいですが[1]。

石　田：　そうですか。それでは、お目にかかって詳しいことをお話ししたいと思いますので、一度こちらへいらしていただけますか。

ビ　ル：　はい、いつ伺いましょうか。私は、毎日午後三時以後なら、あいておりますが。

石　田：　それでは、あさって、木曜日の四時はいかがですか。

ビ　ル：　はい、けっこうです。それでは、よろしくお願いいたします。

石　田：　じゃ、その時に。

ビ　ル：　失礼します。

会話 2

CD 1 39

◗ 留学生スーザン、友達のよし子とアルバイトの話をしている。

スーザン：　何かアルバイトしたいんだけど、いいアルバイト知らない？

よし子：　そうねえ。やっぱり[2]英会話教えるのが一番手っ取り早いんじゃない？

スーザン：　全然経験ないんだけど。

よし子：　英語さえ[3]しゃべれれば、だいじょうぶ。個人レッスンならやさしいから。

スーザン：　「こじんレッスン」って？

よし子：　一人の生徒に教えること。個人レッスンなら、会話の相手をしてあげるだけで、けっこういいお金がもらえるはず[4]だけど。

スーザン：　生徒って、どんな人。

よし子：　主婦とか、学生とか、OLとか、会社員なんか。

スーザン：　でも、そんな生徒どうやって見つけるの。

よし子：　コネかな。

スーザン：　「コネ」って？

よし子：　知ってる人に頼むの。大学で、ほかの留学生たちに聞いてみたら？　それから、ホストファミリーにも頼んでおくといいんじゃないかな。家族の知ってる人や親類なんかで、英会話の勉強をやりたい人が必ずいるから。私も友達なんかに聞いといてあげる。

スーザン：　英語教えるほかにも、何かある？

よし子：　そうね。翻訳のアルバイトなんかあるんじゃないかな。大学で学生部の掲示板見てみたら？　それから、モデルなんかする人もいるみたい[5]だけど。

スーザン：　モデル？

よし子：　うん、ファッションモデル。

スーザン：　でも、それはちょっと……。

会話 >>>>>>>> 3

CD 1>>>40

ジェイソンが、留学先の大学で、留学生係の人と話している。

ジェイソン：実は、お金が少し足りなくなってきたので、アルバイトをしたいと思っているんですが、何かないでしょうか。英語教師の口ならあるんですけど、あまりしたくないので。

留学生係：何か特技がありますか。

ジェイソン：「とくぎ」って何でしょうか。

留学生係：何かほかの人より上手にできること。例えば、コンピューターに詳しいとか、雑誌の編集をしたことがあるとか……。

ジェイソン：編集なら、大学で学生新聞の仕事をちょっとやってました。

留学生係：それなら、今、ちょうど英字新聞で編集のバイトを探していますよ。電話番号を教えてあげますから、電話してみたらどうですか。

ジェイソン：じゃ、早速かけてみます。

翌日。

ジェイソン：きのう英字新聞に電話してみたんですが、だめでした。

留学生係：だめって？

ジェイソン：もうほかの人を雇っちゃったんだそうです。

留学生係：残念でしたね。でも、今日は面白いアルバイトが入っていますよ。

ジェイソン：どんな仕事ですか。

留学生係：デパートで、サンタクロースになってくれる人を探しているんですが、ジェイソンさんならぴったりだと思いますよ。一日一万五千円で、五日間だそうですよ。

ジェイソン：えっ、それはすごい！　ぜひお願いします。

留学生係：明日から冬休みだから、ちょうどよかったですね。

年にワシントン州の姪の家で病死した時、姪に「サヨナラ、マイ・ディア、サヨナラ」と言って死んだと言われている。

マクドナルドから英語を習った十二人の侍の中に、森山栄之助（えいのすけ）という男がいた。彼は語学の天才で、英語をよく覚えた。一八五三年に日本の開国を求めて江戸湾へやってきたペリーが、翌年の一月にまた江戸へ戻ってきた時、条約の日本語訳の仕事をしたのがこの森山だった。マクドナルドから習った英語が、日米交渉のために立派に役立ったわけである。

長崎南（ながさきみなみ）ロータリークラブによって長崎市（し）に建てられた、
ラナルド・マクドナルドの記念碑（きねんひ）（memorial）
（写真提供：長崎南ロータリークラブ）

読み物 ＞＞＞ マクドナルドと森山

CD 1 ＞＞＞ 41

　ラナルド・マクドナルドは、一八二四年にアメリカ大陸のフォート・ジョージという町で生まれた。父はスコットランド人、母はインディアンであった。一八三五年の秋、マクドナルドは三人の日本人漂流者がアメリカ大陸に流れ着いたというニュースを聞いた。その三人がインディアンに似ていると聞いて、マクドナルドは感動した。そして、インディアンの祖先がアジアからやってきたという伝説を思い出し、日本に対する憧れを抱くようになった。そのころの日本は鎖国中で、オランダ人以外の白人の入国は許されなかったが、マクドナルドは、自分はインディアンだから、日本人が温かく迎えてくれそうな気がした。

　マクドナルドは、やがて日本へ行こうと決心し、そのためには日本近海へ出かけていく捕鯨船の船員になるのが一番いい方法だろうと考えた。幸い、ちょうど日本方面へ向かう捕鯨船プリマス号の船員[6]として雇ってもらうことができた。一八四八年六月、プリマス号が北海道に近づいた時、マクドナルドは船長からボートをもらい、一人で陸地へ向かった。そして北海道の近くの利尻島という島に上陸した。

　幕府はマクドナルドのことを聞いて驚いた。そして、九州の長崎からオランダ船で国外へ送り出すことに決定し、彼を長崎へ送らせた。そのころ、多くのアメリカの捕鯨船が日本近海に現れるようになり、中には難破して日本に上陸する者もあった。また、イギリス船も現れ始めていた。そのころ幕府にはオランダ語のできる通訳はいたが、英語のできる通訳がいない[7]ため、大変不便に感じていた。そこで幕府は、オランダ語の通訳の中から十二人を選び、マクドナルドから英語を学ばせることにした。マクドナルドは、アメリカ人としては日本で初めての英語教師となり、この十二人の侍に英語を教えたが、翌一八四九年四月に長崎へやってきたアメリカの軍艦で北アメリカへ送り返された。彼は一生日本のことが忘れられなかったらしく、一八九四

単語

会話 >>>>>>> 1

	探す（さがす）	to look for
2	受付（うけつけ）	receptionist
	～学院（がくいん）	school [=学校; often used for names of schools]
3	教師（きょうし）	teacher [=先生]
5	係の者（かかりのもの）	person who handles a particular business matter [者 is generally a humble expression for 人]
	～と代わる（かわる）	to replace someone [*v.i.*]
	少々（しょうしょう）	a little; short (time) [formal for 少し]
6	主任（しゅにん）	a person in charge
6	石田（いしだ）	[family name]
7	横山（よこやま）	[family name]
10	中高生（ちゅうこうせい）	junior and senior high school students
	対象（たいしょう）	target; object of
12	ボランティア	volunteer
13	お目にかかる（おめにかかる）	to meet [humble form of 会う] [*v.i.*]
	詳しい（くわしい）	detailed
15	以後（いご）	after
17	けっこうです	fine; good

会話 >>>>>>> 2

3	手っ取り早い（てっとりばやい）	quick and simple
5	しゃべる	to chatter [=話す]
	個人レッスン（こじんレッスン）	private lesson
7	相手をする（あいてをする）	to keep company with; to be a companion to
10	主婦（しゅふ）	housewife
	OL（オーエル）	female office worker(s) [*lit.*, office lady]
12	コネ	connection(s)
16	親類（しんるい）	relative(s)
	必ず（かならず）	surely
19	翻訳（ほんやく）	translation
	掲示板（けいじばん）	bulletin board
20	モデル	fashion model

会話 >>>>>>> 3

1	留学生係（りゅうがくせいがかり）	[person who deals with matters pertaining to foreign students]
3	口（くち）	job opening [*lit.*, mouth]
5	特技（とくぎ）	special talent; skill
8	雑誌（ざっし）	magazine
	編集（へんしゅう）	editing
10	バイト	＝アルバイト
12	早速（さっそく）〜する	to lose no time in 〜ing
16	雇（やと）う	to hire
19	サンタクロース	Santa Claus
20	ぴったり（な）	perfect fit

読み物 >>>>>>>

0	森山（もりやま）	[family name]
1	ラナルド・マクドナルド	Ranald McDonald
	大陸（たいりく）	continent
2	フォート・ジョージ	Fort George
	スコットランド人（じん）	Scot
3	インディアン	American Indian
4	漂流者（ひょうりゅうしゃ）	a person who goes adrift on the ocean
5	（〜に）流（なが）れ着（つ）く	to drift ashore
6	感動（かんどう）する	to be moved; to be impressed
7	祖先（そせん）	ancestor(s)
	伝説（でんせつ）	legend
8	思（おも）い出（だ）す	to recall
	〜に対（たい）する	toward〜
	憧（あこが）れ	longing; yearning
	抱（いだ）く	to hold [*v.t.*] [written expression]
9	鎖国（さこく）	national isolation
9	オランダ人（じん）	Dutch (person)
	白人（はくじん）	Caucasian
	入国（にゅうこく）	to enter a country [＝国に入ること]
10	許（ゆる）す	to allow
11	温（あたた）かく	warmly
	〜そうな気（き）がする	to feel as if 〜
12	やがて	before long; soon
	（〜と）決心（けっしん）する	to be determined to 〜; to resolve to 〜
13	日本近海（にほんきんかい）	Japanese waters; off the coast of Japan
	捕鯨船（ほげいせん）	whaling vessel
	船員（せんいん）	crew member
14	方法（ほうほう）	method
	幸（さいわ）い	fortunately; luckily
	方面（ほうめん）	direction; area
15	（〜へ）向（む）かう	to head toward 〜 [*v.i.*]
	プリマス号（ごう）	[name of a ship]

16	北海道	[the biggest island in the north of Japan =日本の一番北の大きい島]
	(〜に)近づく	to approach (〜) [*v.i.*]
17	船長	captain of a ship
	陸地	land
18	(〜に)上陸する	to land (on 〜)
20	幕府	the Shogunate
	驚く	to be surprised
	九州	[the name of one of the four major islands of Japan]
21	長崎	[name of a city]
	オランダ船	Dutch ship
	国外	overseas; abroad
	(〜に)決定する	to decide[=〜に決める]
22	彼	[third-person pronoun for a male]
23	現れる	to appear [*v.i.*]
	難破する	to be shipwrecked
25	通訳	interpreter
26	不便(な)	inconvenient
28	学ぶ	to learn; to study
30	翌	the next (day/year/etc.) [=次の]
31	軍艦	warship
	送り返す	to send back
32	一生	throughout (one's) life
33	姪	niece
	病死する	to die from an illness [=病気で死ぬ]
36	栄之助	[male given name]
	語学	language study
	天才	genius
37	開国	to open up the country (to foreigners) [=国を開くこと]
	江戸湾	Edo Bay
38	ペリー	Commodore Perry
	戻る	to return [*v.i.*]
	条約	treaty
40	交渉	negotiation
	立派に	splendidly
	役立つ	to be useful; to be helpful [=役に立つ]

漢字リスト

書くのを覚える漢字

読み方を覚えましょう。また、書けるようになるまで練習しましょう。

1. 探す　2. 教師　3. 係　4. 主任　5. 南西
6. 経験　7. 全然　8. 個人　9. 足りる　10. 特技
11. 早速　12. 感動　13. 白人　14. 許す　15. 迎える
16. 決心　17. 近海　18. 方法　19. 幸い　20. 向かう
21. 北海道　22. 決定　23. 彼　24. 現れる　25. 通訳
26. 不便　27. 学ぶ　28. 返す　29. 病死　30. 天才
31. 江戸

読めればいい漢字

読み方を覚えましょう。

1. 対象　2. 詳しい　3. 主婦　4. 親類　5. 翻訳
6. 掲示板　7. 雑誌　8. 編集　9. 雇う　10. 森山
11. 大陸　12. 漂流者　13. 流れ着く　14. 祖先　15. 憧れ
16. 抱く　17. 鎖国　18. 温かい　19. 船員　20. 陸地
21. 幕府　22. 驚く　23. 長崎　24. 難破　25. 翌～年
26. 姪　27. 開国　28. 湾　29. 戻る　30. 条約
31. 立派

漢字の部首
8
のぎへん

禾

This radical stands for a rice plant and is generally used for characters representing kinds of plant, states of, or uses for, the rice plant, etc.

「私」「秋」「和」など

文法ノート

1 >>> XはYくらいです＝'Y is about the only X.'

[会話1 > ℓ.12 >>> 数えたくらいですが]

This expression is used when Y is about the only case where X holds true. X and Y are both either nouns or noun phrases.

a） 日本人がのんびりできるのは、大学生の時**くらい**かもしれない。
(College years might be the only time when the Japanese can relax.)

b） 東京が静(しず)かになるの**は**、お盆(ぼん)のころ**くらいです**。
(About the only time Tokyo becomes quiet is around the *Bon* festival.)

c） 教えた経験**は**、ボランティアで子供に日本語を教えた**くらいです**。
(About the only teaching experience [I have] is teaching Japanese to children as a volunteer.)

2 >>> やっぱり＝'as expected; also; again'

[会話2 > ℓ.3]

やっぱり is a conversational form of やはり. It is an adverb which indicates that what is being said is what is expected from our general or specific knowledge.

a） ジョン・ケネディは政治家だった。彼(かれ)の弟(おとうと)たちも**やはり**政治家になった。
(John Kennedy was a politician. His brothers also became politicians.)

b） 漢字は面白いですが、**やっぱり**覚えるのに時間がかかります。
(Kanji are interesting, but [as might be expected] they take a long time to learn.)

3 >>> ～さえ～ば＝'if only you ～'

[会話2 > ℓ.5 >>> 英語さえしゃべれれば]

This expression states a sufficient condition for attaining a desired result. さえ can be attached to a noun, a verb stem and the て-form of a verb, as in the following;
　Nさえ V(ば-form)：　　くすり**さえ**飲め**ば**
　V(stem) さえすれば：　くすりを飲み**さえすれば**
　V(て-form) さえいれば：くすりを飲んで**さえいれば**
Particles が, を, は and も are dropped when さえ is attached, but other particles are retained as in クラスにさえ出れば. ば is a conditional form.

a） 運動(うんどう)**さえすれば**病気になりません。
(You won't get sick if only you exercise.)

b） 寝**さえすれば**治(なお)ります。
(If you only sleep, you will get better.)

c） クラスに出てノートをとって**さえいれば**、だいじょうぶです。
(If you only attend classes and take notes, you will do fine.)

d） 漢字**さえ知っていれば**新聞が読めるというわけではありません。
(It's not the case that knowing kanji guarantees that you are able to read newspapers.)

e） 暇(ひま)**さえあれば**、しあわせです。
(The only thing I need to be happy is free time.)

In some cases, there is a choice between N さえ V ば or V さえすれば as in the following examples:

f） くすり**さえ飲めば**、治ります。

g） くすりを**飲みさえすれば**、治ります。
(If only you would take your medicine, you would get better.)

When さえ is attached to a noun, さえ emphasizes that noun, Hence, **f)**, for example, implies that one only has to take medicine and no other substance. Sentence **g)**, on the other hand, emphasizes the action of taking medicine as opposed to other actions such as sleeping, listening to music, etc.

4 >>> ～はず

［会話2 > ℓ.8 >>> けっこういいお金がもらえるはずだけど］

～はず, which means 'supposed to,' 'expected to,' expresses one's conjecture with some certainty. It follows ［Nの］,［な-adjective＋な］, and plain forms of verbs and い-adjectives.

a） 今日は日曜日だから、銀行(ぎんこう)は休み**のはず**です。
(It's Sunday today, and so banks are supposed to be closed.)

b） 日本に住んでいたから日本語が上手**なはず**です。
(His Japanese should be good since he lived in Japan.)

c） 中古(ちゅうこ)なら安い**はず**です。
(If it's a used one, it should be cheap.)

d） スペイン語を知っている人にとって、イタリア語は難しくない**はず**です。
(For people who know Spanish, Italian is not supposed to be difficult.)

e） 日本語の三年になれば、日本語の新聞が読める**はず**です。
(Students who are in Third Year Japanese should be able to read newspapers in Japanese.)

5 >>> ～みたい

［会話2 > ℓ.20 >>> モデルなんかする人もいるみたい］

みたい is a colloquial form of ようだ. Unlike ようだ, みたい follows bare nouns (*e.g.*, 日本人みたい) and な-adjective stem (*e.g.*, にぎやかみたい). Like ようだ, it follows plain forms of い-adjectives and verbs (*e.g.*, 安いみたい；行くみたい).

a） まるで夢(ゆめ)**みたい**。
(It's like a dream.)

b） こんな高いものを買わされて、ばか**みたい**。
(I feel stupid being forced into buying an expensive thing like this.)

c） なかなか仕事がない**みたい**だね。
(It seems difficult to find a job.)

d） 来年結婚(けっこん)する**みたい**よ。
(It looks like [he] is going to get married next year.)

6 >>> Nとして＝'as ～'

[読み物 > ℓ.15 >>> 船員として]

a） 英語の教師**として**日本へ行くアメリカ人は、年々(ねんねん)増えているようだ。
(It seems that the number of Americans who go to Japan as English teachers is increasing every year.)

b） チョムスキーは、言語学者(げんごがくしゃ)**として**よりも政治運動(うんどう)で有名かもしれない。
(Chomsky is perhaps more famous for his political activities than as a linguist.)

7 >>> Nため（に）＝'because (of); due to'

[読み物 > ℓ.26 >>> 通訳がいないため]

～ため(に) follows [Nの], [な-adjective＋な], and plain forms of verbs and い-adjectives. It indicates the reason or cause for the following clause. ～ため is a formal expression, and hence is used in writing or in formal situations.

a） 大雪(おおゆき)**のため**フライトがキャンセルされた。
(The flight was cancelled because of heavy snow.)

b） 漢字は複雑(ふくざつ)な**ため**、覚えるのに時間がかかる。
(Kanji take a long time to learn because of their complexity.)

c） 英語のできる通訳(つうやく)がいない**ため**、幕府(ばくふ)は大変不便(ふべん)に感じていた。
(Because there was no interpreter who could handle English, the Shogunate was greatly inconvenienced.)

d） 景気(けいき)が悪くなった**ため**、首(くび)になった人も多い。
(Because of the deteriorating economic conditions, many people have been laid off.)

～ため(に) also indicates a purpose for an action (cf. Lesson 5). Whether ため(に) is interpreted as a "purpose" or "reason" partly depends on the context. However, if ため(に) follows an adjective or a verb which indicates a state such as 分かる, できる, ある, etc., it always indicates a "reason." (Past tense forms, too, always indicate reasons.)

e） 日本語を<u>勉強する</u>**ため（に）**、日本へ行った。
(He went to Japan in order to study Japanese.)

f） 日本語を<u>勉強した</u>**ため（に）**、日本へ行った。
(He went to Japan because he studied Japanese.)

会話練習のポイント

a) >>> アルバイトのことで電話をする >>>>>[会話1]

係の人：**東京タイムズ編集部(へんしゅうぶ)です**[1]。

ビル：**もしもし、わたくし南西(なんせい)大学の留学生でグラントと申します**[2]。編集のアルバイト**のことでちょっと伺いたいんですが**[3]。

係の人：ああ、それはどうも。編集の経験はありますか。

ビル：はい、大学の学生新聞の編集を少しやったことがあります。

係の人：そうですか。それでは、一度お目にかかって詳(くわ)しいことをお話ししたいと思いますが、明日の午後一時ごろこちらへいらしていただけますか。

ビル：はい、だいじょうぶです。では、一時に伺います。よろしくお願いいたします。

1: In general, the party that answers the phone speaks first by saying もしもし. Some people, however, skip もしもし and identify themselves by saying, for example, 田中です. Business establishments normally identify themselves immediately, without saying もしもし.

2: The caller must first identify himself/herself by saying 〜と申します. If you forget to identify yourself, the person answering would ask 失礼ですが、どちら様 (polite for だれ) でしょうか. The latest trend seems to be to leave out the latter half of this sentence, leaving only 失礼ですが intact.

3: Once the caller identifies himself/herself, he/she normally asks for the person he/she wishes to talk to, *e.g.,* 横山先生いらっしゃいますか. In the above conversation, the caller instead states the reason for the call by saying 〜のことでちょっと伺いたいんですが or そちらで〜を探していらっしゃると伺ったので、お電話いたしました.

b) >>> 電話で伝言(message)を頼む

ビル：**もしもし、山田さんのお宅でしょうか**[4]。

山田母：はい、そうですが。

ビル：**あのう、南西(なんせい)大学のグラントと申しますが**[2]、**真美(まみ)さんいらっしゃいますか**[3]。

山田母：あのう、娘は今ちょっと出かけておりますが。

ビル：あ、そうですか。何時ごろお帰りでしょうか。

山田母：九時ごろには戻(もど)ると思いますけど。

ビル：そうですか。それでは、すみませんがお帰りになったら、こちらへお電話くださるよう**お伝え**(to give a message)**くださいませんか**[5]。

山田母：分かりました。伝えておきます。

ビル：よろしくお願いします。では、失礼します。

山田母：ごめんください。

4: If the party that picks up a phone does not identify himself/herself, then, you can ask by saying 〜のお宅 (polite for 家) でしょうか if you are calling someone's home.

5: When you want to leave a message, you can use formal expressions such as 〜ようお伝えくださいませんか and 〜とお伝えください or informal expressions such as 〜って伝えてくれない？ and 〜って言っておいて.

運用練習

1 >>> ロールプレイ

ペアになりなさい。一人は日本にいる留学生で、英語を教えるアルバイトをしたいので、いろいろな英語学校に電話をかけています。もう一人はマディソン英会話学院の主任で、その学校では、今ちょうど先生を探しています。この二人の会話を練習しなさい。会話の細かい点（detail）は自由。

2 >>> ロールプレイ

ペアに分かれ、一人は留学生、もう一人は会社員になりなさい。留学生が初めて会社員に電話をかけて、英語のレッスンについて話し合う会話を練習しなさい。次のことを話し合うが、曜日、時間、場所、お礼などの細かい点は自由。

a) When should they begin?
b) How many times a week should they meet?
c) Where should they meet?
d) From what time to what time?
e) How much should the tuition be?

3 >>> ロールプレイ

ペアになりなさい。会話3のジェイソンは、「英字新聞に電話をしてみた」と言っていますが、彼が英字新聞に電話をかけた時の会話を考え、一人がジェイソン、もう一人が新聞社の人になって、練習しなさい。

4 >>> ブレーンストーミング

日本で英語を習う日本人は、英語を話さなければならなくなると、恥ずかしがって（to act shy）なかなか話そうとしません。どうしたら、話させることができるでしょうか。小グループを作って、アイディアを出し合い、リストアップしなさい。リストができたら、クラスの人たちに発表しなさい。

5 >>> ペアワーク

ペアになり、自分の今までで一番楽しかった（または一番いやだった）アルバイトについて、話し合いなさい。

6 >>> 作文

自分のしたことのあるアルバイトについて、「私とアルバイト」という題で二百字ぐらいの作文を書きなさい。

聞き取り練習　CD 1 >>> 42

アメリカの留学生ジェリーと空手部の友人坂本が話しています。CDを聞いて、正しいものに○をつけなさい。

a) 坂本はマディソン英会話学院
- (　　) の名前しか知らない。
- (　　) のことをよく知っている。
- (　　) に行ったことがある。

b) ジェリーは
- (　　) あしたマディソン英会話学院に行ってみるつもりだ。
- (　　) マディソン英会話学院に行ったことがある。
- (　　) マディソン英会話学院で勉強したことがある。

c) ジェリーはマディソン英会話学院で
- (　　) 毎日教えるだろう。
- (　　) 毎週三時間教えるだろう。
- (　　) 一週間に六時間教えるだろう。

d) ジェリーは
- (　　) 中学と高校で教えることになった。
- (　　) 中学生と高校生を一緒に教えるだろう。
- (　　) 中学生と高校生に会話だけ教えればいいと言われた。

e) ジェリーは
- (　　) 一時間に三千円もらうだろう。
- (　　) 一日に三千円もらうだろう。
- (　　) 一時間に三百円もらうだろう。

速読

「ブランド志向」

ベティーが日本に留学してびっくりしたことの一つは、日本人のブランド志向だった。日本へ行く時、ホストファミリーに何かおみやげを持っていった方がいいと思い、お父さんにはネクタイ、お母さんにはハンドバッグ、子供たちにはアメリカの大学のＴシャツを買っていった。 お父さんと子供たちは喜んでくれたが、お母さんはあまりうれしそうな顔をしなかった。そのハンドバッグは、故郷の町のアートフェアで買った手作りのバッグで、けっこう高い物だったから、ベティーはがっかりしてしまった。あとで、お母さんの持っているバッグは全部ブランド物ばかりだということに気づいた。バッグだけでなく、ブラウスやベルトやソックスもブランド物ばかりなのだ。その上、トイレのスリッパまでピエール・カルダンの名の入ったブランド物なので、ベティーはトイレに入るたびにおかしくて笑ってしまった。

単語

ブランド志向	[*lit.*, brand-oriented, *i.e.*, liking for namebrand goods]
故郷の町	hometown
手作り	handmade [＝手で作った]
がっかりする	to be disappointed
～たびに	whenever ～

➲次の文を読んで、正しいものに○、間違っているものに×をつけなさい。

☐ a） ベティーは、留学する前にホストファミリーにプレゼントを送った。
☐ b） ホストファミリーのお母さんは、喜んでくれなかった。
☐ c） そのお母さんにあげた物は、日本に着いてから買った物だった。
☐ d） そのお母さんは、ブランド物がとても好きらしい。
☐ e） ホストファミリーの家には、トイレにもブランド物がある。

菜の花や　月は東に　日は西に
(蕪村, 1716-83)

4
俳句

第 9 課

贈り物

あげる／もらう

- ◆ これ、大したものじゃないんですが、アメリカからのおみやげです。 >会話 1
- ◆ そんな気を使わなくてもよかったのに。
- ◆ じゃ、遠慮なく。
- ◆ これ京都で買ってきたから、あげるよ。 >会話 3
- ◆ ずいぶん教えてもらったから、そのお礼なんだ。
- ◆ これ使わせてもらうよ。
- ◆ どうもありがとう。

CULTURE NOTES

Humble Expressions

>>>>>

When one gives a gift in Japan, one uses an expression that minimizes its importance: つまらない物ですが (*lit.*, it's just something insignificant). The spirit of humbleness has always been valued in Japan. It is the same spirit that makes Japanese speakers say 何もございませんが (*lit.*, there's nothing worthwhile) when they serve a meal to guests, or いいえ、とんでもありません／とんでもない(です)(*lit.*, it's far from the truth) when they are complimented, for example, on a member of their family. つまらない物ですが, however, is a fairly formal expression. So, when you give a gift to your homestay family, a less formal expression such as 大したものじゃないんですが will suffice.

Gift-giving

>>>>>

When one receives a gift in Japan, one is not supposed to open it right away. Wanting to open a gift immediately has traditionally been interpreted as a sign of being materialistic. Don't be surprised, therefore, if someone you give a gift to in Japan does not open it in your presence. Likewise, if you receive a gift, thank the giver profusely, but do not look too eager to know what is inside. Like so many things in Japan, however, this custom, too, is perhaps in the process of changing. Some young people nowadays may ask you to open what they give you at once.

Another difference in gift-giving between the U.S. and Japan is that when one receives a gift in Japan, one often starts worrying about what gift to give back. For example, if one receives an お祝(いわ)い (*i.e.*, gift for special occasions) from a neighbor, one must give back a gift (*i.e.*, an お返(かえ)し) of equal or near-equal value. When you are in a student-teacher situation where you are the teacher, however, you do not have to worry about this. In other words, if you receive a year-end gift from a student you have been tutoring, you are not expected to give anything back.

Since an average middle-class Japanese family is accustomed to receiving so many gifts, they are not easily surprised these days. It may be difficult to give them the kind of present they might find extraordinary. The best kind of gift for a 留学生 to take to Japan for his/her host family, therefore, would be something that would be hard to obtain in Japan. Take with you, for example, T-shirts from your college if there are teenagers in the family. Picture books with beautiful color photos of your city or state might be another good choice.

会話 >>>>>>> 1

CD 2>>>01

◗ 日本に着いたばかりの留学生ジムが、自分の国から持ってきたプレゼントを出して渡す。

ジ　ム：　あの、これ、大したものじゃないんですが、アメリカからのおみやげです。

ホスト(母)：まあ、そんな気を使わなくてもよかったのに。すみません。

ホスト(父)：わざわざ[1]ありがとう。

ホスト(母)：荷物がたくさんあるのに、大変だったでしょう。

ジ　ム：　あ、いえいえ。あのう、よかったら開けてみてください。

ホスト(母)：そうお？　じゃ、遠慮なく。

ジ　ム：　気に入っていただけるといいんですが。

◗ ホストファミリーのお母さんがおみやげを開ける。

ホスト(父)：ジムの大学のTシャツ？

ジ　ム：　ええ、僕の大学で人気があるTシャツなんです。

ホスト(父)：へえ。

ホスト(母)：ああ、かわいいじゃない。

ジ　ム：　アメリカでは、たいていそれぞれの大学にスクールカラーがあって、その色の大学グッズがいろいろあるんですよ。

ホスト(父)：ふうん。

ジ　ム：　僕の大学のスクールカラーは赤なので、赤のTシャツにしてみたんですけど。

ホスト(母)：へえ、面白いね。この動物は何。

ジ　ム：　あ、それは大学のマスコットです。僕の大学でしか買えないので、それがいいかなと思って。

ホスト(母)：ああ、確かに、テレビで見るアメリカの学生がよく着てるわね。

ホスト(父)：アメリカらしくていいね。

ジ　ム：　喜んでいただけてよかったです。

会話 >>>>>>>> 2

CD 2>>>02

ジェイソンが留学生係の人と話している。

ジェイソン：今日はちょっと質問があるんですけど。

留学生係：はい、何でしょうか。

ジェイソン：日本人の友達の結婚披露宴に呼ばれたんですが、どうしたらいいのか、さっぱり分からなくて困っているんです。

留学生係：何が分からないんですか。

ジェイソン：とにかく、日本で披露宴に呼ばれたことがないので、何を着ていったらいいのかも分からないんです。

留学生係：そんなことだったら、何も心配しなくてだいじょうぶですよ。スーツは持ってきてますか。

ジェイソン：ええ、でも一着しかないんです。それを着ていくより仕方がない[2]かな。

留学生係：何色ですか。

ジェイソン：何色っていうのか、navy blue ですけど。

留学生係：ああ、紺ですね。じゃ、それを着ていけばいいですよ。

ジェイソン：ああ、よかった。贈り物はどうでしょうか。日本では、披露宴に呼ばれると、普通お金を持っていくって聞いたんですが、いくら持っていったらいいと思われます[3]か。

留学生係：トンプソンさんは学生だから、二万円ぐらいでいいと思いますよ。

ジェイソン：分かりました。じゃ、そうします。どうもありがとうございました。

留学生係：いいえ。いつでもどうぞ。

会話 >>>>>>>> 3

CD 2>>>03

ジェリー、友人の坂本と話している。

坂　本：　京都へ行ったことある？

ジェリー：　まだ行ったことないんだ。せめて[4]一度は行かなきゃだめだってみんなに言われてるから、春休みに行ってみるつもりだけど。

坂　本：　僕ね、この週末に行ってきたんだ。

ジェリー：　ふうん。どうだった。

坂　本：　よかったよ。これ京都で買ってきたから、あげるよ。ジェリーには、この間、英語の試験の前にずいぶん教えてもらったから、そのお礼なんだ。

ジェリー：　そう。開けてもいい？

坂　本：　いいよ。

ジェリー：　あ、きれいだなあ。

坂　本：　京都の湯のみだけど、そんな物、使う？

ジェリー：　使うよ。このごろ日本茶が好きになってきたから、これ使わせてもらうよ。

坂　本：　そう、よかった。

ジェリー：　どうもありがとう。

クリスチャンが少ないので、教会に行くわけでもなく、[9]ただ親が子供にプレゼントをあげたり、仲のいい男女がプレゼントを交換したりするだけである。バレンタインデーは、日本では、女性が男性にチョコレートをあげる日である。あげる相手は別に恋人に[10]限らず、男性の上司や同僚などにあげることもある。[11]どんな人にでもあげてしまうというのが、贈り物好きの日本人らしいところである。そして、バレンタインデーからちょうど一ヵ月後の三月十四日は、バレンタインデーにチョコレートをもらった男性が、チョコレートをくれた女性にキャンディーなどのお返しをあげる「ホワイトデー」と呼ばれる日になっている。これは、アメリカの習慣が日本に入るとずいぶん変わってしまうことのいい例だろう。

留学生も日本で贈り物をもらうことが多いと思うが、そんな時には、ホストファミリーや大学の留学生係や日本人の友達によく聞いて、どうしたらいいかを決めるのがいいだろう。

バレンタインデーのチョコレート売り場（写真提供：中日新聞社）

読み物

贈り物好きの日本人

CD 2 04

日本の贈り物の季節は、伝統的には年に二回である。そのうちの一度は七月の初めごろで、その時の贈り物は「お中元」と呼ばれる。もう一度は年末で、その時の贈り物は「お歳暮」と呼ばれる。どちらも、いつもお世話になっている人に贈るのが普通である。相手の喜びそうな物を贈ることもあるし、その人の家族が一緒に楽しめるように[5]、食べ物や飲み物をあげることもある。そして、お歳暮やお中元は、このごろはデパートなどで買って、その店から直接相手の家に届けてもらうのが普通である。そのほか、お正月には「お年玉」の習慣もある。これは、自分の子供や親戚の子供一人一人に渡すお金のプレゼントである。

こういう季節のほかにも、日本人はよく贈り物をする。例えば、人の家を訪ねる時には何か持っていくことが多い。持っていくのは、果物やケーキなどの食べ物が普通だろう。そんな贈り物は、「おみやげ」と呼ばれる。旅行へ行った時には、家族などのために、その土地の産物を買って帰る。それも「おみやげ」と呼ばれる。このごろの日本人は外国へ観光旅行をする人が多いが、この人たちは外国に着くとすぐおみやげのことを心配して買い物を始める。その土地の人たちには、それが不気味に見える[6]そうである。

そのほかにも、お祝いの贈り物がある。例えば、結婚のお祝いには現金をあげることが多い。結婚披露宴はお金がかかるから、親類などがお金を出して助け合うというのが本来の習慣だったわけだが、今は贅沢な披露宴が多いから、新郎・新婦の親たちは、招待された人々がお金を持ってきてくれなければ、本当に困ってしまうだろう。しかし、お客さんたちがお金を持ってきてくれると思うからこそ[7]、親たちは披露宴にますますお金をかけてしまうのだから、これは明らかに悪循環だと言えるだろう。

最近は、アメリカの影響で、お中元やお歳暮のほかに、クリスマスや「バレンタインデー」などにもプレゼントをあげる習慣が生まれた。クリスマスと言っても[8]、日本には

単語

会話 >>>>>>> 1

	贈り物（おくりもの）	gift; present
3	気を使う（きをつかう）	to worry about
4	わざわざ	to go out of one's way to do something [>>>文法ノート1]
6	開ける（あける）	to open [*v.t.*]
7	遠慮なく（えんりょなく）	without hesitation [*lit.*, unreservedly]
15	色（いろ）	color
17	赤（あか）	red
18	動物（どうぶつ）	animal
19	マスコット	mascot
21	着る（きる）	to wear
23	喜ぶ（よろこぶ）	to be pleased; to rejoice

会話 >>>>>>> 2

4	結婚披露宴（けっこんひろうえん）	wedding reception
	さっぱり〜ない	not at all
9	スーツ	suit
11	〜着（ちゃく）	[counter for suits]
11	〜より仕方がない（しかたがない）	to have no choice but to 〜 [>>>文法ノート2]
14	紺（こん）	navy blue

会話 >>>>>>> 3

1	坂本（さかもと）	[family name]
3	せめて一度（いちど）	at least once [>>>文法ノート4]
	〜なきゃ	[contraction of 〜なければ]
5	週末（しゅうまつ）	weekend
8	お礼（おれい）	gift of appreciation
12	湯のみ（ゆのみ）	tea cup (for green tea)

読み物 >>>>>>>

0	～好き（ずき）	fond of ～［＝～が好きな］
1	季節（きせつ）	season
	伝統的に（でんとうてき）	traditionally
2	お中元（ちゅうげん）	mid-year gift
3	年末（ねんまつ）	end of the year
4	お歳暮（せいぼ）	end-of-the-year gift
	お世話になる（せわ）	to be indebted to someone［*v.i.*］
6	楽しむ（たの）	to enjoy
9	届ける（とど）	to deliver［*v.t.*］
	お正月（しょうがつ）	New Year
10	お年玉（としだま）	New Year's gift of cash
	親戚（しんせき）	relative(s)［＝親類］
13	訪ねる（たず）	to visit
14	果物（くだもの）	fruit
16	土地の産物（とち さんぶつ）	local product
18	観光旅行（かんこうりょこう）	sightseeing trip
20	不気味に（ぶきみ）	weird; eery
22	現金（げんきん）	cash
23	助け合う（たす あ）	to help each other
24	本来の（ほんらい）	original
24	贅沢（な）（ぜいたく）	extravagant; luxurious
25	新郎（しんろう）	groom
	新婦（しんぷ）	bride
	招待する（しょうたい）	to invite
28	ますます	increasingly［＝もっと］
29	明らかに（あき）	clearly
	悪循環（あくじゅんかん）	vicious circle
30	影響（えいきょう）	influence
33	クリスチャン	Christian
	教会（きょうかい）	church
34	ただ	just; only　［>>>文法ノート9］
35	交換する（こうかん）	to exchange
36	チョコレート	chocolate
37	恋人（こいびと）	lover; sweetheart
	～に限らず（かぎ）	not limited to　［>>>文法ノート10］
	上司（じょうし）	one's superior［＝会社などで自分より上の人］
40	ちょうど	exactly
42	お返し（かえ）	reciprocal gift
48	決める（き）	to decide［*v.t.*］

漢字リスト

書くのを覚える漢字

読み方を覚えましょう。また、書けるようになるまで練習しましょう。

1. 国	2. 荷物	3. 開ける	4. 色	5. 赤
6. 動物	7. 着る	8. 喜ぶ	9. 結婚	10. 一着
11. 京都	12. 週末	13. 中元	14. 世話	15. 届ける
16. 正月	17. お年玉	18. 訪ねる	19. 土地	20. 不気味
21. 新郎	22. 新婦	23. 招待	24. 明らか	25. 恋人
26. 上司				

読めればいい漢字

読み方を覚えましょう。

1. 贈り物	2. 遠慮	3. 披露宴	4. 紺	5. 坂本
6. 湯のみ	7. 季節	8. 歳暮	9. 親戚	10. 果物
11. 産物	12. 観光	13. 贅沢	14. 悪循環	15. 影響

漢字の部首 9 しめすへん 礻

This radical comes from 示 and is generally used for characters representing god-related objects and activities.

「礼」「社」「祝」など

文法ノート

1 >>> わざわざ='to go out of one's way to do something'

［会話1 > ℓ.4 >>> わざわざありがとう］

a） わざわざ出かけるのは大変だから、電話で話そう。
(It's not easy to take the time to go, so I will talk on the phone.)

b） 学生：この作文、書き直(なお)した方がいいでしょうか。
(Do you think I should rewrite this composition?)

先生：**わざわざ**書き直さなくてもいいんじゃないですか。
(I don't think you have to take the trouble to rewrite it.)

〈わざわざ vs. せっかく〉
わざわざ denotes doing something in a way that takes more time and effort than necessary, or purposely doing something that is not necessary. So, in general, there are at least two alternatives and you choose the one which takes more time, effort, etc. せっかく, on the other hand, is used to indicate that one has spent time, made an effort, or experienced hardship to obtain something, or to reach a certain state. It is often used with expressions such as のに and けれど.

c） **せっかく**日本語を習ったのに、使わないとすぐ忘れてしまう。
(You learn Japanese with a great deal of effort, but if you don't use it, you forget it very quickly.)

d） **わざわざ**来なくてもいいですよ。
(You don't have to take the trouble of coming.)

2 >>> Xより仕方がない='to have no choice but to ~'

［会話2 > ℓ.11 >>> それを着ていくより仕方がないかな］

This expression means that X is not what one normally wants to do but one has no choice but to do it.

a） お金がない時は、アルバイトをする**より仕方がない**。
(When one does not have any money, one does not have any choice but to work part-time.)

b） 車がないから、歩いて行く**より仕方がない**。
(Since I don't have a car, I have no alternative but to go on foot.)

3 >>> Vれる／られる

［会話2 > ℓ.17 >>> …と思われますか］

The V れる／られる form, which is homophonous to the passive form, may be used as 尊敬語(そんけいご) (honorific form), as in the following examples.

a） 先生、本を**書かれた**そうですが、いつご出版(しゅっぱん)のご予定でしょうか。
(Professor, I hear you have written a book. When is it scheduled to be published?)

b） 先生がアメリカへ**来られた**ころは、今とずいぶん違っていたんでしょうね。
([Talking to a professor] When you came to America, things were very different from what they are now, weren't they?)

This form is not as polite as regular honorific forms such as お〜になる, いらっしゃる, etc., but it is widely used especially in men's speech, newspapers and other formal writings. There is no 〜れる／られる forms for verbs such as 分かる and できる.

4 >>> せめて（〜は）='at least'

[会話3 > ℓ.3 >>> せめて一度は行かなきゃだめだ]

a） 漢字をたくさん習いたいが、時間がないので、**せめて教育漢字は**読み書きできるようになりたい。
(I want to learn lots of kanji, but I don't have much time. I would like to be able to read and write at least Kyoiku Kanji, though.)

b） **せめて一度は**日本へ行ってみたいと思う人が多いだろう。
(There must be lots of people who would like to visit Japan at least once.)

c） 毎晩**せめて一時間ぐらいは**日本語を勉強してもらいたいものだ。
(I would like [them] to spend at least one hour every night studying Japanese.)

d） 夫(おっと)に**せめてお皿洗(さらあら)いぐらい**してもらいたいと思う主婦は多いだろう。
(There must be many wives who want their husbands to wash dishes, at least.)

This expression is used only when there is an implication that more of something is desirable. So, in **a)**, the implication is that one wants to learn as many Chinese characters as possible. The use of くらい／ぐらい makes the statement less specific in the sense that the speaker gives an item or number just as an example.

5 >>> 〜ように='so that 〜'

[読み物 > ℓ.6 >>> 楽しめるように]

[X ように Y] means [Y so that X]. In this construction, X often contains a potential verb, negative form or stative verb, which normally can't be controlled by one's will.

a） みんなが**楽しめるように**チョコレートをあげた。
(I gave [them] chocolate so that they can all enjoy it.)

b） **忘れないように**書いておいてください。
(Please write it down so that you won't forget.)

c） 日本へ**行けるように**お金をためています。
(I am saving money so that I can go to Japan.)

d） 子供の本は子供にも**分かるように**やさしい言葉で書いてあります。
(Children's books are written in an easy language so that they'll be easy to understand.)

〈ように vs. ために〉
〜ように should be distinguished from 〜ために. While 〜ために indicates a purpose of an action, 〜ように implies that a certain consequence will hold as the result of an action. Normally, action verbs precede ために, while a verb which precedes ように represents a state or an event which is beyond one's control.

e) 新しい車が**買えるように**貯金(ちょきん)をしています。
(I am saving money so that I can buy a new car.)

f) 新しい車を**買うために**貯金をしています。
(I am saving money in order to buy a new car.)

Notice that in **e)**, the verb is a potential verb, while in **f)**, the verb is an action verb.

6 >>> 〜に／く見える='seems ~; appears ~'

[読み物 > ℓ.20 >>> 不気味に見えるそうである]

な-adjectives and い-adjectives both appear in an adverbial form as follows.

a) いつも**元気に見える**。
([He] always seems to be in good health.)

b) 日本人は年より**若く見える**。
(Japanese look younger than their age.)

7 >>> こそ

[読み物 > ℓ.27 >>> …と思うからこそ]

こそ emphasizes the preceding noun or phrase.

a) 日本語は漢字があるから**こそ**、面白いのです。
(Japanese is interesting precisely because it has kanji.)

b) 来年**こそ**日本へ行きたいと思っています。
(I do want to go to Japan next year [for sure].)

There seems to be some reason why one has to emphasize a particular noun or phrase. Sentence **a)**, for example, would be used when someone has said that kanji is troublesome or that he wishes there were no kanji. The speaker then rejects that idea by emphasizing the reason clause. こそ generally replaces particles が／を／も／は, but is attached to other particles, as in へこそ, とこそ, etc.

8 >>> Xと言ってもY='It's true that X, but Y; Although I said X, Y'

[読み物 > ℓ.32 >>> クリスマスと言っても]

と言っても follows plain forms, but a copula だ is generally omitted. In this expression, Y is given to qualify X.

a） クリスマス**と言っても**、日本にはクリスチャンはあまりいません。
(Although I said Christmas, there are very few Christians in Japan.)

b） 寒い**と言っても**、湖が凍ることはありません。
(Although I said it's cold, the lakes never freeze.)

9 >>> ただ='just; only'

[読み物 > ℓ.34]

a） **ただ**いい成績を取ることしか考えていないような学生は困ります。
(A student who is only concerned about getting good grades is problematic.)

b） **ただ**家の仕事だけしているのは、つまらないと思います。
(I think it's boring to be doing just housework.)

c） **ただ**英語が話せるようになることだけが国際化じゃありません。
(Internationalization is not just to become able to speak English.)

10 >>> N (or NP) に限らない='not limited to ~'

[読み物 > ℓ.37 >>> 恋人に限らず]

a） 日本語を勉強している学生は、日本語専攻**に限りません**。
(Students who study Japanese are not limited to Japanese majors.)

b） 最近、プロの相撲の力士は日本人**に限られていない**。
(These days, professional sumo players are not confined to Japanese.)

This expression can also be used in the affirmative, as in **c)**.

c） 大学院に行けるのは大学を卒業した者**に限られている**。
(Only those who have graduated from college/university can go to a graduate school.)

11 >>> どんなN(+particle)でも='any ~'

[読み物 > ℓ.38 >>> どんな人にでも]

Generally, particles が and を are deleted when they are followed by でも, while other particles such as と／から／に, etc., remain.

a） **どんな**贈り物**でも**いいです。
(Any present will do.)

b） **どんな**人から**でも**カードをもらうとうれしい。
(It's nice to receive a card no matter who it is from.)

c） **どんな**人と**でも**友達になれる人は、得だ。
(A person who can be friends with anyone is lucky.)

d） **どんな**所**でも**、住めば都だ。
(Any place is a home once you live there. [=There is no place like home.])

会話練習のポイント

a) >>> 贈り物を渡す

>>>>> [会話1・3]

田口：あのう、**これ、大したものじゃないんですけど**[1]、京都のおみやげです。
高田：あ、どうも、すみません。
田口：**この間いろいろ教えていただいたお礼です**[2]。
高田：そんな気を使わなくてもよかったのに。
田口：いえ、ほんの気持ちだけですから。

1: When you give a present, it is customary to say これ大したものじゃないんですけど, これつまらないものですけど, これほんの少しですけど, etc.

2: When you want to state a reason for a gift, you can say, for example, ～ていただいたお礼です, ～てもらったお礼です or いつもお世話になっていますので.

運用練習

1 >>> ペアワーク

➡ ペアになって、自分が今までもらって一番うれしかった贈り物について話し合い、どんなプレゼントだったか、なぜうれしかったかを説明しなさい。

[例] 「僕は、去年のクリスマスにガールフレンドから靴下をもらったのが、一番うれしかったんです。彼女は編み物（knitting）が下手で、何も編んだことがなかったのに、僕のために編んでくれたんです。その靴下は、あまり上手にできていなかったけれど、僕は彼女の気持ちがとてもうれしくて、今でもそれを大事にしています。」

2 >>> ロールプレイ

➡ ペアになり、一人が留学生、もう一人がホストファミリーの人になりなさい。**a)** の留学生の言葉以外は、くだけた日本語にする。

a) 日本に着いたばかりの留学生が、自分の国から持ってきたプレゼントを出して渡す。ホストファミリーのお父さん（お母さん）がそれを開けようとしないので、留学生はそれを開けさせて、そのプレゼントについていろいろ説明する。
b) クリスマスの日、ホストファミリーの弟（妹）がプレゼントをくれる。
c) ホストファミリーの弟（妹）の誕生日に、プレゼントをあげる。

3 >>> 小グループワーク

a) 日本人の結婚式か披露宴に行ったことのある学生を中心に小グループを作り、その学生にそのときの経験についていろいろ質問しなさい。（もしそういう学生がいなければ、先生に質問する。）

［例］ 「いつ行きましたか」「だれが結婚したんですか」

b) 日本へ行ったことのある学生を中心に小グループを作り、その学生に、日本でどんな時にどんなプレゼントをもらったかを質問しなさい。

4 >>> 作文

- **1** で話し合ったプレゼントの思い出について、「うれしかった贈り物」という題で作文を書きなさい。長さは二百字。（**1** の例をよく読んでから書くとよい。）

聞き取り練習 CD 2>>>05

- 日本人がデパートで買い物をしています。CD を聞いて、次の文が正しければ○、間違っていれば×を入れなさい。

お箸	chopsticks	品	merchandise
贈答品	＝贈り物	てごろ	affordable
鎌倉彫	Kamakura-style carving	包む	to wrap

☐ **a）** この人はアメリカへプレゼントを持っていきたいと思っている。
☐ **b）** アメリカにいる友達は、アメリカ人かもしれないし、日本人かもしれない。
☐ **c）** その友達は女の人らしい。
☐ **d）** お箸の値段は五千円である。
☐ **e）** この人は、お箸のほかに紙も買ったのだろう。

速読

「日本の結婚」

◓スーザン、アメリカの大学の石山先生に手紙を書く。

石山　明(あきら)先生

拝啓

長い間ごぶさたしているうちに、いつのまにか一月になってしまいましたが、先生はお元気でいらっしゃいますか。そちらは、お寒いことでしょう。日本はそんなに寒くありませんが、私のホームステイの家はセントラルヒーティングがないので、リビングルーム以外はずいぶん寒いです。ですから、いつも温かいセーターを着て、厚(あつ)いソックスをはいています。

さて、最近のビッグニュースは、初めて日本人の結婚披露宴に呼ばれたことです。その人はOLで、私の英語の生徒ですが、大学の時からのボーイフレンドと結婚したのです。日本でも、かなり前から、見合い結婚より恋愛結婚の方が多くなっているそうですね。ちょっとびっくりしたのは、結婚披露宴に招待されただけで、式には招待されなかったことでした。日本では、家族や親戚など、本当に近い関係の人たちしか式に呼ばれないと聞いて驚きました。それから、お金を持っていかなければいけないということも、私には初めての経験でした。実は、来月も日本人の友達の結婚披露宴に呼ばれているんですが、私は今お金が足りなくて困っているので、どうしたらいいだろうかと思っています。それから、一番びっくりしたのは、披露宴が終わって帰る時に、お客さんたちがみんなプレゼントをもらったことでした。家へ帰って開けてみたら、高そうなお皿が一枚入っていました。やっぱりアメリカと日本は、いろいろ違うんですね。

では、これから宿題をしなければならないので、今日はこれで失礼します。どうぞかぜなどおひきにならないよう、お大事になさってください。

かしこ

1月10日

スーザン・ラーセン

単語

見合い結婚（みあいけっこん）	arranged marriage
恋愛結婚（れんあいけっこん）	love marriage
式（しき）	ceremony
関係（かんけい）	relationship
お皿（さら）	plate
かしこ	complimentary close used by women

上の文を読んで、次の質問に答えなさい。

a）スーザンはなぜ家の中で温かいセーターを着たり、厚いソックスをはいたりしているのですか。

b）スーザンは、最近日本人の結婚披露宴に呼ばれましたが、その前に、日本人の結婚披露宴に行ったことがあるのでしょうか。どうして分かりますか。

c）スーザンは結婚式にも出ましたか。

d）それはなぜですか。

e）日本では、このごろ恋愛結婚と見合い結婚と、どちらの方が多いのですか。

千里（せんり）の道（みち）も一歩（いっぽ）より
(*lit.*, Even a thousand-*ri* trip starts with one step.)

5 ことわざ

第10課 旅行

予約する
切符を買う

◆ 新幹線の切符が買いたいんですけど。 ……………………>会話 1

◆ 明日から一泊で箱根へ行きたいんですが、どこか静かであまり高くない旅館はないでしょうか。 …………>会話 2

CULTURE NOTES

Shinkansen (新幹線)

>>>>>

The *Shinkansen*, or the Bullet Train, started as one line in the 60's, but has since expanded to a few lines running the length of Honshu, Japan's main island, as well as part of Kyushu. It is not inexpensive, yet it is a fast, safe, and comfortable way to travel. Trains are on time 99% of the time, and even if you miss one, you don't have to wait very long for the next one.

Ryokan (旅館)

>>>>>

There are enough hotels throughout Japan, but if you really want to relax, go to a 旅館, a Japanese-style inn. It is expensive, but if you wish to experience part of traditional Japan, splurge one night and stay at an above-average 旅館 in a hot-spring town. Soak yourself in the hot tub, eat the food they serve, and get good night's sleep on a futon. Hopefully you will feel all refreshed the next morning.

Travelling

>>>>>

Japan is a populous country, and everyone loves to travel, which means wherever you go, it is usually crowded. In the spring and in the fall, many schools have so-called 修学旅行(しゅうがくりょこう), teacher-led trips for elementary through high school students. Although it is impossible to avoid these crowds completely, you should at least try to find out from travel agencies when the peak times for school excursions are so that you can enjoy at least some semblance of privacy and quietude.

会話 >>>>>>>> 1

CD 2>>>06

JR の駅のみどりの窓口で。

ビ　ル：　新幹線の切符が買いたいんですけど。

駅　員：　あそこの机の上に申し込み用紙がありますから、書き込んでください。

ビ　ル：　時刻表はありますか。

駅　員：　同じ机の上にありますよ。

ビ　ル：　そうですか。どうも。

＊　＊　＊

ビ　ル：　これでいいですか。

駅　員：　いいですよ。じゃ、切符を作りますから、ちょっとお待ちください。

＊　＊　＊

駅　員：　はい、お待たせしました。12 月 20 日名古屋発 15 時 13 分のひかり 416 号、東京着が 17 時 13 分、座席は 6 号車 20 の D です。

ビ　ル：　指定席券は、いらないんですか。

駅　員：　指定席券は、特急券と一緒になっています。こちらは乗車券です。

ビ　ル：　そうですか。便利ですね。いくらですか。

駅　員：　特急料金 4,490 円、運賃 6,090 円、全部で 10,580 円になります。

ビ　ル：　（一万円札と千円札を一枚ずつ渡して）じゃこれで。

駅　員：　一万と千円お預かりします。

……お待たせしました。420 円のおつりです。

ビ　ル：　どうも。

会話 2

CD 2>>>07

➡ アメリカから東京へ出張してきたミラー、週末に箱根で体を休めることにし、JTB で旅館の予約をする。

社　員：　いらっしゃいませ。

ミラー：　明日から一泊で箱根へ行きたいんですが、どこか静かであまり高くない旅館はないでしょうか。

社　員：　お調べしますので、少々お待ちください。

＊　＊　＊

社　員：　ちょうどよさそうなのがございました。箱根湯本の K 館で、二食付き一泊二万円ですが。

ミラー：　どんな旅館ですか。

社　員：　あまり大きい旅館じゃありませんから、静かでいいお宿ですよ。眺めもとてもいいそうです。

ミラー：　和室ですよね。

社　員：　ええ、もちろん和室でございます。

ミラー：　バスとトイレは部屋に付いていますか。

社　員：　はい、バス・トイレ付きでございます。

ミラー：　じゃあ、その部屋にしてください。

社　員：　では、早速予約を入れてみますので、この用紙にお名前とご住所をお願いします。

ミラー：　住所はアメリカですが。

社　員：　そうですか。では、日本のご連絡先でけっこうです。

ミラー：　分かりました。

＊　＊　＊

ミラー：　これでいいでしょうか。

社　員：　けっこうです。少々お待ちください。

＊　＊　＊

社　員：　お待たせしました。いいお部屋があいておりましたので、予約をお取りしました。

ミラー：　どうも。

会話 >>>>>>>> 3

CD 2>>>08

夕方、南西大学の留学生グループが高山（たかやま）の民宿に着く。一緒に来た小林先生が学生たちと話している。

小　林：　みんな疲れたでしょう。

ジェイソン：そうでもありません。

小　林：　今、五時ですね。夕食は六時だそうだから、あと一時間ありますね。私はちょっとお風呂に入ってくるけど、みんなどうしますか。

ビ　ル：　僕は町を見物したいです。

小　林：　それは、夕食の後でみんなでしようと思っていたんだけど。

ビ　ル：　じゃ、僕もお風呂に入ります。どこにあるんですか。

小　林：　下ですよ。男湯と女湯があるから、間違えないでね。

ジェイソン：あれぇ。一緒じゃないんですか。

小　林：　トンプソンさんは、いつも冗談ばっかり。ここは大きい民宿だから、男湯と女湯とあるんですよ。小さい民宿じゃお風呂が一つしかないけど、それでも男の人と女の人は、違う時間に入るのよ。ここのお風呂は大きいから、何人も一緒に入れますよ。

ジェイソン：じゃ、僕もグラント君と一緒に入ろうかな。

小　林：　お風呂に入る人は、浴衣を持っていってください。

ビ　ル：　「ゆかた」って何ですか。

小　林：　ほら、ここにある着物のことですよ。

ビ　ル：　ああ、これですか。

小　林：　お風呂の後で、これに着替えると気持ちいいですよ。

ビ　ル：　はい。

小　林：　あ、それから、グラントさんは、日本のお風呂は初めてでしょう？

ビ　ル：　ええ。

小　林：　お風呂の中で体を洗わないでくださいね。

ジェイソン：僕が教えますから、だいじょうぶですよ。

古い都を訪ねたければ、京都に限る[4]。京都は第二次世界大戦の被害も少なく、昔のまま[5]のお寺や神社が何百、何千とあり、一日や二日では、とても見切れない。京都から近い奈良には、日本最大の大仏もある。

四国や九州にも、見るべき所は多い。お寺、神社、お城などのほかにも、九州なら阿蘇山(あそさん)や桜島などの火山を訪ねるとよい。そして、各地にある温泉でゆっくり体を休め、その土地の料理でも食べてみると面白いだろう。

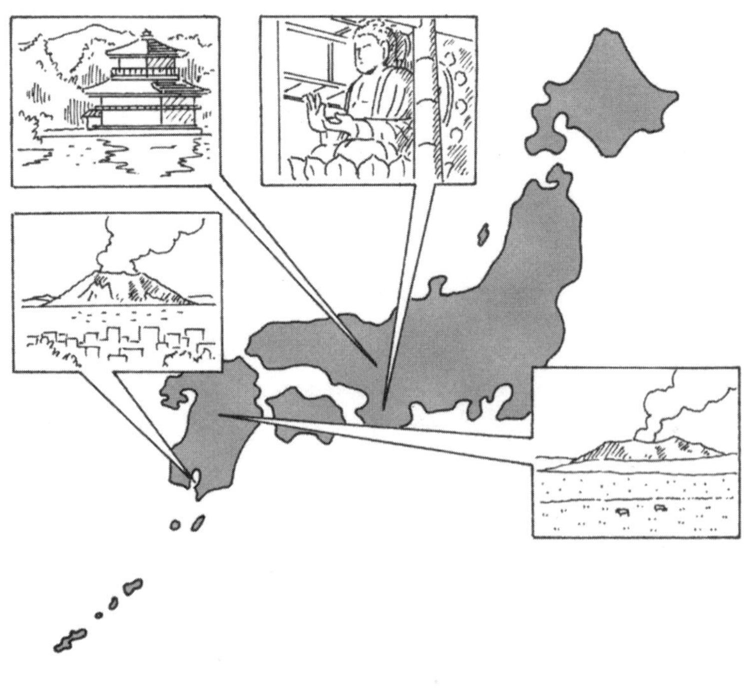

読み物 >>>>> 国内旅行

CD 2 >>> 09

日本へ遊びに行くアメリカ人は、ジャパンレールパスを買っていくとよい。これは、アメリカを出る前に、アメリカにある日本の旅行社（ニューヨークやシカゴなら、JTBなどがある）から買っておかなければならない。ニューヨークやシカゴなどの大都市に住んでいない人は、電話で注文できる。旅行の長さによって、一週間、二週間、三週間有効の切符が買える。そして、この切符の有効期間中、JR（＝Japan Railways）という会社の鉄道やバスに何度でも乗れる。JRは、北は北海道から、南は九州まで走っているから、日本中どこでもこのパスで旅行できるわけである。

北海道は、日本のフロンティアと呼ばれている。日本はどこへ行っても人や建物が多いが、北海道にはまだ美しい大自然が残っている。北海道の農業は、アメリカの農業の影響を受けたので、北海道を旅行すると、牛、馬、羊などの動物もたくさんいるし、日本では珍しいサイロや、アメリカでbarnと呼ぶ建物などもあちこちに建っていて、ちょっとアメリカのような景色が見られる。また、北海道の先住民であるアイヌの村などもある。

本州は南北に長く、日本最大の島である。東京、大阪、京都、横浜、神戸その他、国際的によく知られた大都市は、ほとんど本州にあると言ってよい。東京は世界最大都市の一つで、政治、経済、商業、教育、芸術、その他すべての文化の中心となっている。外国人の中には、東京を「醜い町」とか、「物価の世界一高い町」とか、「あまりにも混雑した町」とか言って、批判する人も多いようだ。たしかに、毎日のラッシュアワーの混雑は大変なものだが、混雑の中にも秩序があるのが、東京の特徴ではないだろうか。日本全国の[1]十分の一近い人口が東京に集まっているというのに、アメリカあたりの大都市と比べると、びっくりする[2]ほど犯罪が少なく、夜ひとり歩きができる町、そして[3]何よりも、活気があって絶えず変化していく町として、東京は魅力的だ。

単語

会話 >>>>>>> 1

	予約する（よやく）		to make a reservation
	切符（きっぷ）		ticket
1	窓口（まどぐち）		(ticket) window
2	新幹線（しんかんせん）		bullet train
3	駅員（えきいん）		railroad station employee
	机（つくえ）		desk
	申し込み（もうしこ）		request; application
4	時刻表（じこくひょう）		(train) schedule
9	名古屋発（なごやはつ）		leaving Nagoya
	ひかり		[name of a bullet train]
10	東京着（とうきょうちゃく）		arriving Tokyo
	座席（ざせき）		seat
10	～号車（ごうしゃ）		number ～ car
11	指定席券（していせきけん）		reserved-seat ticket
12	特急券（とっきゅうけん）		special express fare ticket
	乗車券（じょうしゃけん）		passenger ticket
14	料金（りょうきん）		fee; fare
	運賃（うんちん）		(passenger) fare
15	一万円札（いちまんえんさつ）		10,000 yen bill
16	預かる（あず）		to keep (something) for (someone)
17	おつり		change; balance of money returned to the purchaser

会話 >>>>>>> 2

1	出張（しゅっちょう）		business trip
	箱根（はこね）		[place name]
	体を休める（からだ・やす）		to rest [*lit.*, to rest one's body]
	ＪＴＢ（ジェイティービー）		Japan Travel Bureau
3	一泊（いっぱく）		one night's stay; overnight stay
	静か(な)（しず）		quiet
5	調べる（しら）		to check; to look up
6	湯本（ゆもと）		[place name]
6	Ｋ館（ケーかん）		K Inn
	二食付き（にしょくつ）		with two meals
9	宿（やど）		inn; lodging
	眺め（なが）		view
11	和室（わしつ）		Japanese-style room
13	バス		bath
	トイレ		bathroom; toilet
16	住所（じゅうしょ）		address; place of residence
19	連絡先（れんらくさき）		place where one can be reached

会話 >>>>>>> 3

1	夕方	ゆうがた	late afternoon, usually just before dinner time
	民宿	みんしゅく	private house providing lodging and meals to tourists
2	疲れる	つかれる	to become tired
5	お風呂	ふろ	bath
6	(〜を)見物する	けんぶつ	to see the sights (of 〜)
9	男湯	おとこゆ	men's section of a bathhouse
	女湯	おんなゆ	women's section of a bathhouse
10	あれぇ		[uttered when something unexpected happens]
11	冗談	じょうだん	joke
16	浴衣	ゆかた	informal cotton kimono
18	着物	きもの	kimono
20	着替える	きがえる	to change (one's) clothes
	気持ち	きもち	feeling
	気持ちいい	きもちいい	comfortable; pleasant; to feel good
25	洗う	あらう	to wash

読み物 >>>>>>>

0	国内	こくない	domestic [=国の中]
1	パス		pass
3	旅行社	りょこうしゃ	travel agency
5	大都市	だいとし	very big city; metropolis [=大きい町]
7	有効	ゆうこう	valid
	(〜)期間中	きかんちゅう	during the period (when 〜)
8	鉄道	てつどう	railway
9	北	きた	north
	南	みなみ	south
	走る	はしる	to run
12	フロンティア		frontier
14	大自然	だいしぜん	Mother Nature [*lit*., mighty nature]
	残る	のこる	to remain [*v.i.*]
	農業	のうぎょう	agriculture
15	受ける	うける	to receive
	牛	うし	cow
	馬	うま	horse
	羊	ひつじ	sheep
16	サイロ		silo
17	建つ	たつ	to stand; to be built [*v.i.*]
18	景色	けしき	scenery
19	先住民	せんじゅうみん	people native to the land

19	アイヌ	Ainu
	村	village
20	本州	[main island of Japan]
	南北に	from north to south
	最大	largest [＝一番大きい]
	大阪	[place name]
21	横浜	[place name]
	神戸	[place name]
	国際的に	internationally
22	世界	world
23	商業	commerce
	教育	education
	芸術	art
	すべて	all [＝全部]
24	中心	center
	醜い	ugly
25	混雑した	crowded
26	批判する	to criticize
27	ラッシュアワー	rush hour
28	秩序	order
	特徴	characteristics
29	十分の一	one tenth [>>>文法ノート1]
30	アメリカあたり	America, for instance
	犯罪	crime
31	夜	at night
	ひとり歩き	walking alone
31	活気	vigor; liveliness; vitality; energy
32	絶えず	constantly
	(～が)変化する	to change
	魅力的(な)	attractive
33	都	city; capital
	(～に)限る	(～) would have to be the best choice [＝～が一番いい] [>>>文法ノート4]
	第二次世界大戦	WW II
34	被害	damage
	お寺	Buddhist temple
	神社	Shinto shrine
35	見切れない	can't see them all
36	奈良	[place name]
	大仏	big statue of Buddha
37	四国	[smallest of the four main islands]
	お城	castle
38	阿蘇山	Mt. Aso
	桜島	Mt. Sakurajima
	火山	volcano
39	各地	various parts of the country
	温泉	hot spring
	ゆっくり	leisurely

漢字リスト

書くのを覚える漢字

読み方を覚えましょう。また、書けるようになるまで練習しましょう。

1.予約	2.切符	3.窓口	4.机	5.用紙
6.〜発	7.座席	8.券	9.乗車	10.一万円札
11.出張	12.一泊	13.調べる	14.少々	15.和室
16.住所	17.民宿	18.疲れる	19.見物	20.着物
21.洗う	22.遊ぶ	23.都市	24.鉄道	25.南
26.走る	27.建物	28.残る	29.牛	30.馬
31.村	32.南北	33.世界	34.政治	35.経済
36.商業	37.夜	38.絶えず	39.都	40.第二次大戦
41.寺	42.神社	43.各地		

読めればいい漢字

読み方を覚えましょう。

1.新幹線	2.時刻表	3.名古屋	4.指定席	5.運賃
6.預かる	7.箱根	8.静か（な）	9.宿	10.眺め
11.連絡先	12.風呂	13.冗談	14.浴衣	15.着替える
16.有効	17.自然	18.農業	19.羊	20.景色
21.大阪	22.横浜	23.神戸	24.国際的	25.芸術
26.醜い	27.混雑	28.批判	29.秩序	30.特徴
31.犯罪	32.魅力的	33.被害	34.奈良	35.城
36.桜島	37.温泉			

漢字の部首
10
いとへん

糸

This radical comes from 糸 and is often used for characters representing kinds, conditions, products, etc., of thread.

「結」「紹」「終」など

文法ノート

1 >>> 分数(ぶんすう) (fraction)

［読み物 > ℓ.29 >>> 十分の一近い人口が］

分数(ぶんすう) (fraction) is expressed in Japanese by [(number)分(ぶん)の(number)]. Notice that, in Japanese, a denominator comes before a numerator, as in 五分の一 ($=\frac{1}{5}$)、三分の二 ($=\frac{2}{3}$), etc.

2 >>> Sentence＋ほど

［読み物 > ℓ.30 >>> びっくりするほど犯罪が少なく］

[S_1 ほど S_2] means 'S_2 to the extent S_1,' or 'it is so S_2 that S_1.' S_1 is generally in plain forms.

a) インドのカレーは、**なみだが出るほど**からい (spicy/hot) ことがある。
(Sometimes, Indian curry is so hot that it brings tears to your eyes.)

b) **動(うご)けないほど**おなかがいっぱいです。
(I am so full that I can't move.)

c) 東京は**びっくりするほど**人が多い。
(Tokyo has an amazingly large number of people.)

This construction can be paraphrased to [S_2 (て-form)、S_1 ほどです]、as in **d)**.

d) インドのカレーはからくて、**なみだが出るほどです**。

3 >>> 何よりも＝'more than anything'

［読み物 > ℓ.31 >>> 何よりも、活気があって］

a) 今、**何よりも**車が欲しいですねえ。
(Right now, I want a car more than anything.)

b) **何よりも**健康(けんこう)が一番です。
(Health is the most important thing in the world.)

4 >>> (Xは)Yに限る

［読み物 > ℓ.33 >>> 京都に限る］

Y in this construction can be either a noun or a verb in plain present tense form. This construction means 'As for X, Y is the best thing to do; As for X, there is nothing better than Y.'

a) 暑い日には冷(つめ)たいビールを**飲むに限る**。
(Drinking cold beer is the best thing to do on a hot day.)

b) 古い都(みやこ)を訪ねたければ、**京都に限ります**。
(If you want to visit an old city, Kyoto is the best place.)

5 >>> ～まま

[読み物 > ℓ.34 >>> 昔のままのお寺や神社が…]

まま is attached to nouns, adjectives and verbs, and indicates that the condition/situation (described in the まま-clause) is unchanged. It can be attached to [Nの], [な-adjective＋な], い-adjective in plain *present* tense form and verb in plain *past* tense form.

a） 京都には**昔のまま**のお寺(てら)や神社(じんじゃ)が多い。
(There are many old temples and shrines in Kyoto.)

b） 日本酒(しゅ)は**冷(つめ)たいまま**飲んでもおいしい。
(Japanese rice wine tastes good even cold.)

c） 窓(まど)を**開けたまま**寝ると、風邪(かぜ)をひく。
(If you go to sleep with the window open, you will catch cold.)

d） どうぞ**そのまま**いらしてください。
(Please come as you are.)

e） 人からお金を**借りたまま**返さないのは、よくない。
(It's not good not to return the money one has borrowed from other people.)

会話練習のポイント

a) >>> 予約する

>>>>>[会話2]

（電話で）

旅行社：　全世界トラベルです。

ミラー：　あのう、箱根に行きたいので、旅館の**予約をお願いしたいんですが**[1]、どこか静かであまり高くない旅館はないでしょうか。

旅行社：　はい。ご予定はいつでしょうか。

ミラー：　六月二十日から二泊の予定ですが。

旅行社：　お調べしますので、少々お待ちください。

＊＊＊＊

旅行社：　お待たせしました。ちょうどよさそうなのがございました。箱根湯本のK館で、二食付きで、お一人様一泊一万六千円ですが。

ミラー：　あ、じゃ、予約をしてもらえますか。

旅行社：　はい、では早速ご予約を入れておきますので。

1: When you are making a reservation, use expressions such as ～の予約をお願いしたいんですが or ～を予約したいんですが.

運用練習

1 >>> 表を読む

➲ 料金表(p.192)を見て、次の質問に答えなさい。

a) 東京から京都まで、「のぞみ」の指定席でいくらかかりますか。

b) 東京から京都まで、「ひかり」でいくらかかりますか。

c) 名古屋から広島までは、いくらかかりますか。一番高いのは、いくらですか。一番安いのは？

2 >>> 表を読む

- 新幹線の時刻表(p.193)を見て、次の質問に答えなさい。

a) 東京から広島まで行くのに、のぞみ 107 号は便利ですか。それはなぜですか。

b) 東京から新大阪まで行くのに、のぞみ 113 号とひかり 405 号では、どちらの方が時間がかかりますか。

c) のぞみ 113 号は、新横浜から乗れますか。

d) 3 月 20 日に名古屋から広島へ行く人が、広島に午後一時ちょっと前に着きたかったら、名古屋を何時に出ればいいでしょうか。その列車（train）は何という列車ですか。

e) 静岡に行きたい人は、のぞみ、ひかり、こだまの中で、どの列車に乗ったらいいでしょうか。

3 >>> ロールプレイ

- （**2** と同じ時刻表を使います。）ペアになり、一人は日本を旅行中のアメリカ人、もう一人は東京の JTB の社員になりなさい。アメリカ人は JTB 社員に、次のことを日本語で言いなさい。

a) He/She cannot use the timetable because he/she cannot read kanji.

b) He/She wants to go to Kyoto on a Nozomi tomorrow. He/She must be in Kyoto by 11 a.m.

c) He/She wants to know what train the clerk would recommend.

4 >>> ペアワーク

- 楽しかった旅行について、ペアで話し合いなさい。

5 >>> 作文

- 「楽しかった旅行」という題で、二百字ぐらいの作文を書きなさい。

〔東海道・山陽新幹線の料金表（ひかり号・こだま号）〕

上の数字は運賃、下は特急料金

東京からの営業キロ	駅名	東京	品川	新横浜	小田原	熱海	三島	新富士	静岡	掛川	浜松	豊橋	三河安城	名古屋	岐阜羽島	米原	京都	新大阪	新神戸	西明石	姫路	相生	岡山	新倉敷	福山	新尾道	三原	東広島
6.8	品川	160 ※840																										
28.8	新横浜	480 ※840	400 ※840																									
83.9	小田原	1,450 2,190	1,280 2,190	950 ※950																								
104.6	熱海	1,890 2,190	1,890 2,190	1,280 2,190	400 ※840																							
120.7	三島	2,210 2,190	2,210 2,190	1,620 2,190	650 2,190	320 ※840																						
146.2	新富士	2,520 2,920	2,520 2,920	1,890 2,920	1,110 2,190	740 2,190	480 ※840																					
180.2	静岡	3,260 2,920	3,260 2,920	2,520 2,920	1,620 2,190	1,280 2,190	950 ※950	570 ※840																				
229.3	掛川	3,890 3,760	3,890 3,760	3,570 3,760	2,520 2,920	2,210 2,920	1,890 2,920	1,450 2,190	820 ※840																			
257.1	浜松	4,310 3,760	4,310 3,760	3,890 3,760	2,940 2,920	2,520 2,920	2,210 2,920	1,890 2,920	1,280 ※950	480 ※840																		
293.6	豊橋	4,940 3,760	4,940 3,760	4,620 3,760	3,570 3,760	3,260 2,920	2,940 2,920	2,520 2,920	1,890 2,920	1,110 2,190	650 ※840																	
336.3	三河安城	5,460 4,490	5,460 4,490	5,250 4,490	4,310 3,760	3,890 3,760	3,570 3,760	3,260 2,920	2,520 2,920	1,890 2,920	1,280 2,190	740 ※840																
366.0	名古屋	6,090 4,490	6,090 4,490	5,460 4,490	4,940 3,760	4,620 3,760	4,310 3,760	3,570 3,760	3,260 2,920	2,210 2,920	1,890 2,920	1,280 ※950	460 ※840															
396.3	岐阜羽島	6,300 4,490	6,300 4,490	6,090 4,490	5,250 4,490	4,940 3,760	4,620 3,760	4,310 3,760	3,570 3,760	2,940 2,920	2,210 2,920	1,890 2,920	950 2,190	570 ※840														
445.9	米原	7,140 4,920	7,140 4,920	6,620 4,920	6,090 4,490	5,780 4,490	5,460 4,490	4,940 3,760	4,620 3,760	3,570 3,760	3,260 2,920	2,520 2,920	1,890 2,920	1,280 2,190	820 ※840													
513.6	京都	7,980 5,240	7,980 5,240	7,670 4,920	6,830 4,920	6,620 4,920	6,300 4,490	6,090 4,490	5,460 4,490	4,940 3,760	4,310 3,760	3,570 3,760	2,940 2,920	2,520 2,920	1,890 2,920	1,110 ※950												
552.6	新大阪	8,510 5,240	8,510 5,240	8,190 5,240	7,350 4,920	7,140 4,920	6,830 4,920	6,620 4,920	6,090 4,490	5,460 4,490	4,940 3,760	4,620 3,760	3,890 3,760	3,260 2,920	2,520 2,920	1,890 2,920	540 ※840											
589.5	新神戸	9,030 5,240	9,030 5,240	8,720 5,240	7,980 5,240	7,670 4,920	7,350 4,920	7,140 4,920	6,620 4,920	6,090 4,490	5,460 4,490	4,940 3,760	4,310 3,760	3,890 3,760	3,260 2,920	2,520 2,920	1,050 2,190	620 ※830										
612.3	西明石	9,350 5,650	9,350 5,650	9,030 5,240	8,190 5,240	7,980 5,240	7,670 4,920	7,350 4,920	6,830 4,920	6,300 4,490	5,780 4,490	5,250 4,490	4,620 3,760	4,310 3,760	3,570 3,760	2,940 2,920	1,530 2,190	890 2,190	380 ※830									
644.3	姫路	9,560 5,650	9,560 5,650	9,350 5,650	8,720 5,240	8,190 5,240	8,190 5,240	7,670 4,920	7,350 4,920	6,620 4,920	6,300 4,490	5,780 4,490	5,250 4,490	4,620 3,760	4,310 3,760	3,260 2,920	2,210 2,920	1,450 2,190	950 2,190	570 ※830								
665.0	相生	9,560 5,650	9,560 5,650	9,350 5,650	9,030 5,240	8,720 5,240	8,510 5,240	7,980 5,240	7,670 4,920	6,830 4,920	6,620 4,920	6,090 4,490	5,460 4,490	4,940 3,760	4,620 3,760	3,570 3,760	2,520 2,920	1,890 2,920	1,280 2,190	950 2,190	400 ※830							
732.9	岡山	10,190 6,170	10,190 6,170	9,870 6,170	9,560 5,650	9,350 5,650	9,350 5,650	9,030 5,240	8,510 5,240	7,980 5,240	7,350 4,920	6,830 4,920	6,300 4,490	6,090 4,490	5,460 4,490	4,940 3,760	3,570 3,760	2,940 2,920	2,520 2,920	2,210 2,920	1,450 2,190	1,110 ※940						
758.1	新倉敷	10,190 6,170	10,190 6,170	10,190 6,170	9,560 5,650	9,560 5,650	9,350 5,650	9,350 5,650	8,720 5,240	8,190 5,240	7,980 5,240	7,350 4,920	6,830 4,920	6,300 4,490	6,090 4,490	5,250 4,490	4,310 3,760	3,570 3,760	2,940 2,920	2,520 2,920	1,890 2,920	1,620 2,190	480 ※830					
791.2	福山	10,500 6,170	10,500 6,170	10,500 6,170	9,870 6,170	9,870 5,650	9,560 5,650	9,560 5,650	9,350 5,650	8,720 5,240	8,190 5,240	7,670 4,920	7,140 4,920	6,830 4,920	6,300 4,490	5,780 4,490	4,620 3,760	3,890 3,760	3,570 3,760	2,940 2,920	2,520 2,920	2,210 2,920	950 2,190	570 ※830				
811.3	新尾道	10,820 6,710	10,820 6,710	10,500 6,170	10,190 6,170	9,870 6,170	9,870 5,650	9,560 5,650	9,350 5,650	9,030 5,240	8,510 5,240	7,980 5,240	7,350 4,920	7,140 4,920	6,620 4,920	6,090 4,490	4,940 3,760	4,310 3,760	3,890 3,760	3,260 2,920	2,940 2,920	2,520 2,920	1,280 2,190	950 2,190	400 ※830			
822.8	三原	10,820 6,710	10,820 6,710	10,500 6,170	10,190 6,170	9,870 6,170	9,870 6,170	9,560 5,650	9,560 5,650	9,030 5,240	8,720 5,240	8,190 5,240	7,670 4,920	7,140 4,920	6,830 4,920	6,090 4,490	5,250 4,490	4,620 3,760	3,890 3,760	3,570 3,760	2,940 2,920	2,520 2,920	1,450 2,190	1,110 2,190	570 ※830	230 ※830		
862.4	東広島	11,030 6,710	11,030 6,710	10,820 6,710	10,500 6,170	10,190 6,170	10,190 6,170	9,870 6,170	9,870 5,650	9,350 5,650	9,350 5,650	8,720 5,240	8,190 5,240	7,670 4,920	7,350 4,920	6,620 4,920	5,780 4,490	5,250 4,490	4,620 3,760	4,310 3,760	3,570 3,760	3,260 2,920	2,210 2,920	1,890 2,920	1,280 2,190	950 2,190	650 ※830	
894.2	広島	11,340 6,710	11,340 6,710	11,030 6,710	10,820 6,710	10,500 6,170	10,500 6,170	10,190 6,170	9,870 6,170	9,560 5,650	9,350 5,650	9,350 5,650	8,510 5,240	8,190 5,240	7,670 4,920	7,140 4,920	6,300 4,490	5,460 4,490	5,250 4,490	4,940 3,760	4,310 3,760	3,890 3,760	2,940 2,920	2,210 2,920	1,890 2,920	1,450 2,190	1,280 ※940	570 ※830

〔東海道・山陽新幹線の料金表（のぞみ号）〕

上の数字は運賃、中は特急料金（指定席）、下は特急料金（自由席）

駅名	東京	品川	新横浜	名古屋	京都	新大阪	新神戸	姫路	岡山	福山
品川	160 2,390 *840*									
新横浜	480 2,390 *840*	400 2,390 *840*								
名古屋	6,090 4,690 *3,980*	6,090 4,690 *3,980*	5,460 4,690 *3,980*							
京都	7,980 5,540 *4,730*	7,980 5,540 *4,730*	7,670 5,220 *4,410*	2,520 3,120 *2,410*						
新大阪	8,510 5,540 *4,730*	8,510 5,540 *4,730*	8,190 5,540 *4,730*	3,260 3,120 *2,410*	540 2,390 *840*					
新神戸	9,030 5,640 *4,730*	9,030 5,640 *4,730*	8,720 5,640 *4,730*	3,890 4,060 *3,250*	1,050 2,490 *1,680*	620 2,390 *830*				
姫路	9,560 6,150 *5,140*	9,560 6,150 *5,140*	9,350 6,150 *5,140*	4,620 4,160 *3,250*	2,210 3,220 *2,410*	1,450 2,390 *1,680*	950 2,390 *1,680*			
岡山	10,190 6,670 *5,660*	10,190 6,670 *5,660*	9,870 6,670 *5,660*	6,090 4,890 *3,980*	3,570 4,060 *3,250*	2,940 3,120 *2,410*	2,520 3,120 *2,410*	1,450 2,390 *1,680*		
福山	10,500 6,670 *5,660*	10,500 6,670 *5,660*	10,500 6,670 *5,660*	6,830 5,320 *4,410*	4,620 4,060 *3,250*	3,890 3,960 *3,250*	3,570 3,960 *3,250*	2,520 3,120 *2,410*	950 2,390 *1,680*	
広島	11,340 7,210 *6,200*	11,340 7,210 *6,200*	11,030 7,210 *6,200*	8,190 5,640 *4,730*	6,300 4,790 *3,980*	5,460 4,690 *3,980*	5,250 4,690 *3,980*	4,310 3,960 *3,250*	2,940 3,120 *2,410*	1,890 3,120 *2,410*

〔東海道・山陽新幹線（下り）の時刻表〕

列車番号	533A		107A	403A		11A	9209A	461A	565A	109A	63A	651A	653A	365A	111A
列車予約コード	02533		11107	01403		11011	11209	01461	02565	11109	11063	02651	02653	01365	11111
列車名	こだま 533		のぞみ 107	ひかり 403	(2月3日からは700系で運転)	のぞみ 11	のぞみ 209	ひかり 461	こだま 565	のぞみ 109	のぞみ 63	こだま 651	こだま 653	ひかり 365	のぞみ 111
運転日注意							◆								
入線時刻	736		743	750		753	800		806	810	816			813	830
発車番線	⑮		⑲	⑰		⑭	⑮		⑲	⑰	⑭			⑯	⑰
東京 発	756	‥	803	806		813	816	‥	823	826	833	‥	‥	836	846
品川 〃	804	‥	レ	814		820	824	‥	830	834	レ	‥	‥	レ	854
新横浜 〃	816	‥	820	レ		832	836	‥	845	レ	850	‥	‥	853	レ
小田原 〃	837	‥	レ	レ		レ	レ	‥	905	レ	レ	‥	‥	910	レ
熱海 〃	847	‥	N700	レ		700系	レ	‥	914	700系	700系	‥	‥	レ	700系
三島 〃	900	‥		レ	‥		レ	‥	928			‥	‥	レ	
新富士 〃	910	‥		レ	‥	レ	レ	‥	943	レ	レ	‥	‥	レ	レ
静岡 着	922	‥		908	‥	レ	レ	‥	955	レ	レ	‥	‥	レ	レ
静岡 発	926	‥	(全席禁煙)	914	‥	レ	レ	‥	958	レ	レ	‥	‥	レ	レ
掛川 〃	941	‥		レ	‥	レ	レ	‥	1014	レ	レ	‥	‥	レ	レ
浜松 〃	959	‥		936	‥	レ	レ	‥	1031	レ	レ	‥	‥	レ	レ
豊橋 〃	1018	‥		レ	‥	レ	レ	‥	1051	レ	レ	‥	(2列シート&2列シート)	レ	レ
三河安城 〃	1034	‥	レ	レ	‥	レ	レ	(「ひかりレールスター」8両編成⊗なし)	1106	レ	レ	‥		レ	レ
名古屋 着	1046	‥	943	1005	‥	955	958		1118	1009	1015	‥		1022	1026
着発番線	⑯		⑰	⑰		⑰	⑯		⑯	⑯	⑰			⑰	⑰
名古屋 発	1048	‥	945	1007	‥	957	1000		‥	1010	1017	‥		1023	1027
岐阜羽島 〃	1059	‥	レ	レ	‥	レ	レ		‥	レ	レ	‥		1036	レ
米原 着	1113	‥	レ	レ	‥	レ	レ		‥	レ	レ	‥		1050	レ
米原 発	1119	‥	レ	レ	‥	レ	レ		‥	レ	レ		(6両編成⊗なし)	1057	レ
京都 着	1140	‥	1023	1043	‥	1033	1036		‥	1047	1053	(2列シート&2列シート)		1120	1104
京都 発	1141	‥	1025	1045	‥	1035	1038		‥	1048	1055			1121	1105
新大阪 着	1156	‥	1040	1059	‥	1049	1053		‥	1102	1109			1136	1119
入線時刻	↓		↓	↓		↓	↓	1044		↓	↓		1104	↓	↓
着発番線	㉒		㉓	㉓		㉑	㉕	⑳		㉑	㉒		⑳	㉑	㉕
新大阪 発	‥	‥	‥	‥	‥	1051	‥	1059	‥	‥	1111	(4両編成⊗なし)	1115	1138	‥
新神戸 〃	‥	‥	‥	‥	‥	1105	‥	1112	‥	‥	1124		1129	1153	‥
西明石 〃	‥	‥	‥	‥	‥	レ	‥	レ	‥	‥	レ		1140	1203	‥
姫路 〃	‥	‥	‥	‥	‥	レ	‥	1129	‥	‥	1141		1201	1220	‥
相生 〃	‥	‥	‥	‥	‥	レ	‥	レ	‥	‥	レ		1212	1229	‥
岡山 着	‥	‥	‥	‥	‥	1137	‥	1150	‥	‥	1201		1232	1246	‥
着発番線						②		②			①	②	②	①	
岡山 発	‥	‥	‥	‥	‥	1138	‥	1151	‥	‥	1202	1204	1233	‥	‥
新倉敷 〃	‥	‥	‥	‥	‥	レ	‥	レ	‥	‥	レ	1215	1247	‥	‥
福山 〃	‥	‥	‥	‥	‥	1155	‥	1209	‥	‥	レ	1236	1300	‥	‥
新尾道 〃	‥	‥	‥	‥	‥	レ	‥	レ	‥	‥	レ	1246	1309	‥	‥
三原 〃	‥	‥	‥	‥	‥	レ	‥	レ	‥	‥	レ	1254	1318	‥	‥
東広島 〃	‥	‥	‥	‥	‥	レ	‥	レ	‥	‥	レ	1313	1332	‥	‥
広島 着	‥	‥	‥	‥	‥	1219	‥	1233	‥	‥	1239	1328	1344	‥	‥
着発番線						⑫		⑫			⑫	⑪	⑪		
広島 発	‥	‥	‥	‥	‥	1220	‥	1234	‥	‥	‥	1340	‥	‥	‥
新岩国 〃	‥	‥	‥	‥	‥	レ	‥	レ	‥	‥	‥	1402	‥	‥	‥
徳山 〃	‥	‥	‥	‥	‥	レ	‥	レ	‥	‥	‥	1423	‥	‥	‥
新山口 〃	‥	‥	‥	‥	‥	1253	‥	1307	‥	‥	‥	1440	‥	‥	‥
厚狭 〃	‥	‥	‥	‥	‥	レ	‥	レ	‥	‥	‥	1451	‥	‥	‥
新下関 〃	‥	‥	‥	‥	‥	レ	‥	レ	‥	‥	‥	1507	‥	‥	‥
小倉 着	‥	‥	‥	‥	‥	1312	‥	1327	‥	‥	‥	1517	‥	‥	‥
小倉 発	‥	‥	‥	‥	‥	1313	‥	1328	‥	‥	‥	1518	‥	‥	‥
博多 着	‥	‥	‥	‥	‥	1330	‥	1344	‥	‥	‥	1537	‥	‥	‥
到着番線						⑫		⑭				⑭			
車内販売	○		○	○		○	○	○	○	○	○			○	○
運転期日（期日を示していない列車は毎日運転）							2月29日までの月～土曜〈除く、12月24日・1月1・4・5・7・14日・2月11日〉と11月25日・12月30日・2月10日運転			休日と1月1～3日は運休・但し、11月23日・12月30日は運転		▲			休日と1月1～3日は運休・但し、11月23・25日は運転

列車番号		13A		3177A		9307A	535A		113A	405A	15A		115A	463A	567A	117A
列車予約コード		11013		11177		11307	02535		11113	01405	11015		11115	01463	02567	11117
列車名	(1月31日からはN700で運転)	のぞみ 13		のぞみ 177	(11月23日・12月22・26日～1月3・5・6日・2月9日は700系で運転)	のぞみ 307	こだま 535		のぞみ 113	ひかり 405	のぞみ 15		のぞみ 115	ひかり 463	こだま 567	のぞみ 117
運転日注意				◆		◆										
入線時刻		823		836		836	840		843	846	853		856		903	910
発車番線		⑱		⑭		⑭	⑯		⑲	⑮	⑱		⑭		⑰	⑮
東京 発		850	‥	853		853	856	‥	903	906	913	‥	920	‥	923	926
品川 〃		858	‥	901		901	904	‥	レ	914	920	‥	927	‥	930	934
新横浜 〃		910	‥	913		913	916	‥	920	レ	932	‥	レ	‥	945	レ
小田原 〃		レ	‥	レ		レ	937	‥	レ	レ	レ	‥	レ	‥	1008	レ
熱海 〃		700系	‥	レ		レ	947	‥	700系	レ	700系	‥	700系	‥	1018	700系
三島 〃			‥	レ		レ	1000	‥		950		‥		‥	1028	
新富士 〃	‥	レ	‥	レ		レ	1010	‥	レ	レ	レ	‥	レ	‥	1043	レ
静岡 着	‥	レ	‥	レ		レ	1022	‥	レ	1008	レ	‥	レ	‥	1055	レ
静岡 発	‥	レ	‥	レ		レ	1025	‥	レ	1014	レ	‥	レ	‥	1058	レ
掛川 〃	‥	レ	‥	レ		レ	1044	‥	レ	レ	レ	‥	レ	‥	1114	レ
浜松 〃	‥	レ	‥	レ		レ	1059	‥	レ	1036	レ	‥	レ	‥	1131	レ
豊橋 〃	‥	レ	‥	レ		レ	1118	‥	レ	レ	レ	‥	レ	‥	1151	レ
三河安城 〃	‥	レ	‥	レ		レ	1134	‥	レ	レ	レ	‥	レ	(「ひかりレールスター」8両編成⊗なし)	1206	レ
名古屋 着	‥	1033	‥	1036		1036	1146	‥	1043	1105	1055	‥	1058		1218	1109
着発番線		⑰		⑯		⑯	⑯		⑰	⑰	⑰		⑯		⑯	⑯
名古屋 発	‥	1034	‥	1038		1038	1148	‥	1045	1107	1057	‥	1100		‥	1110
岐阜羽島 〃	‥	レ	‥	レ		レ	1159	‥	レ	レ	レ	‥	レ		‥	レ
米原 着	‥	レ	‥	レ		レ	1213	‥	レ	レ	レ	‥	レ		‥	レ
米原 発	‥	レ	‥	レ		レ	1219	‥	レ	レ	レ	‥	レ		‥	レ
京都 着	‥	1111	‥	1114	‥	1114	1240	‥	1123	1143	1133	‥	1136		‥	1147
京都 発	‥	1112	‥	1116	‥	1116	1241	‥	1125	1145	1135	‥	1138		‥	1148
新大阪 着	‥	1127	‥	1130	‥	1130	1256	‥	1140	1159	1149	‥	1153		‥	1202
入線時刻		↓		↓		↓	↓		↓	↓	↓		↓	1144		↓
着発番線		㉑		㉒		㉒	㉒		㉓	㉓	㉑		㉕	⑳		㉑
新大阪 発	‥	1129	‥	1132	‥	‥	‥	‥	‥	‥	1151	‥	‥	1159	‥	‥
新神戸 〃	‥	1142	‥	1145	‥	‥	‥	‥	‥	‥	1205	‥	‥	1212	‥	‥
西明石 〃	‥	レ	‥	レ	‥	‥	‥	‥	‥	‥	レ	‥	‥	レ	‥	‥
姫路 〃	‥	レ	‥	レ	‥	‥	‥	‥	‥	‥	レ	‥	‥	1229	‥	‥
相生 〃	‥	レ	‥	レ	‥	‥	‥	‥	‥	‥	レ	‥	‥	レ	‥	‥
岡山 着	‥	1214	‥	1219	‥	‥	‥	‥	‥	‥	1237	‥	‥	1250	‥	‥
着発番線		②		②							②			②		
岡山 発	‥	1215	‥	1220	‥	‥	‥	‥	‥	‥	1238	‥	‥	1251	‥	‥
新倉敷 〃	‥	レ	‥	レ	‥	‥	‥	‥	‥	‥	レ	‥	‥	レ	‥	‥
福山 〃	‥	レ	‥	レ	‥	‥	‥	‥	‥	‥	1255	‥	‥	1309	‥	‥
新尾道 〃	‥	レ	‥	レ	‥	‥	‥	‥	‥	‥	レ	‥	‥	レ	‥	‥
三原 〃	‥	レ	‥	レ	‥	‥	‥	‥	‥	‥	レ	‥	‥	レ	‥	‥
東広島 〃	‥	レ	‥	レ	‥	‥	‥	‥	‥	‥	レ	‥	‥	レ	‥	‥
広島 着	‥	1251	‥	1258	‥	‥	‥	‥	‥	‥	1319	‥	‥	1333	‥	‥
着発番線		⑫		⑫							⑫			⑫		
広島 発	‥	1252	‥	1259	‥	‥	‥	‥	‥	‥	1320	‥	‥	1334	‥	‥
新岩国 〃	‥	レ	‥	レ	‥	‥	‥	‥	‥	‥	レ	‥	‥	レ	‥	‥
徳山 〃	‥	レ	‥	レ	‥	‥	‥	‥	‥	‥	レ	‥	‥	レ	‥	‥
新山口 〃	‥	レ	‥	1333	‥	‥	‥	‥	‥	‥	レ	‥	‥	1406	‥	‥
厚狭 〃	‥	レ	‥	レ	‥	‥	‥	‥	‥	‥	レ	‥	‥	レ	‥	‥
新下関 〃	‥	レ	‥	レ	‥	‥	‥	‥	‥	‥	レ	‥	‥	レ	‥	‥
小倉 着	‥	1339	‥	1353	‥	‥	‥	‥	‥	‥	1407	‥	‥	1426	‥	‥
小倉 発	‥	1340	‥	1354	‥	‥	‥	‥	‥	‥	1408	‥	‥	1427	‥	‥
博多 着	‥	1357	‥	1411	‥	‥	‥	‥	‥	‥	1425	‥	‥	1444	‥	‥
到着番線		⑬		⑭							⑭			⑪		
車内販売		○		○		○	○		○	○	○		○	○	○	○
運転期日（期日を示していない列車は毎日運転）				11月23・25日・12月22・26日～1月6日・2月9・24日運転		11月20～22・26日～12月1・7・13・14・21日・1月12・24日・2月1・7・8・13～15・20・21・23・29日運転							休日と1月2日は運休・但し、11月23日・12月30日・1月3日は運転			休日運休・但し、11月23・25日・12月23日・1月1～3日・2月10日は運転

聞き取り練習

CD 2>>>10

アメリカの大学で日本語を勉強している学生が、温泉について日本語の先生に聞いています。CDを聞いて、次の文が正しければ○、間違っていれば×を入れなさい。

☐ a) 旅館では、普通、メニューを選ばせてくれない。
☐ b) 旅館の食事は、洋食(ようしょく)(Western food) が多い。
☐ c) 旅館では、何でも好きな料理を部屋へ持ってきてくれる。
☐ d) 温泉に行くと、温泉に入ることしかできない。
☐ e) 先生は、温泉であまり遊ばない方がいいと思っている。

速読

「鷗外と漱石」

明治（1868-1912）の小説家というと、日本人なら誰でもまず、森鷗外と夏目漱石を思い出す。鷗外と漱石は、今でも読まれるような有名な小説を残したが、それと同時に、いろいろな逸話も残した。ここでは、それぞれの逸話を一つずつ紹介しよう。

鷗外は、夜遅くまで起きていることが多かった。ある日、客が訪ねてきて、遅くまで話し込んでしまったことがある。その人は、時計を持っていなかったので、ちょうど出てきたお手伝いさんに「今何時ですか」と聞いた。お手伝いさんは、ずいぶん遅いと思ったので、「もう十二時でございます」と答えた。すると、鷗外は、「まだ早いじゃないか。なぜ、もう十二時などと言うんだ。まだ十二時、と言わなければいけない」と言って、大変おこったという。

漱石が大学を卒業して、四国の松山中学で英語を教え始めたころのことである。ある日クラスで漱石が、教科書に出てきた単語を日本語に訳して説明していると、生徒たちが「先生、そんな訳語は私の辞書に出ていません」「私の辞書にも出ていません」などと騒ぎ出した。すると、漱石は「そんな辞書はだめだ。私が今言ったように直しておきなさい」と答えたという。

単語

逸話	anecdote	訳語	Japanese equivalent

上の文を読んで、次の質問に答えなさい。

a) 鷗外は、お手伝いさんが「もう十二時でございます」と言った時、なぜおこったのでしょうか。

b) 漱石は、なぜ生徒たちに辞書を直させたのでしょうか。

うつくしや　障子の穴の　天の川
（一茶）

5
俳句

第11課

ホストファミリーとの問題

文句(もんく)を言う

- ◆ どうして遅(おそ)かったの。 ……………………>会話 1
- ◆ 手紙が来ないのはなぜだろう／どういうわけだろう。 …………>会話 2
- ◆ 言ってきてもよさそうなものだけど。
- ◆ 出かけちゃだめよ。 ……………………>会話 3
- ◆ いすに足(あし)のせないでね。

あやまる

- ◆ どうもすみません。 ……………………>会話 1
- ◆ これから気をつけます。

CULTURE NOTES

Homestays

>>>>>

As we learned in 読み物「留学情報」, Lesson 3, there is nothing better than doing a homestay in Japan to understand what a Japanese family is like, to see how "ordinary Japanese" live, and to improve your speaking skills. On the whole, they will treat you well: they may put you in the best room they have, cook better (or different) food than normal just because you are there, try to take you to places they themselves may not normally go to (*e.g.*, a sumo tournament), and they are likely to shower you with gifts. Even then you might feel uncomfortable: your room will be smaller, you might have to eat food that looks completely unfamiliar and unappetizing, go out with the family when you don't feel like it, etc. You might even resent the fact that the host mother doesn't give you enough freedom or privacy. As Mami says in 会話 3 of the current lesson, however, it is very likely that she means well, and the unpleasantness you experience is most probably a mere misunderstanding, just as much on your part as on hers. If you come to a point where you simply cannot get along with your host family, discuss it with 留学生係, who could make arrangements for another family or another type of housing for you.

Making Apologies

>>>>>

Americans and Japanese don't necessarily apologize in the same situations. Americans, for example, always say, "Excuse me" when they bump against someone. In Japan, however, don't expect to hear すみません, 失礼しました, etc., on crowded trains, platforms, and sidewalks although you are pushed and shoved all the time. Japanese don't usually apologize in such cases, unless they feel they really hurt you, *e.g.*, by stepping on your foot by mistake.

On the other hand, salesclerks and service personnel in Japan would apologize much more readily and profusely than their American counterparts, at even the smallest hint of inconvenience they may have caused you.

Also, Americans don't apologize when they fear some legal or financial disadvantage that might arise. For example, in a traffic accident of which you yourself were the cause, you are not supposed to apologize in the U.S., because apologizing in such a case might be interpreted as an admission of guilt. In Japan, on the other hand, the person who was responsible for the accident must apologize at once, to show how sincere he/she is. In fact, the presence or the lack of sincerity could very well be a big factor when settling the issue.

会話 >>>>>>>> 1

CD 2>>>11

ジェイソンがホストファミリーのお母さんと話している。

ジェイソン：おはようございます。

お母さん：　おはよう。ゆうべは遅かったのね。

ジェイソン：ええ、十二時半ごろでした。

お母さん：　どうして遅かったの。

ジェイソン：実は、アメリカの同じ大学からほかの大学に留学している友達と、街でばったり出会ったもんですから[1]、喫茶店やレストランで話しているうちに[2]どんどん時間がたっちゃって……。

お母さん：　せっかく晩ご飯を作って待っているのに、帰ってきてくれないとがっかりしちゃうし、気にもなる[3]しね。それに、夜遅くまで帰ってこないと、本当に心配になって、どうしても[4]眠れないのよ。

ジェイソン：どうもすみません。電話しよう電話しようと思ってたんですけど、つい[5]話し込んじゃって。

お母さん：　お父さんだって、たいてい十一時までには帰ってるんだから、あなたもそれまでには帰ってきてね。

ジェイソン：はい。

お母さん：　それから、晩ご飯に帰ってこられない時は、必ず電話してちょうだい。

ジェイソン：はい、分かりました。これから気をつけます[6]。

会話 2

CD 2>>>12

スーザンが大学の留学生係の人と話している。

留学生係：　ラーセンさんのホストファミリーは小川さんでしたね。

スーザン：　ええ、そうです。

留学生係：　うまくいってますか。

スーザン：　関係ですか。ええ、おかげさまで、別に何も問題ありません。

留学生係：　それならいいですけど……。この間、小川さんのお母さんと電話でお話ししたんですよ。

スーザン：　そうですか。

留学生係：　そうしたら、ラーセンさんのご両親から手紙が来ないのはなぜだろうかって言ってらっしゃいましたよ。

スーザン：　えっ？

留学生係：　もう、ラーセンさんが来てから三ヵ月にもなるのに、アメリカのお母さんから一度も手紙が来ないのは、どういうわけだろう、「娘がお世話になっております」なんて言ってきてもよさそうなものだけど、なんておっしゃってましたよ。

スーザン：　どうして母が……。

留学生係：　アメリカでは、大学生は独立した人間と考えられているから、親がそんな手紙をわざわざ書くなんていうことはないんですって説明したんですけど、何だかよくお分かりにならないようでした。

スーザン：　困りました。どうしたらいいでしょうか。

留学生係：　そうですね。やっぱり、アメリカのお母さんにそのことを知らせて、お礼の手紙を書いて出すようにお願いした[7]方がいいんじゃないでしょうか。

スーザン：　やっぱりそうでしょうか。

留学生係：　そうでしょうね。

スーザン：　じゃ、そうします。今日、早速母にメールをします。

留学生係：　そうしてください。小川さんもきっとお喜びになると思いますよ。

会話 >>>>>>> 3

CD 2 >>> 13

スーザンが友達の真美と話している。

真　美：　おはよう。

スーザン：　おはよう。

真　美：　何だか元気がないみたいね。

スーザン：　別に病気っていうわけじゃないんだけど、このごろホストファミリーのお母さんに、よく文句言われるもんだから[1]。

真　美：　どんな文句？

スーザン：　この間、寝坊して朝ご飯食べないで出かけちゃったら、うちへ帰ってから、「朝ご飯食べないで出かけちゃだめよ」なんてしかられちゃったし。

真　美：　うちの母だって同じだよ。そんなことだけ？

スーザン：　それから、この間お母さんと出かけた時、アイスクリーム買って、歩きながら食べようとしたら[8]、「みっともないですよ」っておこられちゃったし。

真　美：　日本人は、あまり歩きながら食べないから。

スーザン：　それに、晩ご飯のあとで、いすに足のせて新聞読んでたら、「いすに足のせないでね」なんて言うの。

真　美：　そうだね。それも日本人はあんまりやらないからね。

それを横で聞いていたジェイソンが、口をはさむ。

ジェイソン：僕のホストファミリーのお母さんも、けっこうやかましいよ。

真　美：　そう？

ジェイソン：雨が降りそうだと、「かさ持っていきなさい！」なんて言うし、夜帰るのがちょっと遅くなると、うるさいし。

真　美：　ちょっと遅いって、例えば何時ごろ？

ジェイソン：十二時とか十二時半とか。

スーザン：　えっ？　私なんか、この間十時に帰ったのに、遅いって言われちゃった。

真　美：　でもね。お母さんたち、みんなのこと心配してるから、文句言うんじゃない？　日本のお母さんて、みんなそうだと思うけど。

ジェイソン：我慢しなきゃいけないってことかな。

スーザン：　そうかもしれないね。

は、今でも本当に悔やまれる。特に、ジュースとシャワーのことは、彼女が真の日本文化を知るための妨げになったと思う。

本当に色々なことがあったが、最後に新幹線のホームで、ジルが涙を流しているのを見て、決してこの四ヵ月間は無駄な日々ではなかったと思った。（後略）

『ホストファミリー感想文集　第一集』
（南山大学外国人留学生別科　平成元年）より

ホームステイの思い出（写真提供：南山大学国際教育センター）

読み物 >>> ジルと暮らした四ヵ月間

松本みどり

CD 2 >>> 14

長いようで、短く思われたホームステイ。私達家族は、ジルと約四ヵ月間過ごしたことで、色々なものを得ることができた。

ジルは笑顔のとても似合う、明るくてやさしい女の子だった。私達家族一人一人に気遣う様など、父は「昔の日本女性を見ているようだ」と形容したくらいだ[9]。(中略)

彼女はすぐに私達家族に溶け込んできた。夕食後などよく冗談を言い合ったり、ふざけ合ったりして、楽しい時を過ごしたものだ[10]。私と兄は英語、父・母・弟は日本語と身振り手振り、そこにはコミュニケーションの相違などという言葉はなかった。ジルも習いたて[11]の日本語を使うなどして、積極的に家族の会話に参加した。時々私達が日本語だけで話していると、「何を話しているのか」と尋ねてきたりする時もあった。

彼女はよく説明を求めた。(それがアメリカ流の仕方なのかもしれないが。)「これこれするように」[7]というとすぐに、「Why?」という単語が常に返ってきた。もちろん相手が納得するまで説明したが、しまいには、こちらから先手を打って、理由を言ったものだった[10]。こういう点では、異文化圏の人間だということを身を以て感じさせられた。

生活習慣の相違上、色々目に余ること、気にかかることもたくさんあった。そういう時は、遠慮せずに注意したり、助言を与えたりした。すぐ忘れてしまうような時には、何度となく注意したりした。「少し口喧しかったかな」と今になって時々思うこともあるが、陰でこそこそと悪口を言うよりは、あれで良かったのだと思う。

また、甘くしすぎて失敗したと思うこともある。一つは、シャワーの使用を許したこと(冬になってもシャワーしか使わず、風邪をよくひいた)。一つは、食事中にジュースを無限に飲むことを許したこと(その結果、みそ汁、日本茶など全く飲まなかった)。最後に、洗濯などをしてあげたこと(だんだんと独立精神が薄らいでいった)。この三つ

単語

会話 1

	問題（もんだい）	problem
	文句（もんく）	complaint
	あやまる	to apologize
3	遅（おそ）い	to be late
6	街（まち）で	in town
	ばったり	(to meet) by chance
7	喫茶店（きっさてん）	coffee shop
	どんどん	quickly and steadily; at a rapid pace
8	時間（じかん）がたつ	time passes
9	晩（ばん）ご飯（はん）	dinner [*lit.*, evening meal]
9	がっかりする	to feel disappointed
10	(〜が)気（き）になる	something bothers one; to be concerned (about 〜); to worry (about 〜) [>>>文法ノート3]
11	どうしても	no matter how hard (one) tries [>>>文法ノート4]
12	話（はな）し込（こ）む	to become absorbed in talking
17	ちょうだい	[colloquial form of ください; most often used by children or women]
18	(〜に)気（き）をつける	to pay attention (to 〜); to be careful (of 〜) [>>>文法ノート6]

会話 2

2	小川（おがわ）	[family name]
5	関係（かんけい）	relationship
9	手紙（てがみ）	letter
17	独立（どくりつ）した	independent
17	人間（にんげん）	person; human being
18	何（なん）だか	somehow
21	(〜に…を)知（し）らせる	to inform (someone of something)

会話 3

1	真美（まみ）	[female given name]
8	寝坊（ねぼう）する	to oversleep
9	だめ(な)	not good; must not do
9	しかる	to scold
12	みっともない	indecent; unsightly
	おこる	to scold angrily

14	足（あし）	leg; foot
17	横（よこ）	side
	口（くち）	mouth
	口（くち）をはさむ	to butt in
18	やかましい	to be fussy; to be overly critical
27	我慢（がまん）する	to endure; to put up with

読み物 >>>>>>>

0	ジル	Jill
	暮（く）らす	to live
	松本（まつもと）	[family name]
	みどり	[female given name]
1	短（みじか）い	short
2	約（やく）	approximately
	過（す）ごす	to spend (time)
	色々（いろいろ）(な)	various
	得（え）る	to gain; to learn
4	笑顔（えがお）	smile (on one's face)
	似合（にあ）う	to suit; (something) becomes (a person)
	明（あか）るい	cheerful
	やさしい	kind; sweet
5	気遣（きづか）う	to be concerned about
	様（さま）	state; way (a person does something)
6	形容（けいよう）する	to express figuratively
	～くらいだ	such that; to the extent that ～ [>>>文法ノート9]
	中略（ちゅうりゃく）	the middle part omitted
7	彼女（かのじょ）	she
	溶（と）け込（こ）む	to melt into; become a part of
8	ふざけ合（あ）う	to kid each other
9	V(past)ものだ	used to (do something) [>>>文法ノート10]
	弟（おとうと）	younger brother
10	身振（みぶ）り	gesture
	手振（てぶ）り	(hand) gesture
	相違（そうい）	difference
11	習（なら）いたての	thing which one has just learned [>>>文法ノート11]
12	積極的（せっきょくてき）に	actively
	(～に)参加（さんか）する	to participate (in ～)
13	尋（たず）ねる	to inquire [＝質問する]
15	アメリカ流（りゅう）	American way
17	常（つね）に	always [＝いつも] [written expression]
	返（かえ）る	(something) returns [*v.i.*]
18	納得（なっとく）する	to understand; to be convinced
	しまい	the end [＝終わり]
	先手（せんて）を打（う）つ	to make a move before the other person does it (in anticipation of his/her move)
20	異文化（いぶんか）	different culture

No.	Word	Reading	Meaning
20	圏	けん	sphere
	身を以て	みをもって	personally [*lit.*, with one's own body]
21	〜上	じょう	for reasons of
	目に余る	めにあまる	to be too much (to tolerate)
	(〜が)気にかかる	きにかかる	(something) bothers someone; (something) makes someone uneasy
22	注意する	ちゅういする	to caution; to warn; to advise
23	助言	じょげん	advice
	何度となく	なんどとなく	many times [=何度も]
	口喧しい	くちやかましい	critical
25	陰で	かげで	behind someone's back
	こそこそと		in whispers; secretly
	悪口を言う	わるくちをいう	to speak ill of (someone)
27	甘くする	あまくする	to be lenient
	失敗する	しっぱいする	to be unsuccessful; to fail
28	使用	しよう	use [=使うこと]
29	風邪をひく	かぜをひく	to catch a cold
30	無限に	むげんに	without limit
	結果	けっか	result
	みそ汁	みそしる	miso soup
31	全く〜ない	まったく〜ない	not at all
	最後に	さいごに	at the end [=終わりに]
	洗濯	せんたく	laundry
32	だんだんと		gradually
	独立精神	どくりつせいしん	spirit of independence
	薄らぐ	うすらぐ	to fade; to decrease
33	悔やむ	くやむ	to regret
34	真の	しんの	true [=本当の]
	妨げ	さまたげ	obstacle
37	涙を流す	なみだをながす	to weep; to shed tears
	決して〜ない	けっして〜ない	by no means; never
	無駄(な)	むだ(な)	wasteful
38	日々	ひび	days
	後略	こうりゃく	the latter part omitted
39	感想	かんそう	one's thoughts/impressions
	文集	ぶんしゅう	collection of essays
40	平成元年	へいせいがんねん	first year of *Heisei* [1989]

漢字リスト

書くのを覚える漢字

読み方を覚えましょう。また、書けるようになるまで練習しましょう。

1. 遅い	2. 関係	3. 両親	4. 手紙	5. 娘
6. 独立	7. 人間	8. 足	9. 降る	10. 短い
11. 似合う	12. 明るい	13. 彼女	14. 弟	15. 相違
16. 言葉	17. 求める	18. 単語	19. 常に	20. 打つ
21. 余る	22. 助言	23. 与える	24. 甘い	25. 失敗
26. 使用	27. 結果	28. みそ汁	29. 全く	30. 精神
31. 真の	32. 涙	33. 流す	34. 平成元年	

読めればいい漢字

読み方を覚えましょう。

1. 街	2. 喫茶店	3. 真美	4. 寝坊	5. 我慢
6. 暮らす	7. 過ごす	8. 得る	9. 笑顔	10. 気遣う
11. 形容	12. 中略	13. 溶け込む	14. 身振り	15. 積極的
16. 参加	17. 尋ねる	18. 納得	19. 異文化圏	20. 陰
21. 無限	22. 洗濯	23. 薄らぐ	24. 悔やむ	25. 妨げ
26. 無駄	27. 後略	28. 感想文集		

漢字の部首 11 うかんむり 宀

This radical comes from the shape of a house and is used for characters representing kinds, parts, conditions, etc., of houses.

「家」「宅」「安」など

文法ノート

1 >>> ～もんですから／ものですから＝'because ～'

[会話1 > ℓ.7 >>> ばったり出会ったもんですから]
[会話3 > ℓ.6 >>> よく文句言われるもんだから]

This pattern is used to present a reason for a situation. It is often used to give a reason for a situation where the speaker feels sorry for what happened, but where the consequence was unavoidable because of the reason he/she gives.

a） 先生：どうしたんですか。ずいぶん遅いですね。
(What happened? You are late!)

学生：すみません。出かけようとしたところに家から電話がかかった**ものですから**。
(I am sorry. It's because my parents called me just when I was about to leave the house.)

b） 学生(女)：どうしたの。三十分も待ったのよ。
(What happened? I've been waiting for half an hour!)

学生(男)：ごめん、ごめん。車で来たら、道(みち) (road) がものすごく込んでいた**もんだから**。
(Sorry! I came by car but the traffic was incredibly heavy [so I couldn't help being late].)

2 >>> ～うちに

[会話1 > ℓ.7 >>> 話しているうちに]

There are two kinds of ～うちに. When うちに is preceded by nouns, adjectives and verbs (stative or in progressive form), it expresses the sense of 'while a certain situation holds.'

a） **学生のうちに**旅行をした方がいい。
(One should travel while still a student.)

b） **静かなうちに**勉強をしておこう。
(I will get my study done while it is still quiet.)

c） **若いうちに**自分のしたいことをしておくといい。
(You should do what you want to do while you are still young.)

d） **日本にいるうちに**、一度富士山(ふじさん)に登(のぼ)りたいと思います。
(I would like to climb Mt. Fuji while I am in Japan.)

e） **話しているうちに**時間がたってしまった。
(Time flew by while we were talking.)

When うちに is preceded by a negative verb form, it expresses the meaning of 'before something happens.'

f） あまり遅くなら**ないうちに**帰った方がいいでしょう。
(You should go home before it gets too late.)

g） 母にしかられ**ないうちに**宿題をします。
(I will do my homework before my mother scolds me.)

3 >>> Xが気になる＝'~ weighs on one's mind; to be concerned about ~'

［会話1 > ℓ.10 >>> 気にもなるしね］

In this construction, X can be either a noun or a sentence nominalized by attaching の.

a） 成績**が気になります**。
(I am worried about my grade[s].)

b） ホームステイの学生の家族から手紙が一通(つう)も来ない**のが気になります**。
(I am bothered by the fact that my host student's family has not even written a single letter to me.)

4 >>> どうしても

［会話1 > ℓ.11 >>> どうしても眠れないのよ］

This phrase can be used with either a negative or affirmative predicate. In a negative sentence, it means 'can't do (it) no matter how hard one tries.' In an affirmative sentence, it has the sense of 'by all means.'

a） **どうしても**分からない時は、先生に聞いてください。
(When you don't understand no matter how hard you try, please ask your teacher.)

b） うそは、**どうしても**言えません。
(I can't tell a lie no matter what.)

c） **どうしても**一度日本へ行ってみたい。
(I would like to go to Japan once, no matter what.)

5 >>> つい＝'inadvertently; involuntarily'

［会話1 > ℓ.12 >>> つい話し込んじゃって］

a） 言ってはいけないことが**つい**口に出ることがある。
(Sometimes, we accidentally say things we should not say.)

b） 話をしていて、**つい**時間を忘れてしまった。
(I was talking and lost track of time.)

6 >>> Nに気をつける＝'to pay attention to ~; to be careful of ~'

［会話1 > ℓ.18 >>> これから気をつけます］

a） 日本語を話す時は、アクセント**に気をつけて**ください。
(When you speak Japanese, please watch for pitch patterns.)

b） A：じゃ、あした出発(しゅっぱつ)？
(So, you are leaving tomorrow?)

B：うん。
(Yes.)

A：じゃ、**気をつけて**ね。
(Well, take care!)

気 is used in many idiomatic expressions in Japanese. The following are some of the expressions containing 気.

＊ **〜に気がつく＝'to realize; to notice'** (cf. Lesson 5)

c）掲示板に貼(は)ってあるポスター**に気がつきません**でした。
(I didn't notice the poster on the bulletin board.)

d）お金を落としたの**に気がついた**のは、家へ帰ってからでした。
(It was after I got home that I realized that I had lost my money.)

＊ **V(plain)＋気になる＝'to bring oneself to do V; to feel like V-ing'**

e）金曜日の晩は勉強**する気になりません**。
(I don't feel like studying on Friday nights.)

f）**やる気になれば**、何でもできます。
(You can do anything if you put your mind to it.)

7 >>> V(plain)ようにお願いする／言う／頼む＝'to ask / tell / ask [someone] to do [something]'

［会話2 > ℓ.22 >>> 書いて出すようにお願いした方が］［読み物 > ℓ.16 >>> これこれするように］

ように in this construction indicates that it is an indirect quote of a command or a request. [V (plain, present)ように言う] is equivalent to a sentence with a direct quote such as [V てくださいと言う] or [V なさいと言う].

a）先生に推薦状を書いていただく**ようにお願いした**。
(I asked my teacher to write a letter of recommendation.)

b）お母さんにショートパンツをはいて学校へ行かない**ように注意された**。
(My host mother advised me not to go to school wearing shorts.)

c）夜十一時までには帰ってくる**ように言われた**。
(I was told to come home by 11 p.m.)

8 >>> V(volitional)としたら＝'when I was about to V'

［会話3 > ℓ.12 >>> 食べようとしたら］

a）デパートへ**行こうとしたら**、雨が降ってきた。
(When I was about to leave for the department store, it began to rain.)

b）電話で彼の声を聞いて、**話そうとしたら**、涙(なみだ)が出てきた。
(When I heard his voice and tried to talk, tears came to my eyes.)

9 >>> (Xて、)Yくらいだ='X, to the extent Y'

[読み物 > ℓ.6 >>> …と形容したくらいだ]

くらい, like ほど, indicates the degree or extent of a situation, which is often expressed in X て (or X で). Y can be a な-adjective (*e.g.*, 上手なくらいです), an い-adjective (*e.g.*, 痛いくらいです) or a verb (*e.g.*, 行くくらいです).

a) アメリカにずっと住んでいるので、英語の方が日本語より**上手なくらいです**。
(He has lived in America so long that his English is almost better than his Japanese.)

b) ごちそうがたくさんあって、全部**食べられないくらいでした**。
(There was so much food that we almost could not eat it all.)

c) 日本の人名(じんめい)は読み方がたくさんあって、日本人にも**難しいくらいです**。
(There are so many ways of reading Japanese names that they are even difficult for Japanese.)

The くらい phrase can precede the situation it is describing, as in [Y くらい X]. The meaning, however, is the same as [X て、Y くらいだ].

d) この読み物は頭が**痛くなるくらい**難しいです。
(This reading passage is so difficult that [to the extent that] I almost get a headache.)

e) ときどき前が**見えないくらい**雨がひどく降ることがある。
(There are times when it rains so hard that you can hardly see anything in front of you.)

10 >>> V(plain past)ものだ='used to V'

[読み物 > ℓ.9 >>> 過ごしたものだ　ℓ.19 >>> 言ったものだった]

[V(plain, past)ものだ] is used to express something one used to do in the past, to reminisce about the past.

a) 子供のころは、よく弟と**けんかをしたものだ**。
(I used to fight with my brother a lot when I was a child.)

b) 大学時代は、よく遊びよく**勉強したものだ**。
(I used to play hard and study hard in my college days.)

11 >>> V(stem)たて

[読み物 > ℓ.11 >>> 習いたての日本語を]

A suffix たて attaches to a limited number of verbs (stem of ます-form) and means that something was *just* done.

a) **焼(や)きたて**のパンはおいしい。
(Bread fresh from the oven is delicious.)

b) **ぬりたて**のペンキに気をつけてください。
(Please watch out for wet paint.)

会話練習のポイント

a) 文句を言う

（図書館で大きい声で話をしている人に）

山田：あのう、すみませんが、**もうちょっと小さい声で話をしていただけませんか**[1]。

人：あ、**すみません**。つい声が大きくなってしまって。**これから気をつけます**[2]。

山田：よろしくお願いします。

1: When you are bothered by someone's behavior and want to complain about it, you can use expressions such as もう少し〜ていただけませんか, もっと〜てくれませんか, もっと〜てくれない？, etc.

2: You can apologize by saying すみません。これから気をつけます or すみません。すぐ〜します, etc.

b) あやまる

>>>>> [会話1]

先生：グラントさん、また遅刻ですね。

グラント：すみません。目覚まし時計が鳴らなくて、寝坊してしまった**ものですから**[3]。

先生：困りましたね。**これからは遅くならないようにしてくださいね**[4]。

グラント：**はい、これから気をつけます**[2]。

3: 〜ものですから（〜もんですから） is used to give an excuse for your action.

4: When you want to ask the other person to be careful the next time or not to make the same mistake again, you can say これからは〜ようにしてくださいね, 次からは気をつけてね, じゃ、今度は〜てね, etc.

運用練習

1 >>> ロールプレイ

ペアになり、一人は留学生、もう一人はホストファミリーのお母さんになりなさい。留学生が、電話もかけないで夜遅く帰ってくると、お母さんが起きて待っていて、留学生に文句を言います。留学生は、なぜ電話をかけなかったのか、なぜ遅くなったのかを説明しなさい。会話が終わったら、役割（roles）を交換して、もう一度練習しなさい。

2 >>> ブレーンストーミング

日本語の先生なら、日本語の学生に対してどんな文句を言うでしょうか。小グループを作って、アイディアを出し合い、それをリストアップして、後でクラスに発表しなさい。

[例]　「このごろよく休みますねえ。」
「また宿題を忘れたんですか。」

3 >>> ロールプレイ

上の **2** でリストアップしたいろいろな文句を使って、先生と学生の会話をしなさい。

[例]　先生：このごろよく休みますねえ。
学生：どうもすみません。二週間ぐらい前に風邪をひいて、それから体の調子が悪いものですから。
先生：そうですか。このごろ寒いから気をつけてください。
学生：はい、気をつけます。

4 >>> ペアワーク

ペアになって、自分が日本へ行ったらホームステイをしたいかどうかについて、相手の人と話し合いなさい。したくても、したくなくても、どうしてしたいのか、どうしてしたくないのかを、説明しなければいけません。

5 >>> 作文

上の **4** で話し合ったことを使って、「私はホームステイをしたい／したくない」という題で、二百字ぐらいの作文を書きなさい。

聞き取り練習 CD 2 >>> 15

スーザンのホストファミリーのお父さんとお母さんが話しています。CD を聞いて、次の文が正しければ○、間違っていれば×を入れなさい。

あんなふう	like that [＝あのよう]	〜のおかげで	thanks to 〜
ニコニコする	to smile	言(い)い出(だ)す	to begin to talk [＝言い始める]
お皿洗い(さらあらい)	washing dishes	十分(じゅうぶん)	enough

☐ a） このお父さんには、スーザンのすることがあまり気にならないらしい。
☐ b） スーザンは、いつもニコニコしている。
☐ c） このうちの子供たちは、前からよくお母さんの手伝いをしている。
☐ d） スーザンはアパートに住みたいと言っているらしい。
☐ e） このお母さんは、自分の子供たちにもよく文句を言うらしい。

速読

「アメリカ人留学生にとっていやなこと」

日本に留学しているアメリカ人学生に、「日本はどうですか」と聞くと、「楽しいです」と答えるのが普通だ。しかし、「いやなことはないんですか。何でも話してください」と言うと、いろいろなことを話してくれる。一番いやなことは、ジロジロ見られることだそうだ。東京は、このごろアメリカ人をはじめ、外国人がずいぶん多くなってきているので、ジロジロ見られることはほとんどなくなったけれども、東京以外では、まだずいぶんジロジロ見られるらしい。

次にいやなことは、知らない人から、“May I talk to you in English?”と聞かれることだそうだ。特に、駅やバス停で電車やバスを待っている時など、これが多いという。その日本人が英語の練習をしたいのだろうということは分かるが、一人で考え事をしたい時や本を読んでいる時に、これを言われると、何だかいやな気持ちがするという。もちろん、そんなことから、日本人の友達ができることもあるのだが、自分が利用されているような気持ちがするというアメリカ人は少なくない。

日本語のかなりできるアメリカ人にとっていやなことは、日本人がなかなか日本語で答えてくれないということだそうだ。例えば、店などで、何か買いたいと思って日本語で頼むと、その店員が、英語の少しできる店員を急いで探しに行くことが多い。これはこのごろ少しよくなってきて、日本語で答えてくれる日本人がだんだん増えてきたようであるが、まだまだ、日本語で答えようとしない日本人の方が多いという。

それから、日本語で答えてくれる場合でも、普通の日本人の使わないような、変な日本語で答えられることも多いそうだ。例えば、「コーレーワーニーセーンーエーンーデース」というような話し方をされたりすると、本当にいやになるらしい。

単語

ジロジロ見る　to stare	バス停（てい）　bus stop
ほとんど〜ない　almost never	

◒日本にいるアメリカ人留学生にとっていやなことを、四つリストアップしなさい。

1. ______________________________

2. ______________________________

3. ______________________________

4. ______________________________

論(ろん)より証拠(しょうこ)
(*lit.*, Proof rather than argument.)

6
ことわざ

第12課

病気になったら

病状を訴える

- 急に気持ちが悪くなったんです。 ……………………………………………>会話 1
- 一週間ぐらい前から何となく体がだるかったんですが、…………>会話 2
- 物を飲み込む時痛いんです。
- ゆうべは熱が出て、寒気もしました。
- (食欲は)あまりありません。
- 食べてもすぐ下痢で。
- 今日は何だか歯が痛くて。 ………………………………………………>会話 3

CULTURE NOTES

Medical and Dental Care

>>>>>

In America, when you want to see a doctor or a dentist, you first call for on appointment. In Japan, too, it is getting to be that way, but there are still some doctors who do not accept appointments. You just have to go to their office and wait for your turn. Prescriptions are also becoming fairly common, but if you go to a neighborhood doctor, he/she might still prefer dispensing drugs himself/herself.

Health insurance is virtually universal in Japan, and it covers dental care, as well. 留学生, too, should carry health insurance. If you are covered by your parents' policy in the States, however, that might cover only emergency cases in Japan. The wisest thing to do would be to buy health insurance in Japan. Most of the time, premiums will be reasonable.

Before World War Ⅱ, Japanese medical science was greatly influenced by Germany, but since the end of the war, American medicine has become more and more influential. As a result, you might not find much difference between medical practices in Japan and the U.S. There are, however, small differences here and there, one being that, in Japan, one's temperature is taken not in the mouth, but under the arm.

The Japanese, as a rule, do not take care of their teeth as well as Americans do. Preventive dentistry is not as common, and orthodontics is not as advanced. As a result, you find few youngsters wearing braces, and uneven front teeth are not unusual.

Doctors and dentists, like teachers, are always addressed 先生. Don't make the error of addressing them X さん!

Food for Sick People

>>>>>

While chicken soup is probably the most common food for people with colds in the U.S., in Japan sick people, especially those with digestive ailments, eat *okayu* (hot rice porridge) with *umeboshi* (very sour and salty pickled plums). *Okayu* is easy to digest, and *umeboshi* is believed to have all sorts of healing powers.

会話 >>>>>>>> 1

CD 2>>>16

スーザン、小林先生の授業中に気分が悪くなる。

スーザン：　先生。

小　林：　どうしましたか。顔色が悪いですよ。

スーザン：　ゆうべろくに[1]寝なかったせいか[2]、急に気持ちが悪くなったんです。

小　林：　それはいけませんね。ちょっと私の研究室のソファーで休んでいたらどうですか。

スーザン：　すみません。

三十分後、授業が終わって、先生が研究室に入ってくる。

小　林：　どうですか。少しはよくなりましたか。

スーザン：　さっき吐いたら、だいぶよくなりましたけど、まだおなかが痛いんです。

小　林：　そうですか。じゃあ、お医者さんに診てもらった方がいいんじゃないかしら。歩いて三分ぐらいの所ですけど、歩けますか。

スーザン：　歩けると思います。

小　林：　（地図を書いて渡しながら）ここです。電話かけておくから、行ってごらんなさい[3]。じゃ、気をつけてね。

スーザン：　はい。先生、どうもありがとうございました。

小　林：　いいえ。今日は午後の授業に出るのはやめて、早く家へ帰って休んでくださいね。

スーザン：　はい、そうするつもりです。

小　林：　じゃ、お大事に。

スーザン：　失礼します。

会話 2

CD 2>>>17

ジェイソン、医者に行く。

医　者：　どうしましたか。

ジェイソン：あのう、一週間ぐらい前から何となく体がだるかったんですが、二、三日前から、今度はのどが痛くなって。

医　者：　そうですか。

ジェイソン：物を飲み込む時痛いんです。それに、ゆうべは熱が出て、寒気もしました。

医　者：　いけませんね。食欲は？

ジェイソン：あまりありません。それに、食べてもすぐ下痢で。

医　者：　じゃ、ちょっとのどを見てみましょう。大きく口を開けてください。ああ、やっぱりずいぶん赤いですね。かぜですよ。薬を出しますから、一週間飲んでみてください。

ジェイソン：一日一度ですか。

医　者：　いや、一日三回、毎食後に服用してください。

ジェイソン：分かりました。

医　者：　それから、一日に何回か、うがいをしてください。

ジェイソン：「うがい」って何ですか。

医　者：　英語の gargle ですよ。

ジェイソン：食事はどうしたらいいでしょうか。

医　者：　そうですね。食欲さえ出れば、何を食べてもいいんですが、まあ二、三日は、軟らかい物だけにしておいたらどうですか。日本人ならおかゆぐらい[4]にするんだけど、おかゆ食べたことありますか。

ジェイソン：いつか、おなかを悪くした時、ホストファミリーのお母さんが作ってくれました。アメリカじゃ、かぜをひいた人はよくチキンスープを飲みますけど。

医　者：　それでもいいですよ。

ジェイソン：大学は休んだ方がいいでしょうか。

医　者：　そうですね。まあ、熱のある間はゆっくり休むに越したことはありません[5]がね。でも、二、三日ですぐ治ると思いますよ。

ジェイソン：そうですか。じゃ、どうもありがとうございました。

医　者：　お大事に。

会話 >>>>>>> 3

CD 2>>>18

朝起きてきたジェイソン、しかめっ面をしている。

お母さん：　どうしたの。

ジェイソン：今日は何だか歯が痛くて。

お母さん：　あら大変。すぐ歯医者さんに行ったほうがいいよ。うちの歯医者さんに電話かけてみるから。（お母さん、歯医者さんに電話する。）

受　付：　尾崎(おざき)歯科です。

お母さん：　あ、高田でございますが。

受　付：　はい。

お母さん：　実は、うちでホームステイをしているアメリカ人の留学生が、今朝急に歯が痛くなりまして。

受　付：　はい。

お母さん：　突然ですが、今日診ていただくわけにはいかないでしょうか。

受　付：　そうですね。あ、今日は午後見えるはずだった患者さんが、一人来られなくなりましたから、三時なら空いていますけど。

お母さん：　（ジェイソンに）三時じゃどう。

ジェイソン：だいじょうぶです。

お母さん：　じゃ、三時に伺いますので、よろしくお願いします。

受　付：　お名前は？

お母さん：　トンプソンと申します。

受　付：　トンプソンさんですね。それでは、三時にどうぞ。

お母さん：　では、のちほど。（電話を切る。）

ジェイソン：どうもありがとうございました。

お母さん：　いいえ。でもよかったね、ちょうど空いてて。尾崎先生、上手で全然痛くないから、いつも込んでるのよ。

ジェイソン：そうですか。

お母さん：　ジェイソンは、ほんとに運がいい人ね。

読み物　問診

永井（ながい）明（あきら）

まず最初にする診察は「問診」――言葉で病状を聞くことだ。ふつうの手順でいけば、「どうなさいましたか？」という質問からはじまるのだが、このとき気をつかうのは、患者さんがしゃべりやすい雰囲気を作ることだ。先ほど話した、どんな言葉づかいをするかというのも、そのうちのひとつに入るだろうし、問診をはじめる前に一言、たとえば「ずいぶん待ちましたか？」と聞いてみたりする。「えー、そりゃあもう。朝の七時に来て、やっと今ですから」といった会話がはじまれば、導入部分としては成功だ。「そうですか、具合が悪いのにたいへんでしたねえ。なんとか待（まち）時間を短くしたいと思ってはいるんですが。ごめんなさいね。さて……」という話になってくる。

問診では、どんな症状が、いつごろから現れて、現在はどんな具合なのかということを中心に尋ねる。

「胃が痛むんです」

「いつ頃からですか？」

「この二、三週間です」

「どんな具合ですか？　きりきり痛むとか、重っ苦しいとかあるでしょう」

「えーっと……」

「自分で感じたままを言ってください」

「うーん。しくしくですかね」

「どんなときに痛みます？　四六時中ですか？　食事との関係はありますか？」

「おなかがすくと、しくしく痛んでくるんです」

「これまでに同じような症状が出たことは？」……。

お医者さんはそれが手馴れた仕事だから、ぽんぽん質問を浴びせる。しかし、患者さんのほうはなかなか[6]思うように言葉が出ないのがふつうだ。あちこちに脱線しながら、[7]ためらいがちにぼそぼそと話す。お医者さんによっては、「まったく素人の話はわからない。わたしの尋ねていることにちゃんと答えなさい」と腹をたてる人もいなくもない。だけど、それは無茶というものだ。そんなときは萎縮（いしゅく）する必要はない。毅然（きぜん）として（のらりくらりでもいいけど）「素人ですから、このようにしか言えないんですよ」と主張していいのだ。

『もしも病気になったなら』（岩波（いわなみ）ジュニア新書）より

CD 2-19

単語

会話 >>>>>>> 1

	病状（びょうじょう）	the condition of a disease or illness
	訴える（うったえる）	to complain of
1	気分（きぶん）	feeling
3	顔色（かおいろ）	complexion
4	ろくに〜ない	not much; not enough [>>>文法ノート1]
	せい	because [used when something affects one negatively] [>>>文法ノート2]
5	ソファー	sofa
10	吐く（はく）	to throw up
11	医者（いしゃ）	doctor; physician
	診る（みる）	to examine (a patient)
14	地図（ちず）	map
20	お大事に（おだいじに）	Take care!

会話 >>>>>>> 2

3	何となく（なんとなく）	somehow
	だるい	to feel tired; to feel languid
4	のど	throat
6	飲み込む（のみこむ）	to swallow
	寒気がする（さむけがする）	to feel a chill
7	食欲（しょくよく）	appetite
8	下痢（げり）	diarrhea
10	薬（くすり）	medicine
13	服用する（ふくようする）	to take (medicine) [＝薬を飲む]
15	うがい	gargling
21	軟らかい（やわらかい）	soft
22	おかゆ	hot rice porridge
28	(〜に)越したことはない（こした）	nothing can be better (than 〜) [>>>文法ノート5]
29	治る（なおる）	to get better; to recover from illness [*v.i.*]

会話 >>>>>>> 3

1	起きる（おきる）	to get up
	しかめっ面（しかめっつら）	grimace
3	歯（は）	tooth
6	尾崎歯科（おざきしか）	Ozaki Dental Clinic
12	突然（とつぜん）	suddenly
13	見える（みえる）	[polite verb meaning 来る]
	患者（かんじゃ）	patient
14	空く（あく）	to become vacant

21	のちほど	later [＝あとで] [formal expression]
21	切(き)る	to hang up (a phone) [*lit.*, to cut]
26	運(うん)がいい	lucky

読み物 >>>>>>>

0	永井(ながい)	[family name]
	明(あきら)	[male given name]
1	最初(さいしょ)	beginning; first
	診察(しんさつ)	examination of a patient
2	手順(てじゅん)	procedure
4	雰囲気(ふんいき)	atmosphere
	先(さき)ほど	a while ago
5	言葉(ことば)づかい	choice of words
	そのうちの	among them [＝その中の]
6	一言(ひとこと)	one word
8	やっと	at last
9	導入(どうにゅう)	introduction
	部分(ぶぶん)	part
	成功(せいこう)	success
10	具合(ぐあい)	condition
	なんとか	somehow
12	さて	well; now [used when switching to a new, usually more important, topic]
13	症状(しょうじょう)	symptom
	現在(げんざい)	now [＝今]
15	胃(い)	stomach
16	いつ頃(ごろ)	around when
18	きりきり(痛(いた)む)	to have a piercing pain [esp. in reference to a stomachache/headache]
18	重(おも)っ苦(くる)しい	heavy; dull; leaden
22	しくしく(痛(いた)む)	to have a dull, persistent pain [used in reference to a toothache/stomachache]
23	四六時中(しろくじちゅう)	all the time
27	手馴(てな)れた	familiar; well-practiced
	ぽんぽん(言(い)う)	(to speak) without reserve or in machine gun fashion
28	浴(あ)びせる	to shower (someone) with (something)
29	脱線(だっせん)する	to derail; to digress; to ramble
30	ためらう	to be hesitant
	ぼそぼそと(話(はな)す)	(to speak) in a subdued tone
31	素人(しろうと)	layman
32	腹(はら)をたてる	to get angry [＝おこる]
33	無茶(むちゃ)(な)	unreasonable
	萎縮(いしゅく)する	to be dispirited; to feel intimidated
34	毅然(きぜん)として	boldly; firmly
	のらりくらり(と)	noncommittally; evasively; in a roundabout way
35	主張(しゅちょう)する	to assert; to insist

漢字リスト

書くのを覚える漢字

読み方を覚えましょう。また、書けるようになるまで練習しましょう。

1. 病状　2. 顔色　3. 医者　4. 地図　5. 熱
6. 寒気　7. 食欲　8. 薬　9. 治る　10. 起きる
11. しかめっ面　12. 今朝　13. 空く　14. 運がいい　15. 成功
16. 具合　17. 症状　18. 現在　19. 胃　20. 重っ苦しい
21. 浴びせる　22. 腹　23. 無茶　24. 主張

読めればいい漢字

読み方を覚えましょう。

1. 訴える　2. 吐く　3. 診る　4. 下痢　5. 服用
6. 軟らかい　7. 歯　8. 歯科　9. 突然　10. 患者
11. 問診　12. 診察　13. 手順　14. 雰囲気　15. 導入
16. 脱線　17. 素人

漢字の部首
12
もんがまえ

門

This radical comes from the shape of a gate and is used for characters representing gate-related objects and actions.

「間」「問」「聞」など

NOTES ON GIONGO & GITAIGO

擬音語と擬態語

Japanese has a rich system of sound symbolism. Roughly, they can be subdivided into two categories: 擬音語 (phonomimes, onomatopoeia) and 擬態語 (phenomimes, psychomimes). 擬音語 represents words that imitate actual sounds. English has some of those, too, such as sounds that animals make. Compare the following:

わんわん	*Sound dogs make:* bowwow	ばん、ずどん	*Sound of a gunshot:* bong
にゃーお	*Sound cats make:* meow	ぽたぽた	*Water dripping:* drip, drip
もー	*Sound cows make:* moo	どしん、どさっ	*Heavy object falling:* thud

ばん／ずどん

ぽたぽた

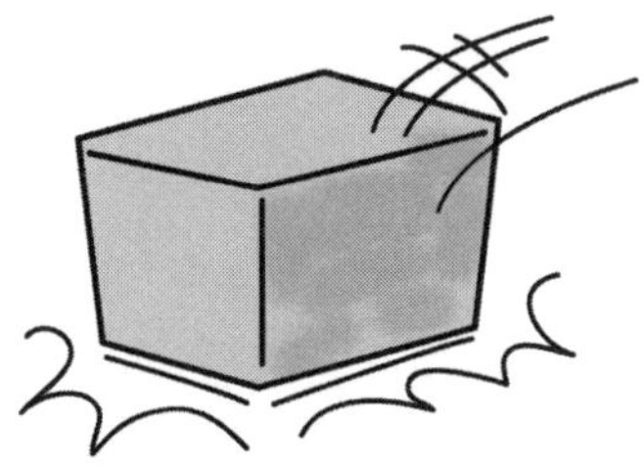

どしん／どさっ

擬態語 are words that express states, feelings, manners of actions, etc., impressionistically. English has some 擬態語-like words, too, such as *roly-poly* and *shilly-shally*. In this lesson's 読み物「問診」, we have quite a few 擬態語, such as きりきり, しくしく, ぽんぽん, ぼそぼそ, and のらりくらり.

There are three important differences between English and Japanese here. First, in English, if one speaks with too many 擬音語 or 擬態語, one may run the risk of sounding childish. In Japanese, there is no fear of this unless one uses onomatopoeia specifically used in baby-talk, *e.g.*, わんわん for 犬. Second, English is actually filled with verbs and adjectives that originated as 擬音語 or 擬態語 but are no longer regarded as such, *e.g., slam, whack, flash, slick, smooth, plump, glisten,* etc. In Japanese, on the other hand, many 擬音語 and 擬態語 are used adverbially, often with the addition of と, as in the following examples:

きりきり(と)痛む	to have a piercing pain
しくしく(と)痛む	something (usually, stomach or teeth) hurts in a dull, persistent way
ぽんぽん(と)質問する	to ask questions in rapid succession, *i.e.*, in machine gun fashion
ぼそぼそ(と)話す	to talk in a subdued tone
のらりくらり(と)話す	to talk noncommittally/evasively

きりきり(と)痛む

しくしく(と)痛む

Third (and this is related to the second point above), there are very often cases where, in English, completely different verbs are used for related actions while, in Japanese, one and the same verb will do with the addition of different 擬音語 or 擬態語, as in the following examples:

げらげら笑う	*to guffaw*	くすくす笑う	*to giggle*
にやっと笑う	*to grin*	にこにこ笑う	*to smile*

げらげら笑う

くすくす笑う

にやっと笑う

にこにこ笑う

文法ノート

1 >>> ろくに～ない='not much; not enough'

[会話1 > ℓ.4 >>> ろくに寝なかったせいか]

This expression is always followed by a negative form of a predicate.

a) **ろくに**勉強し**ない**のに文句ばかり言うのは困る。
(It's not good to complain without studying much.)

b) 病気の時は、**ろくに**食べられ**ない**。
(When you are sick, you can hardly eat anything.)

2 >>> ～せいか='perhaps because ～'

[会話1 > ℓ.4 >>> ろくに寝なかったせいか]

せい, without か, gives a reason or a cause.

a) 学生ができないのは先生の**せい**だろうか。
(Is it because of the teacher that students don't do well?)

b) 自分の間違いを他人(たにん)の**せい**にするのはよくない。
(It's not good to blame others for your own mistakes.)

c) それは気の**せい**だよ。
(It's just your imagination.)

[S_1 せいか、S_2] gives a possible reason for some undesirable situation in S_2, meaning 'Perhaps because S_1, S_2 holds.'

d) 試験が悪かった**せいか**、元気がない。
([He] looks dispirited, perhaps because he did badly on the exam.)

e) 期末試験が近い**せいか**、休みが多い。
(There are many absences, perhaps because the final exam is near.)

せい is a noun. So, it is preceded by [N の], [な-adjective +な], or plain forms of い-adjectives and verbs.
When S_2 represents a desirable situation, おかげで is used as in **f)**.

f) 先生に日本語を教えていただいた**おかげで**、日本語が話せるようになりました。
(Thanks to your teaching, I have become able to speak Japanese.)

3 >>> Vてごらんなさい='try V-ing'

[会話1 > ℓ.14 >>> 行ってごらんなさい]

This is a polite form of V てみなさい. Since 〜なさい is a form used by someone higher in status to give a command to someone lower in status, 〜ごらんなさい cannot be used by a person lower in status. V てごらん (*e.g.*, 見てごらん) is a more informal variant of V てごらんなさい, and is used, for example, by mothers in talking to children.

a) 少し**休んでごらんなさい**。きっと楽になりますよ。
(Go and rest for a while. I'm sure you will feel better.)

4 >>> Nぐらい

[会話2 > ℓ.22 >>> おかゆぐらいにする]

N ぐらい, in this case, indicates that N is the minimum level, degree, etc. (*e.g.*, easiest, lightest, etc.) ぐらい is often replaced by くらい.

a) おなかの痛い時は、**スープぐらい**にした方がいいでしょう。
(When you have a stomachache, you should limit your diet to something light like soup.)

b) 一年で習った**漢字ぐらい**書けないと困ります。
(You should be able to write at least the kanji you learned in the first year.)

5 >>> 〜に越したことはない='nothing can be better than 〜'

[会話2 > ℓ.28 >>> 休むに越したことはありません]

This expression is most frequently used with the plain, present tense form of verbs.

a) 病気の時は**寝るに越したことはない**。
(When you are sick, sleeping is the best thing to do.)

b) 日本語が話せるようになりたかったら、日本へ**行くに越したことはない**と思うけれど、まずアメリカでちゃんと勉強してから行った方がいいと思います。
(If you want to become proficient in Japanese, the best thing is to go to Japan, but I think you should first study properly [*i.e.*, the basics] in America.)

6 >>> 思うように='as one wishes'

[読み物 > ℓ.28 >>> 思うように言葉が出ない]

a) 仕事はなかなか**思うように**はかどらないものだ。
(Work generally does not get done as quickly as one wishes.)

b) A：論文(ろんぶん)はどうですか。はかどっていますか。
(How is the thesis coming along? Is it progressing well?)

B：なかなか**思うように**書けなくて困っています。
(I am really troubled because I can't write it to my satisfaction.)

7 >>> ～がち='to tend to ～; to be apt to ～; to be prone to ～'

[読み物 > ℓ.30 >>> ためらいがちに]

This suffix follows certain verbs (stem of ます-form) and nouns, and expresses the idea that one tends to do something, something is more likely to happen, etc. It is negative in its implication.

a）日本語が少し話せても読み書きは全然できないというのは、外国人の場合**ありがち**なことだ。
(It is not unusual that a foreigner who can speak Japanese a little can't read or write it at all.)

b）アメリカではあまり**遠慮がち**にしない方がいい。
(It is better not to be too modest in America.)

会話練習のポイント

a）>>> 病状を説明する

>>>>>[会話1]

先生：	ラーセンさん、どうしましたか。**顔色が悪いですね**[1]。
スーザン：	ゆうべろくに寝なかったせいか、**頭が痛いんです。それに寒気もします**[2]。
先生：	熱は？
スーザン：	熱はないようです。
先生：	じゃあ、今日は早く家に帰って休んだ方がいいですね。
スーザン：	はい、そうします。
先生：	**お大事に**[3]。

1: When you notice that someone is not feeling well, you can say 顔色が悪いですね, 元気がなさそうですね, どこか悪いんですか, etc.

2: Some of the useful expressions for describing symptoms are:
～が痛い／痛む(頭, のど, おなか, 歯, 胃, etc.)
～が出る(熱, せき, くしゃみ, はなみず, etc.)
～がする(寒気, 吐き気, めまい, etc.)
～をする(下痢)
熱がある, 体がだるい, 食欲がない, 気持ちが悪い

3: To someone who is sick, you normally say お大事に.

運用練習

1 >>> ロールプレイ

ペアになり、一人は留学生、もう一人は日本人の医者(いしゃ)になりなさい。留学生はかぜをひいて、今医者に自分の症状(しょうじょう)を説明しています。次の単語を使ってもよい。

頭(あたま)	head
薬(くすり)	medicine
体温計(たいおんけい)	thermometer
のど	throat
いやなせきが出(で)る	to have a bad cough

2 >>> ロールプレイ

ペアになり、一人は留学生、もう一人はホームステイのお母さんになりなさい。留学生が朝起(お)きてこないので、お母さんが部屋へ見にきます。留学生は、おなかが痛くて大学へ行けないということを説明します。次の単語を使ってもよい。

下痢(げり)をする	to have diarrhea
吐(は)き気(け)がする	to feel like vomiting

3 >>> ロールプレイ

ペアになり、一人は日本語のできるアメリカ人学生、もう一人はそのルームメイトの日本人学生になりなさい。アメリカ人が朝起(お)きられなくて、日本人が心配しています。病気は「かぜをひいた」でも「おなかが痛い」でもいいが、会話はくだけた言葉でしなさい。

4 >>> ペアワーク

ペアに分かれ、自分の子供のころの病気の経験について話し合いなさい。

5 >>> 作文

自分の子供のころの病気の経験について、二百字ぐらいの作文を書きなさい。

聞き取り練習 CD 2>>>20

日本人の大学生男女二人が話しています。CDを聞いて、次の文が正しければ○、間違っていれば×を入れなさい。

足を折る(あしをおる)	to break one's leg	**ビュービュー**	[the sound of the howling wind]
かわいそうに	I feel sorry for you. I sympathize.	**皮肉(な)**(ひにく)	ironic
故障する(こしょうする)	to break down		

- [ ] **a)** この二人は、前に会ったことがない。
- [ ] **b)** 男子学生は、岡田(おかだ)という人である。
- [ ] **c)** この二人は、一緒にスキーに行ったことがある。
- [ ] **d)** この男子学生は、スキーをしていて足を折(お)った。
- [ ] **e)** 彼が足を折った日は、寒い日だった。
- [ ] **f)** リフトは、その日、一日中直(なお)らなかった。(直る＝to be fixed)

速読

「ラフカディオ・ハーン」

明治（1868-1912）のころ、アメリカの小説家のラフカディオ・ハーン(Lafcadio Hearn) という人が日本へ来た。初めはジャーナリストとして働いていたが、後に英語を教えるようになった。東京大学で英文学（＝イギリス文学）を教えたこともある。この人は日本が本当に好きで、日本人の女性と結婚したばかりでなく、日本についてたくさんの本も書いた。アメリカ人でハーンの名前を知っている人は少ないが、彼の名前は日本では今でも有名である。日本を愛したハーンは、東大で教えていた時に、帰化して日本人になり、名前も小泉八雲という日本名にした。そのころの日本は、まだ生活水準が低くて、サラリーもよくなかったのだが、日本の大学に勤めていた外国人は、みな日本人よりずっと高い給料をもらっており、ハーンも同じだった。ところが、彼の給料は、日本人になると急に安くなってしまった。だが、ハーンがその時、「ああ、日本人にならなければよかった」と言ったかどうかは分からない。

単語

愛する（あいする）	to love	生活水準（せいかつすいじゅん）	standard of living
帰化する（きかする）	to become a naturalized citizen	低い（ひくい）	low [↔高い]
		給料（きゅうりょう）	salary

◗次の文を読んで、正しいものに○、間違っているものに×をつけなさい。

☐ a）ハーンは、英語を教えるために日本へ行った。
☐ b）ハーンの奥さんは日本人だった。
☐ c）ハーンは、日本でよりアメリカでよく知られている。
☐ d）そのころ、日本の外国人教師の給料はとてもよかった。
☐ e）ハーンは、日本について一冊しか本を書かなかった。

さみだれや　大河を前に　家二軒
（蕪村）

6
俳句

第 13 課

日本語体験

過去の経験を述べる

◆ 春休みにとてもおかしなことがありました。 ……………………> 会話 1

◆ この間、アメリカの友達から手紙をもらったんですけど。 ……………………> 会話 2

◆ この間も、そのことでおかしなことがあったんです。

CULTURE NOTES

Errors and Laughter

>>>>>

Just as Japanese people make many errors when they speak English, non-Japanese naturally make lots of mistakes when they speak Japanese. Making errors and learning from them is part of the learning process and should not be avoided. Japanese people might laugh more than Americans would when they hear mistakes, but you should learn to accept that because their laughter is well-meaning and good-natured.

Loanwords (or 外来語(がいらいご))

>>>>>

Today's Japanese vocabulary consists of three categories of words: *wago* (和語, *i.e.*, Japanese words), *kango* (漢語, *i.e.*, words that originated in Chinese or made-in-Japan pseudo-Chinese words), and *gairaigo* (外来語, *i.e.*, words that have been borrowed from languages other than Chinese). Most *gairaigo* come from English, and their number is increasing rapidly. In this lesson alone, we have seen several English-based loans: トイレ, マンション, アパート, タクシー, etc. Loanwords are troublesome for English speakers because they very often change their shapes. For example, many words are cut short. A good example would be トイレット (from *toilet*) shortened to トイレ. Loanwords frequently change their meanings, too, as you have seen in the case of マンション. Loanwords undergo significant changes in pronunciation also. When you pronounce them, the best thing would be to forget they were originally English. Pronounce them just like any other Japanese word. You will then not only sound more authentic, but will be understood much better.

Japanese Attitude Toward Foreigners Speaking Japanese

>>>>>

Before World War Ⅱ, the only Caucasians who spoke Japanese were missionaries, and even they were not all that good. Japanese people therefore developed a mistaken notion that their language was simply too difficult for *gaijin*. Even today, when foreigners who can speak Japanese are no longer oddities, many Japanese still hang on to this same old myth. When a foreigner, especially a Caucasian, suddenly speaks to them in Japanese, they sometimes just freeze, *i.e.*, answer with a blank stare, unable to say anything. This might be particularly true if you go shopping at a store where you are not a familiar figure, or if you stop a stranger to ask directions. Don't be discouraged, however. At the university where you are a 留学生, you will definitely receive better responses!

会話 >>>>>>> 1

CD 2>>>21

◑スーザン、小林先生と話している。

スーザン：　春休みにとてもおかしなことがありました。

小　林：　どんなことですか。

スーザン：　長野に日本人の友人がいるんですが、その人のうちへ二、三日遊びに行ったんです。

小　林：　それはよかったですね。そこで何かあったんですか。

スーザン：　そのうちに着いてすぐお母さんに紹介されて。

小　林：　それで？

スーザン：　お母さんといろいろ話しているうちに、トイレへ行きたくなったので、「お手洗いへ行きたいんですけど」って言ったんです。

小　林：　「トイレ」より「お手洗い」って言う方がていねいだから。

スーザン：　でも、そう言ったら、お母さんが「そう。じゃ、明日みんなで行きましょう」って言うんですよ。

小　林：　え？　どういうわけかしら。

スーザン：　とにかく私はとても困っちゃって、「トイレです。トイレへ行きたいんです」って一生懸命言ったら、やっと分かってもらえて。

小　林：　へえ？

スーザン：　お母さんたら[1]、私が「お寺へ行きたいんですけど」って言ったと思ったらしいんです。

小　林：　ああ、長野市には善光寺（ぜんこうじ）っていう有名なお寺があるから。

スーザン：　そうなんです。だから、私の「お手洗い」の発音が悪かったんで、お母さんは「お寺」のことだと思ったんだそうです。

小　林：　ああ、そうだったの。アハハ。

善光寺（写真提供：共同通信社）

会話 2

CD 2-22

会社員のディック・ロバーツ、同僚の高橋ゆみと話している。

ロバーツ：　この間、アメリカの友達からメールをもらったんですけど。

高　橋：　ええ。

ロバーツ：　私が日本でよっぽど[2]楽な暮らしをしていると思っているみたいなんです。

高　橋：　へえ、どうしてでしょう。

ロバーツ：　私が「渋谷(しぶや)マンション」に住んでいるもんだから、その “mansion” という住所を見て、mansion に住んでいるなら、すごい暮らしをしているに違いない[3]と考えたらしいんです。

高　橋：　英語の mansion て、日本語の「マンション」とそんなに違うんですか。

ロバーツ：　ええ、ずいぶん違います。英語の mansion ていうのは、例えばハリウッドの有名な俳優の住んでいるような、すごく大きくて立派な家で、部屋が 20 も 30もあるのが普通ですね。

高　橋：　じゃあ、日本のマンションとは、たしかに違いますね。

ロバーツ：　この間も、そのことでおかしなことがあったんです。

高　橋：　どうしたんですか。

ロバーツ：　その日は大雨だったんで、駅から家までタクシーに乗ったんです。

高　橋：　ええ。

ロバーツ：　「ABCデパートの手前のアパートまでお願いします」って運転手に言ったんですけど、家に着いて降りようとしたら、その運転手が、「なんだ。アパートじゃなくてマンションじゃありませんか」って言ったんで、笑っちゃいましたよ。

高　橋：　アハハ。

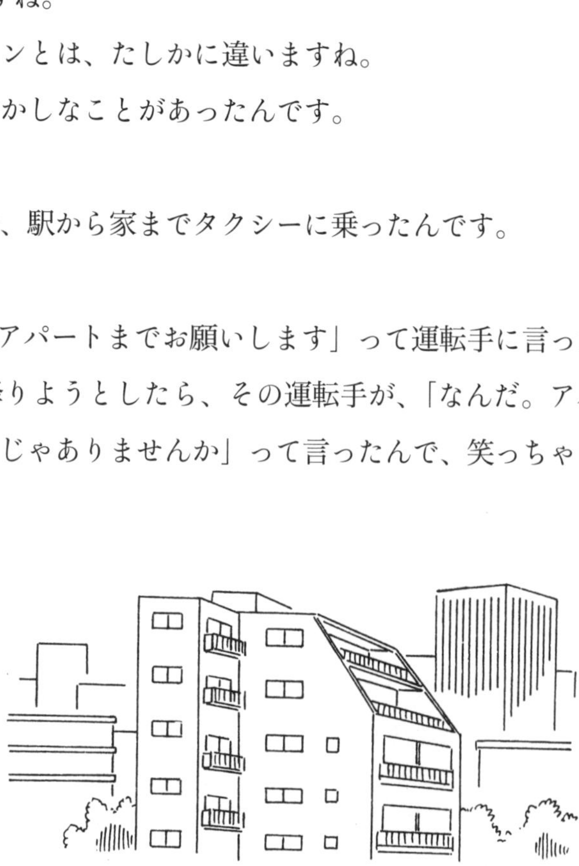

会話 >>>>>>> 3

CD 2>>>23

ジェイソン、健一と話している。

健　一：　ジェイソン、このごろ日本語がずいぶん上手になったね。

ジェイソン：そうでもないけど。

健　一：　そんなこと言ってけんそんするところも、さすが[4]ジェイソンだね。

ジェイソン：そうかな。

健　一：　アメリカで日本語の勉強始めた時、何が難しかった？

ジェイソン：助詞なんか[5]、ずいぶん難しかったなあ。「私は」と「私が」がどう違うかなんて、さっぱり分からなかったよ。実は今でもよく分からないんだけどね。

健　一：　日本人にも難しいんじゃないかな。僕には説明できないよ。

ジェイソン：でも日本人は説明できないだけで、使うのは上手だろう？

健　一：　まあそうだけど。

ジェイソン：僕なんか[5]その反対で、説明はいろいろ読んだけど、先生に直されてばかりいたんだ。

健　一：　ふうん？

ジェイソン：それから、同じような言い方がありすぎるんで困ったな。

健　一：　どういうこと。

ジェイソン：例えば、日本語だと「私は学生です」とか、「僕は学生だ」とか、「おれは学生だぜ」とか、いろいろあるだろう？　英語なら、I'm a student. だけで済むのに。

健　一：　なるほどね。

ジェイソン：でも、何て言っても、一番複雑だと思ったのは敬語だったな。

健　一：　敬語は僕も苦手なんだ。このごろの大学生なんて[5]、みんなそうだと思うよ。

ジェイソン：特に先生と話す時には、「いらっしゃいますか」とか「お読みになりましたか」とか言わないと、失礼になるなんて[5]言われたから、心配しちゃったよ。

健　一：　でもね。英語だって難しいよ。本のこと言うのに、a book、books、the book、the books なんて[5]、いろいろ言い方があるんだから、僕なんか[5]、もう八年も英語やってるのに、間違ってばかりいるんだよ。

ジェイソン：じゃ、練習のために、これからいつも英語で話そうか。

健　一：　やめてくれよ！

みると、家庭教師は既(すで)に来ていて、果樹園で果物を折っていた。彼は何も説明せずに、その果物を指差して、いきなり、

「サクランボ」

と言った。私が最初に覚えた記念すべき日本語は、〝サクランボ〟だったわけである。〝サクラ〟から始める人はかなりいるだろうけれど、まず〝サクランボ〟というのは珍しいのではないか。

私たちが使ったテキストは、日本の小学校一年生の教科書だった。まあ小学校一年生[11]としてはかなり面白い中身だったと思うが、[12]それにしても私はもう小学一年生とはかなり齢(とし)が違っていたし、趣味も異なっていた。しかし、ほかに教科書といっても、アメリカ人のために作られた日本語読本は、私の知る[13]限りまったくない。第一ページは例の、〝サイタサイタサクラガサイタ〟。ほかに修身の読本もあって、〝サイタサイタ〟に比べれば多少面白かったが、その道徳観は私のそれとは大いに矛盾していた。

とにかく、日本語は中国語より何倍も難しかった。それでも私は、その難解さ自体に興味を感じ、日本語を克服しようと一所懸命勉強した。家庭教師は猪股忠君(いのまたただし)という人で、彼はアメリカ生(うま)れだったが、小さい時に家族ともども日本へ帰り、十七、八歳で再びアメリカへ戻ったそうだ。国籍上はアメリカ人でも、英語はほとんどできなかったわけで、それが[14]かえって日本語を習う上ではよかったようだ。しかし山荘にいた二か月ほどの間に、山荘の主と他の二人の生徒はあきらめて脱落してしまい、最後まで頑張(がんば)ったのは私だけだったのである。

『日本を理解するまで』(新潮社(しんちょうしゃ))より

読み物 >>>>>> 日本語をどのように始めたか

ドナルド・キーン

CD 2 >>> 24

　さて、一九四〇年、大学三年生になって、私は正式に中国語の勉強を大学ですることに決めた。当時は今と違って、中国語や日本語を学ぶ人は極めて少なく、その大半は中年婦人だった。なぜそうなのか、今でもよくわからないけれど、たぶんニューヨークで一番暇な人たちということだったかもしれない。授業はいかにものんびりしたもので、一文一文ゆっくりと読み、先生は下手な字でそれを黒板に書き、私たちは同じようにノートに写した。大した進歩も認められなかった[6]ものの、[7]一方で、[8]毎日のように李(り)君と一緒に昼食を食べ、彼から今度は唐時代の詩の説明を受けたりしていた。

　そんなある日、大学の図書館で中国語の自習をしていると、見知らぬアメリカ人の大学院生がやって来て、

「あなたは毎日のように中華料理を食べているそうですが、今晩、私と一緒に食べて下(くだ)さいませんか」

と誘われた。その頃、私は金がなく、昼の中華料理屋で、三十セントと三十五セントの定食のうち、[9]せいぜい月に一度か二度、高いのにありつければよいほうだった。そんな具合だったし、面白そうな人なので、私は喜んで誘いに応じることにした。

で、ご馳走(ちそう)になりながらその人の話を聞いていると、彼は五年間も日本や台湾にいたのに、周囲に英語のできる人がいつもいて、とうとう日本語を覚えられなかった。片言しか話せない。そこで彼が言うには、自分には山に別荘があるから、そこへ日本人の家庭教師を招いて日本語を勉強してみたいと思う、一人だとサボるだろうし、二、三人で励まし合いながら学んでみないか、と私にも日本語を勧めてきた。私にはまだ例の反日感情があったが、それよりも、恥ずかし[10]ながら、まず山へ行って人並な生活をしたいという欲望のほうが強かった。

　その一九四一年の夏、私たちはアメリカ合衆国南部ノースカロライナの山のほうへ行ったのである。別荘に着いて

単語

会話 >>>>>>> 1

	体験（たいけん）	personal experience
	過去（かこ）	past
	述べる（のべる）	to state
2	おかしな	funny
4	長野（ながの）	[name of a prefecture]
9	お手洗い（おてあらい）	bathroom [*lit.*, place to wash one's hands]
14	わけ	reason; explanation
16	一生懸命（いっしょうけんめい）	hard [as in "work hard"]
20	善光寺（ぜんこうじ）	[name of a temple]
23	発音（はつおん）	pronunciation

会話 >>>>>>> 2

4	よっぽど	considerably; really; to a great extent [>>>文法ノート2]
	暮らし（くらし）	living; life style
7	(〜に)違いない（ちがいない）	it must be (〜) [>>>文法ノート3]
10	ハリウッド	Hollywood
11	俳優（はいゆう）	actor/actress
18	(〜の)手前（てまえ）	this side (of 〜)
20	笑う（わらう）	to laugh

会話 >>>>>>> 3

4	けんそんする	to be modest; to humble oneself
	さすがジェイソン	that's worthy of you, Jason; that's truly like the great student that you are, Jason [>>>文法ノート4]
7	助詞（じょし）	particle(s)
12	反対（はんたい）	opposite
	直す（なおす）	to correct [*v.t.*]
21	何て言っても（なんていっても）	whatever else might be said; after all
	複雑(な)（ふくざつ）	complex
	敬語（けいご）	honorific language [*lit.*, respect language]
22	(〜が)苦手(な)（にがて）	not good/skilled (at 〜)
28	練習（れんしゅう）	practice

読み物 >>>>>>>

0	ドナルド・キーン	Donald Keene
1	正式に	formally
	中国語	Chinese language
2	(〜に)決める	to decide (to 〜) [*v.t.*]
	当時	in those days [＝そのころ]
3	極めて	extremely [written expression]
	大半	most of
4	婦人	woman [＝女性、女の人]
5	暇(な)	free [time]
6	いかにも	truly [＝実に]
	のんびりした	carefree; slow-moving
	一文	one sentence
7	下手(な)	not good; unskilled
	黒板	blackboard
8	写す	to copy [*v.t.*]
	大した	significant; great
	進歩	improvement; progress
	認める	to notice; to recognize
9	〜ものの	although 〜 [>>>文法ノート6]
	一方で	on one hand *or* on the other hand (depending on the context) [>>>文法ノート7]
	李	[Chinese family name]
10	唐時代	Tang dynasty [618-907]
	詩	poem; poetry
12	ある日	one day
	図書館	library
12	自習	self-study
13	見知らぬ	unfamiliar [＝知らない／見たことのない]
14	中華料理	Chinese food
16	その頃	in those days
17	定食	fixed-price lunch/dinner
	せいぜい	at most [>>>文法ノート9]
18	(〜に)ありつく	to come by (a meal)
19	(〜に)応じる	to agree to; to accept
22	台湾	Taiwan
	周囲に	around (someone)
23	とうとう	finally; at last
	片言	broken [*e.g.*, Japanese]
24	別荘	summer cottage
25	招く	to invite
26	サボる	to loaf on the job; to idle away one's time
27	励ます	to encourage
	勧める	to urge (someone) to do (something)
28	例の	usual; that which was mentioned before
	反日感情	anti-Japanese sentiment
29	恥ずかしい	embarrassing
	〜ながら	but; although [＝〜けれど] [>>>文法ノート10]
	まず	first of all
	人並(な)	average; ordinary; like normal people
30	欲望	desire

31	アメリカ合衆国	United States of America
	ノースカロライナ	North Carolina
33	既に	already [＝もう]
	果樹園	orchard
	折る	to snap
34	(〜を)指差す	to point (to 〜)
	いきなり	all of a sudden
35	サクランボ	cherry
36	記念する	to commemorate
40	小学校	elementary school
	教科書	textbook
41	まあ	well [used when making a modest or hesitant statement]
	〜としては	for; considering [>>>文法ノート11]
	中身	content
42	それにしても	even so [>>>文法ノート12]
43	齢	age
	(〜と)異なる	to be different (from 〜) [＝違う] [written expression]
44	日本語読本	Japanese reader
45	読本	reader; reading book
	〜限り	as far as 〜; as long as 〜 [>>>文法ノート13]
46	修身	moral education
47	多少	a little [＝少し]
48	道徳観	view of morality
	大いに	much; considerably [＝大変]
	(〜と)矛盾する	to contradict (〜)
49	何倍も	many times more 〜
50	難解さ	difficulty to understand
	自体	itself
	克服する	to master; to overcome
51	一所懸命	hard [＝一生懸命]
	猪股	[family name]
	忠	[male given name]
52	ともども	together with; in company with
53	再び	again
	国籍上は	with respect to nationality
55	かえって	on the contrary [>>>文法ノート14]
	〜上では	as far as 〜 is concerned
56	山荘	mountain cottage [＝山の別荘]
	主	owner
	他の	other
57	あきらめる	to give up
	脱落する	to drop out
59	理解する	to understand

漢字リスト

書くのを覚える漢字

読み方を覚えましょう。また、書けるようになるまで練習しましょう。

1. 紹介　2. 同僚　3. 運転手　4. 笑う　5. 反対
6. 直す　7. 済む　8. 敬語　9. 苦手　10. 練習
11. 正式　12. 当時　13. 下手　14. 黒板　15. 写す
16. 詩　17. 誘う　18. 応じる　19. 片言　20. 招く
21. 励ます　22. 感情　23. 恥ずかしい　24. 最初　25. 記念
26. 珍しい　27. 小学校　28. 教科書　29. 読本　30. 何倍も
31. 難解さ　32. 興味　33. 戻る　34. 主

読めればいい漢字

読み方を覚えましょう。

1. 長野　2. 一生懸命　3. 俳優　4. 助詞　5. 複雑
6. 極めて　7. 暇（な）　8. 進歩　9. 唐　10. 図書館
11. 中華　12. その頃　13. 台湾　14. 周囲　15. 別荘
16. 勧める　17. 合衆国　18. 果樹園　19. 折る　20. 指差す
21. 異なる　22. 修身　23. 道徳観　24. 矛盾　25. 克服
26. 再び　27. 国籍　28. 山荘　29. 脱落

漢字の部首
13
しんにゅう
辶

This radical, with the meaning of "go/proceed," is generally used for characters mostly representing types of going.

「道」「通」「週」など

文法ノート

1 >>> Nたら／Nったら

［会話1 > ℓ.18 >>> お母さんたら］

Nたら／ったら is often used in informal conversations to indicate the topic of a sentence. Compared with a は(*wa*)-marked topic, ～たら／ったら gives a sense of surprise, disbelief, reproach, or the like.

a） うちの母ったら、文句ばかり言うのよ。
(My mother complains all the time [and I feel frustrated].)

b） あの人ったら、こんなこと言うのよ。
(He said this. [Can you believe it?])

2 >>> よっぽど='considerably; really; to a great extent'

［会話2 > ℓ.4 >>> よっぽど楽な暮らしを…］

よっぽど is a colloquial form of よほど, which indicates that something is of a degree considerably greater than usual.

a） 普通のアメリカ人は、大学の先生は**よほど**暇(ひま)があると思っているようだ。
(Most Americans seem to think that university professors have a great deal of free time.)

b） 寮の食事は**よっぽど**まずいらしい。
(It seems that the dormitory food is really bad.)

3 >>> ～に違いない='it must be ～'

［会話2 > ℓ.7 >>> すごい暮らしをしているに違いない］

It follows nouns, stem forms of な-adjectives, plan forms of い-adjectives and verbs.

a） あんな大きな家に住んでいるんだから、よっぽど楽な生活をしている**に違いない**。
(Since he lives in a big house like that, he must be really well-off.)

b） あそこでお辞儀(じぎ)をしているのは日本人**に違いない**。
(The person who is bowing over there must be a Japanese.)

c） 韓国人(かんこくじん)にとって日本語はやさしい**に違いない**。
(Japanese must be easy for Koreans to learn.)

d） 電気のない生活は不便**に違いない**。
(It must be inconvenient to live without electricity.)

4 >>> さすが(に)＝'indeed; as may be expected'

[会話3 > ℓ.4 >>> さすがジェイソンだね]

さすが(に) gives a connotation that the speaker is favorably impressed with the state. It is often preceded by [Sentence ＋だけあって].

a）日本に十年も住んでいただけあって、**さすが**日本語が上手だ。
(Since he has lived in Japan for ten years, he speaks excellent Japanese indeed.)

b）お習字の先生だけあって、**さすがに**すばらしい字だ。
(He is an excellent calligrapher, as may be expected of someone who teaches calligraphy.)

5 >>> Nなんか／Nなんて

[会話3 > ℓ.7 >>> 助詞なんか　ℓ.12. 26 >>> 僕なんか　ℓ.22 >>> このごろの大学生なんて　ℓ.24 >>> 失礼になるなんて　ℓ.26 >>> the books なんて]

Both なんか and なんて can follow a noun, with the meaning of 'things (or people) like～.' Only なんて, however, can follow a sentence. なんて is a contraction of many forms such as などは, などと, などというのは or the like.

a）助詞**なんか（なんて）**難しいと思った。
(I thought things like particles were difficult.)

b）「私は」と「私が」がどう違うか**なんて（＝などというのは）**、さっぱり分からなかった。
(I didn't understand at all things like how *watashi wa* and *watashi ga* differ.)

c）敬語を使わないと失礼になる**なんて（＝などと）**言われたから、心配しちゃった。
(Since I was told that it would be impolite if I don't use *keigo*, I was worried.)

6 >>> ～ものの＝'although ～'

[読み物 > ℓ.9 >>> 認められなかったものの]

ものの is a conjunction meaning 'although,' and tends to be used in writing.

Noun：　日本人である**ものの**
な-adjective：　便利な**ものの**；便利である**ものの**
い-adjective：　安い**ものの**
Verb：　話せる**ものの**

a）日本語の勉強を三年した**ものの**、辞書なしで新聞を読むことはまだできない。
(Although I studied Japanese for three years, I still can't read newspapers without a dictionary.)

b）日本は西洋の文明を取り入れた**ものの**、伝統的な価値観は変えようとはしなかった。
(Although Japan adopted western culture, it would not change its traditional values.)

7 >>> 一方で(は)=‘on one hand; on the other hand’

[読み物 > ℓ.9]

It is a often used in a phrase [一方では〜、他方では〜]. However, one of the two phrases is often omitted.

a) 働く女性は年々増えているが、**一方で**、重要なポストについている女性は極めて少ない。
(The number of working women is increasing every year, but, on the other hand, woman who hold important posts are quite few in number.)

b) 日米関係は、**一方では**民間レベルの文化交流が盛んだが、**他方では**貿易摩擦が大きな問題となっている。
(As for U.S.-Japan relations, while, on one hand, cultural exchange in the private domain is quite popular, on the other hand, trade friction is a big problem.)

8 >>> 毎日のように=‘almost every day’

[読み物 > ℓ.9]

It means that it appears like every day, although it is not actually every day. 日 can be replaced by 週, 月, 年, 回, 時間, etc.

a) キーンさんは、**毎日のように**中華料理を食べたそうだ。
(I hear Mr. Keene ate Chinese food almost every day.)

b) 日本語のクラスでは、**毎時間のように**宿題がある。
(In Japanese class, we have homework for almost every class period.)

9 >>> せいぜい=‘at most’

[読み物 > ℓ.17 >>> せいぜい月に一度か二度]

It indicates a maximum limit, which is still a small amount.

a) 大きいクラスでは、一時間に**せいぜい**一、二度当たればいい方だ。
(In a large class, on a good day, you will be called on at most once or twice.)

b) 日本のサラリーマンは、休みを取ったとしても、**せいぜい**四、五日でしょう。
(Japanese white-collar workers, when they take vacations, take at most four, five days.)

10 >>> 〜ながら=‘although 〜’

[読み物 > ℓ.29 >>> 恥ずかしながら]

When, in [S_1 ながら S_2], S_1 contains a noun, adjective, or stative verb, it expresses the idea of ‘although S_1, S_2.’ Notice that, when S_1 contains an action verb, ながら indicates two simultaneous actions.

a) 日本は、小さい島国**ながら**経済大国だ。
(Although Japan is a small island country, it is an economic superpower.)

b） 残念**ながら**、今日は伺えません。
(I am sorry but I can't visit you today.)

c） 日本に住んでい**ながら**日本語が一言も話せないのは不思議(ふしぎ)だ。
(It's curious that a person who's been living in Japan can't speak a word of Japanese.)

d） 分からない**ながら**一生懸命(いっしょうけんめい) CD を聞いていたら、だんだん分かるようになってきた。
(Although I didn't understand, I listened and listened to the CD, and then I started to comprehend it.)

11 >>> Nとしては＝'for; considering'

［読み物 > ℓ.41 >>> 小学校一年生としては］

a） 前田さんは、日本人**としては**英語が上手です。
(Maeda-san speaks good English for a Japanese.)

b） 東京は、大都市**としては**犯罪が少ない。
(Tokyo has few crimes for a big city.)

12 >>> それにしても＝'even so'

［読み物 > ℓ.42］

a） 東京は物価が高いと思っていたが、**それにしても**高いのには驚いた。
(I had expected that prices in Tokyo would be high, but even so, I was surprised how expensive everything was.)

b） アメリカの高校は、課外(かがい)活動など十分(じゅうぶん)できてよいと思うが、**それにしても**もう少し勉強させてもいいのではないだろうか。
(I think it's great that American high school students can spend lots of time on extra-curricular activities, etc., but even so, wouldn't it be better if they made students study a little more?)

c） 日本の大学は、社会に出る前ののんびりできる時だと言われている。**それにしても**、遊んでばかりいるわけにもいかないだろう。
(Japanese colleges are said to provide time for students to relax before they go out into the real world. Even so, I don't think they should just goof around.)

13 >>> ～限り＝'as far as ～; as long as ～'

［読み物 > ℓ.45 >>> 私の知る限り］

It is used to set limits within which the following statement holds true. It generally follows plain forms of verbs and い-adjectives. Nouns are in である-form (*i.e.*, 日本人である限り), and な-adjectives are either in である-form or in な-form (*i.e.*, 静かな限り).

a） できる**限り**のことはするつもりです。
(I intend to do whatever I can.)

b） 病気でない**限り**、学校は休まない方がいい。
(As long as you are not sick, you should not be absent from school.)

c） A：先生、何かいい英和辞典（じてん）はないでしょうか。
(Sensei, do you know of any good English-Japanese dictionary?)

B：そうですね。私の知っている**限り**では、日本人のための辞書（じしょ）ばかりで、アメリカ人に使いやすいのはないんですけど、『ふりがな英和辞典』というのがありますから、使ってみたらどうですか。
(Well, as far as I know, all the dictionaries are for Japanese people and there is no good one for Americans. However, there is one called *Furigana English-Japanese Dictionary*, so you might want to try it.)

14 >>> かえって='on the contrary'

[読み物 > ℓ.55 >>> それがかえって日本語を習う上ではよかったようだ]

It indicates that the result (or consequence) is contrary to what you expected.

a） 白いセーターを洗濯したら、**かえって**きたなくなった。
(I washed a white sweater, and now it looks dirtier than before.)

b） 機械（きかい）の使い方を読むと、**かえって**分からなくなることがある。
(When you read instructions for a machine, sometimes you get more confused.)

c） 試験の前の晩に勉強しすぎると、**かえって**つまらない間違いをすることがある。
(If you study too much the night before an exam, sometimes you end up making silly mistakes.)

会話練習のポイント

a) >>> まとまりのある話をする

>>>>> [会話1]

スーザン： 春休みにとても**おかしなことがあったんですけど**[1]。

小林： へえ、どんなことですか。

スーザン： 長野(ながの)の友達の家に遊びに行って、お母さんに紹介されて。

小林： **それで？**[2]

スーザン： お母さんに「お手洗いへ行きたいんですけど」って**言ったら**[3]、お母さんが「そう。じゃ、明日みんなで行きましょう」って言うんですよ。

小林： **え？ どういうわけでしょう**[2]。

1: When you start telling a story, it is customary to preface your story by saying この間、(おかしな／面白い)ことがあったんですけど or a similar expression. When you had a bad experience, use この間ひどい目にあったんです（けど）, 先日大変な目にあいました, or the like. In Japanese, having a terrible experience is conceived as "meeting a terrible eye."

2: When you are listening to a story, it is good to give *aizuchi*, words that the listener gives to indicate that he/she is listening and to encourage the story teller to go on with a story. Common *aizuchi* includes それで？, そうですか, はい, ええ, なるほど, etc.

3: In narrating a story, try to use sentence connectives (そして, それから, それで, etc.) and adverbial clauses which indicate the sequential nature of occurrence of two events (〜たら, 〜と, etc.).

運用練習

1 >>> ロールプレイ

➡ 会話1 (p.237) を再現(さいげん) (to recreate) しなさい。ペアになり、一人がスーザン、もう一人が先生になりなさい。言葉は全く同じでなくてもよいが、だいたいの話は同じにすること。会話が終わったら、役割(やくわり) (roles) を交換して、もう一度会話をしなさい。

2 小(しょう)グループワーク

- 日本へ行ったことのある人がクラスにいたら、その人(たち)を中心にして、小(しょう)グループを作り、日本でどんな日本語の間違いをしたか、聞きなさい。聞いた話を、後でクラスの人たちに発表しなさい。

3 ペアワーク

- 次の和製(わせい)英語（日本で作られた英語のような単語）は、本当の英語では何と言うでしょうか。ペアで考え、例のような会話を練習しなさい。

a) エアコン
b) ガソリンスタンド
c) コマーシャルソング
d) ドクターコース

[例 1]「アパート」
学生 A：「アパート」って英語で言えば何でしょうか。
学生 B：apartment のことじゃないでしょうか。
学生 A：ああ、そうですか。

[例 2]「ノーブランド」
学生 A：「ノーブランド」って英語で言えば何でしょうか。
学生 B：さあ、分かりませんねえ。
学生 A：じゃあ、先生に聞いてみましょう。

4 ペアワーク

- ペアになって、自分のした何かおかしな経験について話し合いなさい。相手（partner）の話を覚えておいて、後でクラスの人たちに発表しなさい。

5 小グループワーク

- 小グループに分かれて、日本語のどこが一番難しいかを話し合いなさい。難しい点を書いておいて、後でクラスの人たちに発表しなさい。

6 >>> 作文

自分にとって日本語のどこが一番難しく、どこが一番面白いかを考え、それについて「日本語と私」という題で二百字ぐらいの作文を書きなさい。

聞き取り練習 CD 2 >>> 25

「和製英語」というのは何でしょうか。CD の説明を聞いて、次の質問に答えなさい。

電気器具	electrical appliance

a) 和製英語というのは何ですか。

b) 「フリーター」というのは、どういう意味ですか。

c) 日本語の「トレーナー」と英語の trainer は、どう違いますか。

d) 「フリーサイズ」は、英語で何と言うでしょうか。

e) Electric outlet のことを、日本語で何と言いますか。

f) 和製英語は、アメリカ人には分かりやすいですか。どうしてですか。

早起きは三文の得
(*lit.*, Early risers earn three extra farthings.)

7 ことわざ

速読

「授業料の渡し方」

　ジョーンズさんは、東京にあるアメリカの会社に勤めている。日本語を習わないで日本へ来たので、東京に着いてすぐ日本語を勉強することにした。学校へ行く暇はないので、個人教授を受けることにし、日本人の同僚に日本語の先生を紹介してもらった。その丸山という先生は、アメリカ人を教えたことはないが、日本語学校で五年ぐらい中国人や東南アジアの人たちに日本語を教えていると聞いた。同僚が電話で丸山先生と話してくれて、授業は月・水・金の晩にジョーンズさんの家で一時間ずつ、そして授業料は一回五千円と決まった。

　一回目の授業はとても面白かった。丸山先生は教え方が上手で、ジョーンズさんは授業の終わりまでに、「日本語は面白いです」などという簡単な文が言えるようになった。授業が終わって、ジョーンズさんが、財布から新しい五千円札を出して、「どうも」と言いながら先生に渡すと、先生はちょっと驚いたような顔をした。同僚から授業料は五千円と聞いていたので、どうして先生が驚いたのか、ジョーンズさんは分からなかった。しかし、翌日になって初めて分かった。日本では先生に授業料を払う時には、お金をそのための小さな封筒に入れて渡さなければいけないのだ、と同僚が教えてくれたのである。ジョーンズさんが次の授業の日までに封筒を買っておいたのは、もちろんのことである。

単語

個人教授（こじんきょうじゅ）	individual instruction; private lesson［＝一人だけの生徒を教えること］
封筒（ふうとう）	envelope

次の文を読んで、正しいものに○、間違っているものに×をつけなさい。

- □ a）ジョーンズさんは、アメリカで少し日本語を勉強した。
- □ b）ジョーンズさんの会社には、日本人も勤めている。
- □ c）丸山先生の学校には、アメリカ人の生徒が多いらしい。
- □ d）授業は毎週三回である。
- □ e）ジョーンズさんが五千円しか払わなかったので、丸山先生はびっくりしてしまった。

第14課

日本の女性

自分の意見を述べる

- 何も文句を言わないから、男性たちが勝手なことをしているんじゃないんですか。 ………>会話 1
- アメリカはアメリカ式に、日本は日本式にやればいいんじゃないかしら。
- 少しずつ変わってきているんだと思いますけど。 ………>会話 3
- よくしていくべきだ、と私は思います。 ………> 読み物 2
- 主婦はすべてそうするべきだというのには、賛成できません。

CULTURE NOTES

Man's World

>>>>>

Although Japan is changing from a man's society to one that is kinder to women, the transformation is quite slow. Women are entering all phases of Japanese life, but still many positions are closed to them. Female office workers, because they are not given important jobs, have more free time than their male counterparts. They save money and often spend it on traveling. Housewives have to spend much less time on household chores than before thanks to modern conveniences. As Susan's host mother explains in 会話 1, they have more freedom to engage in other activities. Men, on the other hand, especially if they are corporate workers, have to spend too much time working in the office. They come home late and exhausted and thus have very little time or energy left for their families. As a result, mother-child relationships tend to become excessively dependent while husband-wife relationships suffer.

3高（さんこう）

>>>>>

Since Japan's mythological times, the Imperial Household has held in its possession the so-called "Three *Jingi*," *i.e.*, the Three Sacred Treasures: a mirror, a sword, and a crescent-shaped jewel. A set of three to make up a meaningful whole has always fascinated the Japanese. In the 1960's, the new "three treasures" were a refrigerator, a TV, and a washing machine. In the 70's, "3C" (notice its singular form because of the lack of plurals in Japanese grammar) represented a car, a color TV, and a cooler (*i.e.*, air-conditioner). "3高（さんこう）" introduced in 会話 2 is a term coined in the 80's and refers to three qualities young women wanted to see in choosing husbands.

会話 >>>>>>>> 1

CD 2>>>26

◗ スーザン、晩ご飯を食べながら、ホストファミリーのお母さんと話している。

スーザン：　今日もお父さん夕食に帰っていらっしゃらないんですね。

お母さん：　そうよ。いつもそうでしょ。

スーザン：　ええ、そうですけど、どうしてお母さん平気なんですか。

お母さん：　平気って？

スーザン：　どうして文句を言わないで我慢していらっしゃるんですか。

お母さん：　我慢してるなんて思ったことないけど。

スーザン：　えっ？　どうしてですか。

お母さん：　お父さんには[1]お父さんの生活があるし、私には私の生活があるんだから。

スーザン：　でも、ひどすぎると思います。日本の男性は、仕事が終わっても家へ帰らないで、みんなと飲みに行くんでしょう？　日本の女性たちがみんなおとなしくて、何も文句を言わないから、男性たちが勝手なことをしてるんじゃないんですか。

お母さん：　あなたはアメリカ人だから、そんなこと言うけど、日本じゃ、同僚やお客さんと飲みに行くのも仕事のうちなのよ。それに日本じゃ、妻は[2]妻なりに生活を楽しんでるのよ。私だって、昼間は友達とテニスをしたり、カルチャーセンターで勉強したりして、けっこう楽しんでるから、寂しいなんて思ったことないし。

スーザン：　アメリカじゃ、楽しむのはいつも夫婦一緒ですけどね。

お母さん：　私は、お父さんが日曜日に家族と付き合ってくれれば、それでいいと思ってるけど。アメリカはアメリカ式に、日本は日本式にやればいいんじゃないかしら。

スーザン：　そうですか。私には分かりませんけど。

会話 2

CD 2>>>27

高橋ゆみが会社の先輩の田中りえと話をしている。

田　中：　高橋さん、山本さんのお弁当見せてもらった？

高　橋：　いいえ。

田　中：　すごくおいしそうな厚焼き卵が入ってるの。ご主人が作ったんだって。

高　橋：　へえー、ご主人が？

田　中：　うん。山本さんのご主人は料理が上手なんだって。うちのは何もしないから、うらやましい。

高　橋：　いいですねえ。

田　中：　ほんとに。この間どこかで読んだんだけど、最近は、料理上手な男性が女性にもてるんだって。

高　橋：　へえー、そうなんですか。

田　中：　一昔前は、女性の理想の結婚相手は「３高」って言われてたんだけどね。

高　橋：　「３高」って、身長、収入、学歴が高い男性のことですよね。

田　中：　そう。でも、今は、性格がよくて、子供を大事にして、家事をする男性が望まれてるみたい。

高　橋：　そうですよね。やっぱり家庭を大切にする人じゃないと困りますよね。

田　中：　高橋さんもそういう人を早く見つけなさいよ。

高　橋：　ええ、でも、こればかりは縁ですから……。

厚焼き卵入りのお弁当

（写真提供：（財）国際文化フォーラム）

会話 >>>>>>>> 3

CD 2 >>> 28

スーザンが、ＯＬの森田恵子と話している。

スーザン：　森田さん、会社でどんなことをやっているんですか。

森　田：　そうですね。主にデータ入力とか書類を作る仕事ですね。

スーザン：　日本じゃ、OL がお茶くみをさせられるって聞いたけど、本当ですか。

森　田：　会社によると思うけど、私の会社ではだいたい新しい OLが順番にやってます。

スーザン：　どうしてですか。男性は女性にお茶を入れてあげることなんかないくせに[3]、自分には入れてもらうなんて変ですよ。

森　田：　それはそうだけど。

スーザン：　森田さんの会社には女性の課長さんいますか。

森　田：　いいえ、女の人たちはたいてい結婚するとやめるっていう理由で[4]、会社がほとんど一般職の人しか雇わないんですよ。

スーザン：　一般職って？

森　田：　コピーとりとか、データ入力とか、事務の仕事。

スーザン：　男の人たちは？

森　田：　男の人たちは、一流大学を出てる人が多くて、初めから総合職ですね。

スーザン：　っていうのは？

森　田：　企画とか、そういう重要な仕事です。

スーザン：　じゃ、女性は大事な仕事を何にもさせてもらえないんですか。

森　田：　このごろは、総合職の女性もだんだん増えてきていて、一般職から総合職に移ることもできるようになってきています。それに、お茶くみもだんだんやめようっていう声があって、私の会社でも近いうちにお茶の機械を入れることになるらしいです。だから、日本の会社も少しずつ変わってきているんだと思いますけど。

スーザン：　それで、森田さん自身は、ずっと仕事を続けるんですか。

森　田：　実は、私は今年の秋に結婚することになっているから、どうしようかなって、今悩んでるところなんですよ。

5年以内に実際に起業した人へのアンケートでは、起業の目的を「家事や子育て、介護をしながら柔軟な働き方をするため」とした女性が34％にのぼり、男性の2倍の割合だった。

しかし、女性が開業にこぎつけても継続は難しく、5年間の廃業率が22・9％と、男性の約2倍。廃業した女性の1割強が、育児や介護を理由に挙げている。

（朝日新聞・二〇〇七年四月二十一日付）

働く女性2759万人

い人が多い25～29歳の既婚者の労働力率が上がる一方、育児が忙しい35～39歳層では1・3㌽減った。

一方、自分で起業したいと考えている女性は、25～44歳の子育て世代が約14万人と最も多い。

5年以内に実際に起業した人へのアンケートでは、起業の目的を「家事や子育て、介護をしながら柔軟な働き方をするため」とした女性が34％にのぼり、男性の2倍の割合だった。

しかし、女性が開業にこぎつけても継続は難しく、5年間の廃業率が22・9％と、男性の約2倍。廃業した女性の1割強が、育児や介護を理由に挙げている。

読み物 1

働く女性2759万人　3年続き増加

CD 2 29

既婚者は11万人減　家庭との両立課題

06年の女性の労働力人口は前年比0・3％増の2759万人で、3年連続で増えたことが20日、厚生労働省がまとめた「働く女性の実情」（女性労働白書）でわかった。働く女性の割合を示す労働力率も48・5％と2年連続で上昇。ただ、女性の労働力人口の増加は未婚者らに支えられており、既婚者は逆に11万人減の1611万人だった。仕事と家庭を両立する難しさがうかがえる。

女性の労働力率を10年前と比べると、未婚者は96年の60・4％から63・7％に増えたのに対し、既婚者は51・0％から48・5％に低下した。

晩産化の影響で、子どもを持っていない人が多い25～29歳の既婚者の労働力率が上がる一方、育児が忙しい35～39歳層では1・3ポイント減った。

一方、自分で起業したいと考えている女性は、25～44歳の子育て世代が約14万人と最も多い。

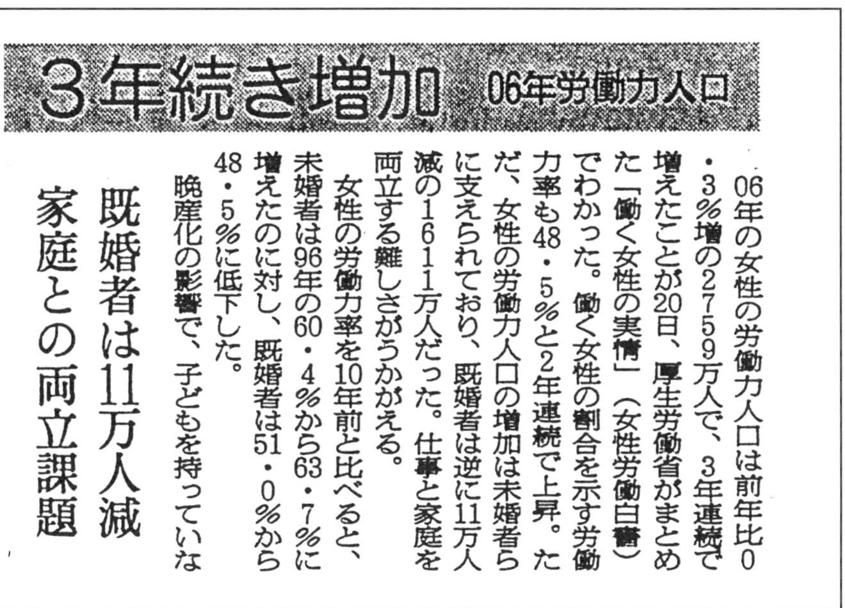

3年続き増加　06年労働力人口

既婚者は11万人減　家庭との両立課題

06年の女性の労働力人口は前年比0・3％増の2759万人で、3年連続で増えたことが20日、厚生労働省がまとめた「働く女性の実情」（女性労働白書）でわかった。働く女性の割合を示す労働力率も48・5％と2年連続で上昇。ただ、女性の労働力人口の増加は未婚者らに支えられており、既婚者は逆に11万人減の1611万人だった。仕事と家庭を両立する難しさがうかがえる。

女性の労働力率を10年前と比べると、未婚者は96年の60・4％から63・7％に増えたのに対し、既婚者は51・0％から48・5％に低下した。

晩産化の影響で、子どもを持っていな

そんな不公平はごめんだというので、三重苦のどれかを、はずしている人もあります。

子どもができてから、仕事をやめて専業主婦になるのは、仕事の重荷をすてた人です。

結婚はするが子どもは産まない、ふたりの収入をあわせて、生活をたのしむ、いわゆるディンクスをやっているのは、育児の重荷をすてた人です。さらに戸籍も否定して入籍しない同棲組もいますが、破綻したとき女が損をするのが、日本の社会です。

はじめから結婚しないで、仕事だけにしてしまうのが、シングルです。

自分の生き方をえらぶのは、個人の自由です。ほかの人のとやかくいうことではありません。でも一部の女がディンクスやシングルになっても、働く女の三重苦はなくなりません。

『わたしは女性にしか期待しない』（岩波新書（いわなみしんしょ））より

読み物 2

女の三重苦

松田道雄（まつだみちお）

CD 2-30

世の中は時代[5]とともによくなっていく、そしてよくしていくべきだ、と私は思います。

大学も女を入学させるようになり、女も男も同じように企業につとめられるようになったのは進歩です。戦後の日本の社会の進歩にはめざましいものがあります。

この進歩にたいして、女は変身して応じています。

これまでは、日本の女は結婚したら主婦になって、そのまま一生をおえるのがふつうでした。子どもを産み、育て、家事をやり、夫の働きいいようにとりしきるのが主婦でした。いまの時代にも、昔と同じに主婦の仕事をするのを専業主婦というようになりました。

女の仕事がふえた社会に適応して一部の女は変身し、結婚しても仕事をやめないことにしました。共ばたらきです。けれども、相棒である男が、変身しないで、育児、家事、身のまわりの世話を[6]妻にまかせるので、妻は主婦をやめられません。兼業主婦です。

時代が変（かわ）ってきたのに、男が変ってくれないので、外で働く女は、三重の苦しみをうけねばならなくなりました。母として子どもを育てる重荷、妻として夫の世話をする重荷、男とならんで仕事をする重荷の3つです。

昔から下積みの苦労によく耐えてきた日本の女の中には、男の変身してくれないところを、超人的にカバーしている人もあります。

育児も家事もやり、夫の世話もし、それでいて、男にまけない仕事をしている人です。それは尊敬すべき努力ですが、主婦はすべてそうするべきだというのには、賛成できません。

男が時代の進歩を理解しないのを、そのままにしているからです。主婦でもありキャリアウーマンでもある人の超人ぶりを[7]みるたびに、その力で企業と男にたたかって[8]くれたらと思います。

女だけが時代に合わせて重荷をせおうのは、不公平です。

単語

会話 1

	意見（いけん）	opinion
4	平気（へいき）(な)	unperturbed; calm
10	ひどい	unfair; cruel
11	おとなしい	quiet; submissive
12	勝手（かって）なことをする	to have one's own way; to do what one pleases
15	～のうち	within the domain of ～
	妻（つま）	wife
	Nなりに	in N's own way [>>>文法ノート2]
16	昼間（ひるま）	daytime
	カルチャーセンター	a kind of adult school [*lit*., culture center]
17	寂（さび）しい	lonely
19	夫婦（ふうふ）	husband and wife
20	付（つ）き合（あ）う	to keep (someone) company
22	アメリカ式（しき）	American style

会話 2

1	先輩（せんぱい）	one's senior (in job, school, etc.)
	田中（たなか）	[family name]
	りえ	[famale given name]
2	山本（やまもと）	[family name]
	お弁当（べんとう）	lunch box
4	厚焼（あつや）き卵（たまご）	thick omelet (in Japanese style)
7	うらやましい	to be envious
10	もてる	to be popular (with)
12	理想（りそう）	ideal
	3高（さんこう）	3 high's
13	身長（しんちょう）	height
	収入（しゅうにゅう）	income
	学歴（がくれき）	level of education
14	家事（かじ）	housework
	望（のぞ）む	to desire; to wish
18	縁（えん）	fate; karma

会話 >>>>>>> 3

1	森田（もりた）	[family name]
	恵子（けいこ）	[famale given name]
3	入力（にゅうりょく）	input
	書類（しょるい）	document
4	お茶（ちゃ）くみ	serving tea
5	順番（じゅんばん）に	taking turns
7	〜くせに	although; in spite of [>>>文法ノート3]
12	一般職（いっぱんしょく）	clerical position
14	コピーとり	making copies; xeroxing
16	総合職（そうごうしょく）	regular position
18	企画（きかく）	planning
22	機械（きかい）	machine
25	自身（じしん）	self
	続（つづ）ける	to continue
27	悩（なや）む	to agonize

読み物 >>>>>>> 1

0	働（はたら）く	to work
	増加（ぞうか）	increase
1	既婚者（きこんしゃ）	married person [＝結婚している人]
	11万人減（じゅういちまんにんげん）	＝11万人減る
	両立（りょうりつ）	to do two things concurrently
	課題（かだい）	problem
2	労働力（ろうどうりょく）	labor; work force
	前年比（ぜんねんひ）	compared with the previous year
3	連続（れんぞく）	continuously
	厚生労働省（こうせいろうどうしょう）	Ministry of Health, Labor and Welfare
4	まとめる	to put together (in a report); to summarize
	実情（じつじょう）	current situation (status)
	白書（はくしょ）	white paper
5	割合（わりあい）	ratio; percentage
	示（しめ）す	to indicate
	〜率（りつ）	〜 rate
6	上昇（じょうしょう）	to rise; to increase
	未婚者（みこんしゃ）	unmarried person [＝結婚していない人]
7	支（ささ）える	to support
	逆（ぎゃく）に	conversely
8	うかがえる	can be observed
10	〜に対（たい）し	in contrast; as opposed to
11	低下（ていか）する	to decline [*v.i.*]
12	晩産化（ばんさんか）	＝子供を産む年齢が高くなること
13	育児（いくじ）	child-rearing
	35〜39歳層（さいそう）	＝35歳から39歳までの人たち
15	起業（きぎょう）する	to start a business

16	世代（せだい）	generation
	最も（もっとも）	＝いちばん
17	実際に（じっさいに）	actually
18	介護（かいご）	looking after one's aged parent(s); care
	柔軟（じゅうなん）(な)	flexible
21	～にこぎつける	to manage to ～
	継続（けいぞく）	continuation
22	廃業（はいぎょう）	to close one's business
23	1割強（いちわりきょう）	a little over 10 percent
	挙げる（あげる）	to give ～ [as a reason, as an example, etc.]

読み物 >>>>>> 2

0	三重苦（さんじゅうく）	triple afflictions
	松田（まつだ）	[family name]
	道雄（みちお）	[male given name]
1	世の中（よのなか）	society; world
	～とともに	together with ～ [>>>文法ノート5]
4	企業（きぎょう）	industry; business
5	めざましい	spectacular; amazing
6	～にたいして	toward
	変身（へんしん）する	to change oneself [＝自分を変える]
	応じる（おうじる）	to adapt
8	おえる	to end; to finish [*v.t.*]
	産む（うむ）	to give a birth
	育てる（そだてる）	to raise [*v.t.*]
9	夫（おっと）	husband
	とりしきる	to manage all by oneself
10	専業主婦（せんぎょうしゅふ）	wife who devotes herself to housework exclusively [＝主婦だけしている人]
12	(～に)適応（てきおう）する	to adapt (to ～)
12	一部の女（いちぶのおんな）	some women
13	共（とも）ばたらき	husband and wife both working [＝夫婦がどちらも働いていること]
14	相棒（あいぼう）	one's partner
15	身（み）のまわりの世話（せわ）	care in one's home life
	(～を…に)まかせる	to entrust (something) to (someone) [>>>文法ノート6]
16	兼業（けんぎょう）	holding two jobs at the same time [＝二つの仕事を同時にやること]
18	苦しみ（くるしみ）	suffering
	～ねばならない	have to [＝～なければならない]
19	重荷（おもに）	burden
20	(～と)ならんで	side by side (with ～) [＝～と一緒に]
21	下積み（したづみ）	holding a lower position
	苦労（くろう）	hardship; suffering
	(～に)耐える（たえる）	to endure (～)
22	超人的（ちょうじんてき）に	superhumanly

22 カバーする — to cover up; to make up for

24 (〜に)まけない — comparable (to 〜); equal (to 〜) [*lit.*, not to lose to 〜]

25 尊敬する — to respect

努力 — effort

26 (〜に)賛成する — to agree (with 〜)

29 超人ぶり — being like a superman [=超人的な働き]

30 〜たびに — every time 〜 [>>>文法ノート7]

力 — strength

たたかう — to fight

32 (〜に)合わせる — to adapt (to 〜)

せおう — to carry (something) on one's back

不公平 — unfair

33 ごめんだ — not acceptable [=いやだ]

34 はずす — to remove; to get rid of

36 すてる — to throw (something) away; to discard

37 あわせる — to combine

38 いわゆる — so-called

38 ディンクス — DINKs [double income no kids]

39 さらに — furthermore

戸籍 — family register

否定する — to reject

入籍する — to have one's name entered into the family register [=結婚して、戸籍に名前を入れること]

40 同棲 — living together in a de facto relationship [=結婚しないで一緒に住むこと]

〜組 — a group of people doing the same thing

破綻する — to break up

損をする — to be to one's disadvantage

44 生き方 — way of life; life style

個人 — individual

自由 — freedom

45 とやかくいう — to say this and that; to meddle in (other's affairs)

48 期待する — to expect; to count on

漢字リスト

書くのを覚える漢字
読み方を覚えましょう。また、書けるようになるまで練習しましょう。

1. 妻	2. 昼間	3. 夫婦	4. 理想	5. 身長
6. 収入	7. 学歴	8. 性格	9. 家事	10. 入力
11. 書類	12. 順番	13. 雇う	14. 一流	15. 企画
16. 続ける	17. 働く	18. 増加	19. 既婚者	20. 両立
21. 労働力	22. 前年比	23. 上昇	24. 未婚者	25. 低下
26. 育児	27. 減る	28. 最も	29. 実際に	30. 三重苦
31. 世の中	32. 産む	33. 夫	34. 共ばたらき	35. 苦労
36. 努力	37. 力	38. 不公平	39. 否定	40. 損
41. 生き方	42. 自由	43. 期待		

読めればいい漢字
読み方を覚えましょう。

1. 勝手	2. 寂しい	3. 先輩	4. 弁当	5. 厚焼き卵
6. 望む	7. 縁	8. 総合職	9. 機械	10. 悩む
11. ～減	12. 課題	13. 連続	14. 厚生労働省	15. 白書
16. 割合	17. 示す	18. 率	19. 支える	20. 逆に
21. 晩産化	22. ～層	23. 起業	24. 介護	25. 柔軟
26. 継続	27. 廃業	28. 挙げる	29. 適応	30. 相棒
31. 兼業	32. 重荷	33. 下積み	34. 耐える	35. 超人
36. 尊敬	37. 賛成	38. 戸籍	39. 同棲組	40. 破綻

漢字の部首 14
まだれ

广

This radical comes from the image of a house with a hanging roof and was originally used for characters representing kinds, conditions, etc., of roofs and buildings.

「度」「広」「席」など

文法ノート

1 >>> NにはNの～がある＝'N has its own ～'

［会話1 > ℓ.9 >>> お父さんにはお父さんの生活があるし］

a） **親には親の生活がある。**
(Parents have their own lives [to live].)

b） **子供には子供の考えがある**んだから、まず聞いてやることが必要だ。
(Children have their own ways of thinking, so we should first listen to them.)

2 >>> N_1はN_1なりにV＝'N_1 does things in its own way'
N_1はN_1なりのN_2＝'N_1 has its own N_2'

［会話1 > ℓ.15 >>> 妻は妻なりに］

a） A：もうちょっと勉強したら？
(Why don't you study more?)

B：これでも、**私は私なりにがんばっている**つもりですけど。
(I am doing my best in my own way.)

b） **アメリカにはアメリカなりのよさが**あり、**日本には日本なりのよさが**あるから、どちらがいいとも言えない。
(Both America and Japan have their respective good points, so we can't say one is better than the other.)

3 >>> ～くせに

［会話3 > ℓ.7 >>> お茶を入れてあげることなんかないくせに］

くせに, like のに, expresses the idea of 'although.' However, くせに expresses the speaker's feeling of displeasure, disgust or contempt. This phrase follows [N の], [な-adjective＋な], and plain form of い-adjectives and verbs.

a） 子供の**くせに**外で遊びたがらないのは、困る。
(It's troublesome when a child does not want to play outside.)

b） 下手な**くせに**すぐやりたがる人はいやだ。
(A person who is poor at doing something but loves doing it is a big pain.)

c） お金もない**くせに**高い物ばかり買う人は困ります。
(It's too bad that there are people who have absolutely no money but keep buying expensive things.)

d） 知っている**くせに**教えてくれない。
([He] does not tell me although [he] knows about it.)

4 >>> ～っていう／という理由で＝'for such and such a reason'

［会話3 > ℓ.11 >>> やめるっていう理由で］

っていう is a colloquial form of という, and this phrase follows a sentence in a plain form.

a） ほかのコースの勉強が忙しい**という理由で**宿題をしてこない学生もいます。
(There are students who don't do homework saying that they are too busy studying for other courses.)

b） 日本では結婚する**という理由で**会社をやめる女性が多い。
(Many Japanese women quit companies for the reason of marriage.)

c） 日本では女性は結婚してやめる**っていう理由で**重要な仕事はさせてもらえないのが普通なんです。
(In Japanese companies, it is normal for women not to be given important positions for the [ostensible] reason that they will soon quit to get married.)

5 >>> XとともにY

［読み物2 > ℓ.1 >>> 時代とともによくなっていく］

X can be a noun or a verb (plain form). Xとともに has two basic meanings.
(1) Nとともに＝'together with; along with'

a） 京都は奈良**とともに**日本の古い町である。
(Kyoto, together with Nara, is an old Japanese city.)

(2) Nとともに／V(plain, present)とともに
This indicates that 'as X happens, so does Y.' It often indicates that two changes proceed simultaneously.

b） 年を取る**とともに**小さいことが気になるようになるらしい。
(It seems that as one grows older, one begins to worry more about trivial things.)

c） 言葉は時代**とともに**変化する。
(Language changes with time.)

6 >>> XをYにまかせる＝'to leave/entrust X to Y'

［読み物2 > ℓ.15 >>> 世話を妻にまかせるので］

a） 簡単なことは、**機械**(きかい)**にまかせて**もいいと思う。
(I think we can have machines do simple tasks.)

b） 大切なことは、**人にまかせない**方がいい。
(It's better not to leave important things to others.)

c） 家事を全部ロボット**にまかせる**時代が来るだろうか。
(I wonder if the day will come when [we] leave all the housework to robots.)

7 >>> XたびにY

［読み物2 > ℓ.30 >>> 超人ぶりをみるたびに］

たびに follows the plain present tense form of verbs, and means 'every time X happens, Y also happens.'

a） **会うたびに**同じ話を聞かされるのはいやだ。
(I don't like to be told the same story every time I see [him].)

b） テレビを**見るたびに**コマーシャルの多いのにうんざりする。
(Every time I watch TV, I am disgusted by how many commercials there are.)

c） 日本人は旅行に**行くたびに**その土地のおみやげを買う。
(Japanese people by souvenirs whenever and wherever they go on a trip.)

8 >>> Vてくれたらと思います＝'I wish someone would do something; I hope someone does something.'

［読み物2 > ℓ.30 >>> たたかってくれたらと思います］

This is equivalent to V てくれたらいい(のに)と思います and expresses the speaker's (or writer's) wish or hope. It literally means 'it would be nice if ～.'

a） 時代に合わせて男の人が**変わってくれたらと思います**。
(I wish men would change with the times.)

b） もっと大事な仕事を**させてくれたらと思います**。
(I hope [the company] lets me do more important work.)

c） うちの子供は、遊んでばかりいるんですが、もっと**勉強してくれたらと思います**。
(My child is just having a good time. I wish he/she would study more.)

会話練習のポイント

a) 意見を述べる

山田：　スーザンは、日本の女性が子供が生まれると、会社をやめるっていうことについてどう思いますか。

スーザン：　私は、子供が生まれたら、女性は会社をやめる**べきだという意見には賛成できません**[1]。大切な仕事なら続けるべき**じゃないかなって思うんですけど**[1]。

山田：　**うん、それはそうかもしれないけど**[2]、日本では子供を預けるシステムもあまりないから、やっぱり仕事と育児を両方やるのはかなり難しい**んじゃないでしょうかねえ**[1]。

スーザン：　そうでしょうか。

1: When you want to express your opinions, you can use expressions such as ～べきだと思います, ～には賛成できません, ～(ん)じゃないかと思います or ～(ん)じゃないでしょうか. Obviously, when you use べき 'should,' you are expressing your opinion in a very assertive manner. Framing your opinion in a rhetorical question, as in ～んじゃないかと思います or ～んじゃないでしょうか makes it less assertive.

2: When you want to disagree with someone, it is best to first acknowledge his/her opinion and then state your opinion, as in うん､それはそうかもしれないけど, それはそうですけど, それは正しいと思います。でも, etc.

運用練習

1 ロールプレイ

ペアになり、一人は家へ遅く帰ってきた夫、もう一人は、それを遅くまで待っていた妻になりなさい。夫は、なぜ遅くなったのかを説明しなければいけません。

2 小グループワーク

三人ずつの小グループを作って、自分たちの国では、どんな男性／女性がもてるか、話し合いなさい。出てきた意見をリストアップしておいて、後でクラスの人たちに発表しなさい。

3 >>> ロールプレイ

- ペアになり、一人はOL、もう一人は男の課長になりなさい。OLは、お茶くみをしたくないので、そのことを課長に言います。理由を上手に言わなければいけません。それを許すかどうかは、課長になる人の自由。

4 >>> 小グループワーク

- 小グループを作って、次の二つの質問について話し合いなさい。

a) あなたの国では、女性と男性の役割（やくわり）（roles）が違いますか。
b) 昔と今とでは、役割が変わったと思いますか。

それぞれのグループは、答えを書いておいて、後でクラスの人たちに発表しなさい。

5 >>> ディベート

- 二つのグループに分かれ、夫と子供のある女性が外で働くのがよいか悪いかについてディベートをしなさい。なるべく「〜んじゃないんですか」「〜んじゃないでしょうか」「〜と思いますけど」などを使って話しなさい。

6 >>> ペアワーク

- あなたの国では、女性が社会に出て仕事をする時、差別（discrimination）があると思いますか。なぜそう思いますか。話し合って、後でクラスの人たちに発表しなさい。

7 >>> 作文

- 「女性と仕事」という題で、二百字から二百五十字ぐらいの作文を書きなさい。

聞き取り練習

CD 2>>>31

中山と遠藤(えんどう)という日本人の奥さん（wife）が話しています。CDを聞いて、次の文が正しければ○、間違っていれば×を入れなさい。

- ☐ a）遠藤さんは、ご主人と一緒に留学するつもりである。
- ☐ b）遠藤さんのご主人は、奥さんが留学してもかまわないと思っている。
- ☐ c）遠藤さんのご主人は、前に留学したことがある。
- ☐ d）遠藤さんの留学は、一年間だろう。
- ☐ e）遠藤さんは英語の先生である。
- ☐ f）遠藤さんは、学生の時に一度留学した。
- ☐ g）遠藤さんの子供たちは、冬休みにアメリカへ行くだろう。
- ☐ h）遠藤さんのご主人は、夏休みにアメリカへ行くらしい。
- ☐ i）遠藤さんのご主人も英語の先生だろう。
- ☐ j）遠藤さんのご主人は、理解のある男性だ。

（この読み物には単語表がありません。分からない単語の意味を考えながら読みなさい。）

速読

「トイレのドア」

ジェイソンが日本に着いた日のことだった。ホストファミリーの家に着いたのは、日曜日の午後四時ごろだった。ホームステイの家には、夫婦のほかに、高校生のむすこと中学生の娘がいて、全部で四人の家族である。この家族は金持ちらしく、最近建てた新しい家に住んでいる。なかなかモダンな家で、日本間は一部屋しかなく、あとは全部洋間である。ジェイソンがその家に着くと、まずお母さんが家中を見せてくれて、「ここがあなたの部屋よ」とか、「お風呂場はここよ」とか、「トイレはここ」と教えてくれた。お風呂は日本式で、トイレは洋式だと分かった。

夕食前に、ジェイソンはトイレへ行っておこうと思って、トイレの前まで行くと、ドアがしまっているので、自分の部屋に戻り、二、三分待ってからまた行ってみた。ところが、まだ誰か入っているらしく、ドアはしまったままだ。仕方なく、またしばらく自分の部屋で待ってから、もう一度行ってみたが、まだしまっている。ジェイソンは困ってしまった。その時、お母さんが「ご飯ですよ」と呼ぶ声がした。食堂へ行くと、もう家族全員いすに座ってジェイソンを待っていた。トイレに入っていたのは誰だろうか。

次の文を読んで、一番正しいと思われるものに○をつけなさい。

☐ **a）** ジェイソンはまだ聞いていなかったのだが、ホストファミリーの家には、お手伝いさんが一緒に住んでいるのだろう。

☐ **b）** 別に誰も入っていない。むすこが忘れっぽく、ドアを開けておくのを忘れたのだろう。

☐ **c）** 日本の家では、トイレのドアは、いつもしめておくことになっているのだ。

☐ **d）** 前に入った人がドアを開けておいたのだが、風(wind)でしまってしまったのだ。

明月(めいげつ)や　池(いけ)をめぐりて　夜(よ)もすがら
（芭蕉(ばしょう)）

7 俳句

第 15 課

ウチから見た日本、ソトから見た日本

インタビューする

- 実は日本語のクラスでプロジェクトワークをしていまして、
  …いろいろお話をお聞きできたらと思っているのですが。……>会話 1
- 日本に住んでいて、
  これはアメリカと違うなと思われた点がありますか。…………>会話 2
- 「出る杭(くい)はうたれる」ということでしょうか。
- ああいうのはどう思いますか。……………………………………>会話 3
- あ、なるほど。

CULTURE NOTES

Kawaii (かわいい) 'Cute'

>>>>>

In 速読 in Lesson 2, Sachiko used the word *kawaii* to describe a squirrel. The word *kawaii* was originally used to describe only babies, small animals, and dolls, but in recent years, it has come to symbolize Japanese pop culture. Hello Kitty and Pokemon are no doubt the most famous examples of this "cuteness" culture, but cute elements are found not only in character goods but also in fashion, personal appearance, mannerisms, etc. You even see these cute characters on the body of commercial airliners and many government offices have cute mascots, so they are not just limited to children's goods. A young female office worker might characterize her male superior's mannerism as "*kawaii*." Once a seal wandered into a river in Tokyo and became very popular because it was "*kawaii*." The word "*kawaii*" has indeed become a handy word to express one's positive feeling.

Group Society

>>>>>

In Japanese society, the group you belong to is very important. So, when you meet someone for the first time, the first question you are asked might be which company you work for or which university you are attending, rather than what type of work you do. Within the group, maintaining group harmony is considered to be very important. Conciliatory and cooperative attitudes are more valued than strong individualism. So, confrontation in public is avoided as much as possible. Japanese value unanimity in any decision-making process, and so, consensus building is sought before any important decision is made.

就職活動(しゅうしょくかつどう) (job hunting)

>>>>>

就職活動 that is talked about in 読み物2 specifically refers to somewhat systematized activities that college students go through in the process of looking for employment after graduation. These are for jobs in well-established companies with good prospects and higher job security, and usually, students start 就職活動 in their junior year. Once you missed this chance, it used to be rather difficult to get a good job. However, these days, it seems that there are more options available for people who seek jobs after graduation or for people who want to change jobs.

会話 >>>>>>>> 1

CD 2>>>32

留学生のビル・グラントが国際学部の小山先生に電話でインタビューを申し込む。

グラント： もしもし、小山先生でいらっしゃいますか。

小　山： はい、小山です。

グラント： わたくし、先日国際学部の横山先生からご紹介いただいたグラントですが。

小　山： あ、グラントさんですか。こんにちは。

グラント： 実は日本語のクラスでプロジェクトワークをしていまして、私は日本の歴史の教科書をトピックに選びました。先生がその問題について研究なさっていると伺ったので、いろいろお話をお聞きできたらと思っているのですが。

小　山： あ、そういうことなら、喜んでご協力しますよ。

グラント： ありがとうございます。助かります。では、一度お会いしたいんですが、先生は、いつがご都合がよろしいですか。

小　山： 私は、火、木ならいつでもいいですよ。来週の火曜日の午後一時はどうですか。

グラント： はい、結構（けっこう）です。では、来週の火曜日、午後一時に先生の研究室に伺いますので、よろしくお願いいたします。

小　山： はい。じゃ、来週。

グラント： 失礼します。

プロジェクトワークの発表

会話 2

CD 2 33

日本語の高木先生がアンディー・ミラーにインタビューをしている。ミラーは日本に約十年住んでいた。

高　木：　あのう、ミラーさんは10年間日本に住んでいらしたんですが、日本に住んでいて、これはアメリカと違うなと思われた点がありますか。

ミラー：　そうですね。これはちょっとステレオタイプ的かもしれないんですが、アメリカ人は自分を重んじるけど、日本人は自分の入っているグループを重んじるんですね。

高　木：　グループを重んじるって、どういうところに現れていると思いますか。

ミラー：　例えば、まあ、人に対する気配りですか。人が何か言う前にその人が何を考えているかということに気を使う。多分それが日本人が小さい時から教わっていることだと思うんですけど。私は積極的にしゃべれないタイプなんですが、日本では私がしゃべらなくても、「アンディー、こう思ってるでしょう」って言ってくれるので、私はただ「うん」と言えばいいわけですよね。それに、何かのグループに入れば、すぐ友達ができるので、自分の方から積極的にほかの人たちに働きかけなくても友達が作りやすかったですね。それはとても気が楽でした。

高　木：　居心地がよかったわけですね。

ミラー：　そうです。でも、そのグループ中心というのが逆によくない面もありました。私は二度目に日本に行った時は社会人として行ったんですが、例えば会社の中で、グループのトップの人に任せて、自分では考えないし、意見を言わない、ていうか[1]言えない。自分の意見をあまり言うと、それはよくないという雰囲気がありました。それでフラストレーションがたまりましたね。

高　木：　「出る杭はうたれる」ということでしょうか。

ミラー：　そうですね。日本人は対立をあまり好まないと思うんです。アメリカ人はお互いに自分の意見を言って、妥協しながらやっていくんですけど。日本人がそういうことをしないと言っているわけではないんですが、でも、どっちかと言うと[2]、そういう違いがあるような気がします[3]。

会話 >>>>>>> 3

CD 2>>>34

➡ 雑誌の編集をしている小田まり子がアン・ノリスにインタビューしている。アンは、大学に行くまで日本に住んでいた。

小　田：　最近、外国で日本のマンガやアニメがはやっていますけど、ああいうのはどう思いますか。

ノリス：　すごいと思います。アメリカから日本にいろんなものが来ているんですけど、日本から海外にそういうものが出て行くのってすばらしいと思います。ただの技術とか車とかじゃなく、そういうカルチャーがほかの国で人気があるっていうのは、私はすごくうれしいです。

小　田：　日本には、キティーちゃんとかポケモンとか、本当にかわいいものがたくさんあるんですけど、そういうものも外国で人気がありますよね。

ノリス：　ええ。そのことで、ちょっと印象に残っていることがあるんですよ。私は、アメリカの大学に行った時、日本からかわいいペンなどをたくさん持って行ったんですね。で、「これかわいい」とか[4]いろいろ言われたんですけど、「インクはどうやって替えるの」って言われて、「いや、日本では、インクがなくなったら捨てて、新しいの買うんだけど」って答えていたんです。

小　田：　あ、なるほど。

ノリス：　アメリカだと、長く使えるペンや、インクを入れ替えられるようなペンの方が普通っていう感じだったんですけど、日本だと使い終わったら捨てて新しいのを買うっていう使い捨て。今かわいいから今使って、飽きたら新しいものを買う。そういう違いが結構大きいなって思いました。日本では、「新発売」とか「新製品」とか、「新」なんとかっていうのにすごく敏感で、すぐ新しいものに飛びつく人が多いようですが、アメリカでは、いいものを買って、長く同じものを使う人が、私の周りでは多かったんですね。

小　田：　そうですか。私も結構新しいものにすぐ飛びつく方なんですけど、古いものを、もう少し大事にした方がいいのかもしれませんね。

読み物 1　Coolな日本　渡邊裕子（わたなべゆうこ）

CD 2>>>35

アメリカの大学院に入ったばかりの頃、クラスメート達（たち）の会話の中に、日本では習わなかった語句や言い回しを日々耳にした。その多くは、日常生活やテレビなどで頻繁に使われるものだったから、辞書を引くよりは、「この言葉は、こんな風に使うのかー」と文脈から判断しながら、徐々（じょじょ）にそれらを自分のものにしていった気がする。(中略)

そんな言葉の1つに「cool」がある。使いようは幅広い。要は「カッコいい」「粋だ」「しゃれている」──今の日本の言い回しでいうなら「イケてる」ということだが、何かを提案したときに相手がThat's coolといえば、「いいじゃん」だし、He is coolと言えば、「いい奴」「話のわかる奴」となる。もめた後、We are coolと言うなら、「もう仲直りした」ということだ。

私が初めて会話の中で何気（げ）なく「That's cool」と言った時、必死に私にスラングを叩き込もうとしていた当時のルームメイトは、「やっとアメリカ人みたいに喋（しゃべ）るようになってきたね！」と、やたら喜んでいた。

とにかく、この「cool」という形容詞は、頻繁に日常会話に登場する。つまりそれは、「coolであること」が、アメリカ人にとってそれ相応に重要な価値基準であることを示しているのだろう。それは日本人が「カワイイ」という形容詞を日常会話の中で実に頻繁に使うことと、日本社会や現代文化において「カワイイ」がもつ価値の関係を考えてみればわかる。

そのアメリカ人の目からみて、日本文化は「cool」らしい。中央公論5月号の特集、「日本文化立国論」の中に、「世界を闊歩（かっぽ）する日本のカッコよさ」というレポートが収められている。著者であるダグラス・マッグレイは、2001年、ジャパン・ソサエティーのフェローシップで訪日し、このレポートを書いた。

原題「Japan's Gross National Cool」が表す通り、彼は「ある国のカッコよさ、つまり大衆に与える文化的影響力は、GNPと同様[5]、その国のパワーとして認知されるべきではないか」と説き、日本は既（すで）にその分野の超大国となっていると指摘する。

この分析は、10年以上前に政治学者のジョセフ・ナイが「ソフトパワー」という言葉を使って説いた理論の延長線上にある。アメリカが世界中でコカ・コーラやジーンズを売り、ナイキのスニーカーを流行（はや）らせ、ハリウッドの映画を見せる時、彼らは単に[6]物を売っているのではない。

文化という媒体は、力を持てば、受け手の好みや考え方、価値観にまで深く影響を及ぼすことができる。アメリカはそのことを自覚しているし、長年にわたり、その力を戦略的に伸ばしてきた。

では、日本はどうか。アニメやポケモン・グッズやキティーちゃんが欧米で人気を高め、日本食、日本製電子機器やゲームが海外でももてはやされ、日本人建築家やデザイナーたちが次々に認知度を上げている現在の状況を、日本人は自分達の国力として認識しているだろうか。

日本は、外国文化を吸収し、模倣し、変形させ、自分たちの文化の中に取り入れることを古くから得意としてきた。でも、日本人が日本で生み、育ててきたものの中には、外国人が憧れ、真似したくてもできないと感じているものが数多くある。その魅力に一番無頓着（むとんちゃく）なのは日本人自身ではないだろうか。

（asahi.com「マイタウン USA」2003 年 4 月 23 日）

アニメ・エキスポに集まる日本アニメのファンたち
（写真提供：共同通信社）

れほど守らない。というより、あらかじめ物事をあまり決めておかない。「きまりがない」という言い方のほうが正しいかもしれない。タイで働く日本人が「タイでは、なかなか物事がきまらないと思っていると、ある日突然きまる」と不満を言うのを聞いたことがある。タイでは「あらかじめきめておく」ということがあまりない。「きまりですから」もタイ語には訳しづらい[10]。代わりにタイには“Mai pen rai”という言葉がある。「気にするな、ま、いいじゃないか」という意味で、どんなに常識的で正当な理由もこの言葉にはかなわない。この言葉ですべての物事が簡単に片づけられてしまう。

しかし、これがタイの悪いところだとも言い切れない。一つの方法だけにこだわらない[11]ということは、場合によっては視野の広い判断を下すことを可能にする。人々も社会の「きまり」に縛られなくて、精神的に余裕がある。タイにあこがれているある日本人の若者が、タイには社会に縛られていることから解放される快感があると語ってくれた。

日本では何もかもがきまっていて面白みがない。レストランや弁当屋に行けば、どの店でもメニューはほぼ同じだ。タイでは、普通のレストランなら客が材料と調理方法を自由に指定して作ってもらうことができる。

あまりにも「きまり」が多い日本社会と、あまり「きまりのない」タイ社会、どちらがいいのだろうか。答えは難しいが、発展の望まれるタイにおいては[12]、もう少し人々が「きまり」を守る意識を持たないと、複雑になった現代社会において発展するのは難しいのではないかと思う。八年間日本にいた私は、いつの間にか日本社会の「きまり」になじんでしまって、タイで働く日本人と同様[5]、タイの「何もきまらない」ところにいらいらしはじめている。日本に来る前の私は、タイののんびりした雰囲気に不満を感じたことはなかったのに。

『だから私は日本を選んだ！』（ジャパンブック）より

読み物 2

「きまり」だらけ[7]の日本、「きまり」のないタイ

カノックワン・ラオハブラナキット・カタギリ

CD 2 36

初めて日本に着いた時の第一印象は、「寒いが、きれいで、秩序がある国」だった。日本は、私が生まれ育ったタイの首都バンコクとずいぶん違っている。タイに暮らす外国人が書いたある本によれば、第一印象は「暑くて、汚くて、やかましい」で、第二印象は「無秩序に広がる街」だったそうだ。私の日本の印象とちょうど正反対である。

しばらく日本に住むうちに、日本の第二印象として「日本人は、よく歩き、よく働き、きまりをよく守る」と感じるようになった。日本の社会には多くの「きまり」があること、そして日本人はそれを厳格に守ろうとしていることに驚いた。日本ではどこに行っても、「きまりですから」という言葉を耳にする。これを言われてしまうと、こちらにはもう反論の余地はない[8]。どんなに常識的で正当な理由もこの言葉にはかなわない[9]。

日本社会の「きまり」にかかわる例の一つに、会社への就職活動がある。日本で就職活動ができるのはなぜか新卒者に限られている。卒業後すぐに職につかなかった人や、大学院でちょっと長めに学生生活を楽しんでしまった人には、日本の会社は冷酷だ。「きまり」から外れたところに優秀な人材はいないと確信しているようである。

「きまり」に関しては滑稽な例もある。私がよく利用する図書館では、暖房と冷房を入れる日付が決められている。その日を過ぎると、どんなに寒くても暖房は消され、どんなに暑くても冷房は消される。たまにあるような三月の非常に暖かい日にも暖房はつき、七月のやや寒い日にも冷房はつく。何があってもあらかじめ決められた暖房期間と冷房期間は遵守(じゅんしゅ)される。「今日は肌寒いなあ」と思いながら図書館に入ると、冷房が利いてさらにひんやりとしていて、図書館の人たちはひざに毛布を掛けている。ま、そこまで「きまり」を守らなくてもいいのにとあきれながらも、この「きまり」に対する厳格さには感動を覚えた。

しかし、タイ人は違う。タイ人は社会の「きまり」をそ

単語

会話 >>>>>>> 1

1	小山（こやま）	[family name]
9	協力（きょうりょく）する	to cooperate
11	都合（つごう）がいい	be convenient

会話 >>>>>>> 2

1	高木（たかぎ）	[family name]
6	（〜を）重（おも）んじる	to value 〜; to give importance to 〜
9	気配（きくば）り	consideration (for 〜)
10	（〜を）教（おそ）わる	to learn
15	働（はたら）きかける	to approach (someone)
17	居心地（いごこち）がいい	to be comfortable
18	面（めん）	aspect
19	社会人（しゃかいじん）	a working, full-fledged member of society
21	ていうか	or rather [>>>文法ノート1]
22	フラストレーション	frustration
	たまる	to accumulate [*v.i.*]
23	出（で）る杭（くい）はうたれる	Stand out from the crowd and you just invite trouble for yourself.
24	対立（たいりつ）	opposition; confrontation
	好（この）む	to like; to prefer
25	妥協（だきょう）する	to compromise
26	どっちかと言（い）うと	if I have to choose one over the other [>>>文法ノート2]

会話 >>>>>>> 3

1	小田（おだ）	[family name]
	まり子	[female given name]
3	はやる	to be popular [*v.i.*]
6	海外（かいがい）	abroad
7	技術（ぎじゅつ）	technology
11	印象（いんしょう）に残（のこ）る	〜 left an impression on (me) [*v.i.*]
17	入（い）れ替（か）える	to change
19	飽（あ）きる	to get bored
20	新発売（しんはつばい）	new product on the market
21	新製品（しんせいひん）	new product
	敏感（びんかん）（な）	sensitive; susceptible
22	飛（と）びつく	to jump at
23	周（まわ）り	around (someone)
25	大事（だいじ）にする	to take a good care of 〜

読み物 >>>>>>> 1

0	渡邊	わたなべ	[family name]
	裕子	ゆうこ	[female given name]
1	～達	たち	[plural form]
2	語句	ごく	words and phrases
	言い回し	いいまわし	expression
	耳にする	みみ	＝聞く
	日常会話	にちじょうかいわ	everyday conversation
	頻繁に	ひんぱん	frequently; often
3	辞書	じしょ	dictionary
	こんな風に	ふう	in this way
4	文脈	ぶんみゃく	context
	判断する	はんだん	to judge
	徐々に	じょじょ	gradually
5	使いよう	つか	＝使い方
	幅広い	はばひろ	wide
	要は	よう	in a word; in short
	粋(な)	いき	stylish; chic
7	提案する	ていあん	to suggest; to propose (a plan)
8	奴	やつ	a chap; a guy
	もめる		to have a dispute [quarrel] with
9	仲直りする	なかなお	to make it up with; to reconcile
10	何気なく	なにげ	without much thought
	必死に	ひっし	desperately
11	(～に…を)叩き込む	たた こ	to hammer ... into ～'s head
12	やたら(に)		excessively; indiscriminately
13	(～に)登場する	とうじょう	to appear (on TV, etc.) [*v.i.*]
14	それ相応に	そうおう	in its own way
	価値基準	かちきじゅん	standard of value
15	実に	じつ	really; truly
18	中央公論	ちゅうおうこうろん	[name of a journal]
	特集	とくしゅう	special issue
19	立国論	りっこくろん	theory of nation building
	闊歩する	かっぽ	to stride; to swagger about
	収める	おさ	to put away (to include) [*v.t.*]
20	著者	ちょしゃ	author
22	原題	げんだい	original title
	～通り	とお	just as ～
23	大衆	たいしゅう	the general public
	GNP	ジーエヌピー	gross national product
	(～と)同様	どうよう	just like ～ [＝と同じように] [>>>文法ノート5]
	パワー		power
	認知する	にんち	to acknowledge
24	説く	と	to explain [*v.t.*]
	分野	ぶんや	field
	超大国	ちょうたいこく	super power
	指摘する	してき	to point out
25	分析	ぶんせき	analysis
26	理論	りろん	theory

26	延長線上（えんちょうせんじょう）	extension
27	単（たん）に～ではない	not merely; not simply [>>>文法ノート6]
29	媒体（ばいたい）	medium
	受（う）け手（て）	receiver
	好（この）み	liking; taste
	価値観（かちかん）	one's sense of value
	深（ふか）く	deeply
	及（およ）ぼす	to exert (influence) [v.t.]
30	自覚（じかく）する	to realize [v.t.]
	～にわたり	=～の間
	戦略的（せんりゃくてき）に	strategically
31	伸（の）ばす	to cultivate; to develop (one's skill, etc.) [v.t.]
33	日本製（にほんせい）	Japanese made; made in Japan
	電子機器（でんしきき）	electronic instrument; gadgets
33	もてはやす	to praise; to make much of [v.t.]
	建築家（けんちくか）	architect
	デザイナー	fashion designer
34	認知度（にんちど）	level of name recognition
	上（あ）げる	to raise [v.t.]
	現在（げんざい）の	current
	状況（じょうきょう）	condition; circumstance
	国力（こくりょく）	nation's power
	認識（にんしき）する	to recognize
36	吸収（きゅうしゅう）する	to absorb
	模倣（もほう）する	to imitate
	変形（へんけい）する	to transform
	取（と）り入（い）れる	to adopt [v.t.]
37	得意（とくい）(な)	to be good at
38	真似（まね）する	to imitate
39	無頓着（むとんちゃく）	to be indifferent

読み物 >>>>>>> 2

0	きまり	rules
	～だらけ	full of～ [>>>文法ノート7]
	タイ	Thailand
	カノックワン・ラオハブラナキット・カタギリ	[name of the author]
1	印象（いんしょう）	impression
3	首都（しゅと）	capital
	バンコク	Bangkok
4	汚（きたな）い	dirty
5	やかましい	noisy
	広（ひろ）がる	to spread out [v.i.]
6	正反対（せいはんたい）	complete opposite
8	守（まも）る	to observe; to keep (rules)
10	厳格（げんかく）に	strictly
13	反論（はんろん）	objection; counterargument
	～の余地（よち）がない	there is no room for～ [>>>文法ノート8]

13	常識（じょうしき）	common sense
	正当（せいとう）(な)	proper; reasonable; just
14	(〜には)かなわない	to be no match for; can't win [>>>文法ノート9]
15	(〜に)かかわる	concerning
16	就職活動（しゅうしょくかつどう）	job hunting
	なぜか	for some reason
	新卒者（しんそつしゃ）	＝卒業したばかりの人
17	職（しょく）につく	＝就職する
18	長（なが）めに	somewhat long
19	冷酷（れいこく）(な)	cruel; heartless
	(〜から)外（はず）れる	to be out of
20	優秀（ゆうしゅう）(な)	excellent; talented
	人材（じんざい）	person of talent
	確信（かくしん）する	to believe firmly
21	滑稽（こっけい）(な)	funny; comical
22	暖房（だんぼう）	heating
	冷房（れいぼう）	air conditioning
23	消（け）す	to turn off [*v.t.*]
24	たまに	occasionally
25	やや	a little
26	あらかじめ	beforehand; in advance
27	遵守（じゅんしゅ）する	to observe (the rules)
	肌寒（はだざむ）い	chilly
28	利（き）く	to work effectively
	さらに	＝もっと
	ひんやりとする	to be chilly/cool
29	ひざ	(one's) lap
29	毛布（もうふ）	blanket
	掛（か）ける	to put 〜 on
30	あきれる	to be dumb-founded
31	感動（かんどう）を覚（おぼ）える	to feel impressed
37	不満（ふまん）	discontent
39	〜づらい	＝〜にくい [>>>文法ノート10]
44	言（い）い切（き）る	to declare; to say definitely
45	〜にこだわらない	not to be particular about; not to be picky [>>>文法ノート11]
46	視野（しや）	perspective
	判断（はんだん）を下（くだ）す	to make a judgment
	可能（かのう）	possibility
47	縛（しば）る	to tie (someone) up
	精神的（せいしんてき）に	psychologically
	余裕（よゆう）	room; space
49	解放（かいほう）する	to liberate
	快感（かいかん）	pleasant feeling (sensation)
	語（かた）る	＝話す
51	ほぼ	almost
52	材料（ざいりょう）	materials; ingredients
	調理（ちょうり）	cooking
56	発展（はってん）	development
57	意識（いしき）	consciousness; awareness
60	(〜に)なじむ	to get used to 〜
61	いらいらする	to get frustrated

漢字リスト

書くのを覚える漢字

読み方を覚えましょう。また、書けるようになるまで練習しましょう。

1. 協力	2. 都合	3. 教わる	4. 積極的	5. 面
6. 任せる	7. 意見	8. 技術	9. 印象	10. 入れ替える
11. 発売	12. 製品	13. 飛びつく	14. 耳	15. 辞書を引く
16. 風に	17. 判断	18. 幅広い	19. 必死に	20. 登場
21. 価値	22. 収める	23. 著者	24. 原題	25. 表す通り
26. 理論	27. 自覚	28. 建築家	29. 変形	30. 首都
31. 常識	32. 外れる	33. 確信	34. 暖房	35. 冷房
36. 消す	37. 正しい	38. 不満	39. 可能	40. 解放
41. 語る	42. 材料	43. 発展		

読めればいい漢字

読み方を覚えましょう。

1. 結構	2. 気配り	3. 居心地	4. 出る杭	5. 好む
6. 妥協	7. 捨てる	8. 飽きる	9. 敏感	10. 周り
11. 言い回し	12. 頻繁に	13. 文脈	14. 粋(な)	15. 提案
16. 奴	17. 仲直り	18. 叩き込む	19. 基準	20. 認知
21. 説く	22. 指摘	23. 分析	24. 延長線上	25. 媒体
26. 深く	27. 及ぼす	28. 伸ばす	29. 機器	30. 状況
31. 吸収	32. 模倣	33. 真似	34. 汚い	35. 守る
36. 厳格に	37. 余地	38. 冷酷	39. 優秀	40. 人材
41. 滑稽	42. 肌寒い	43. 利く	44. 毛布	45. 掛ける
46. 視野	47. 縛る	48. 余裕		

漢字の部首 15 くさかんむり

艹

This radical is based on the image of grass and is generally used for characters representing kinds, conditions etc., of grass.

「花」「草」「英」など

文法ノート

1 >>> （っ）ていうか＝'or rather; more appropriately'

［会話2 > ℓ.21 >>> ていうか言えない］

This is a colloquial form of というか (a quotation marker と／て＋ the verb 言う＋か). It can follow a noun, a phrase or a sentence, and is used to give a more appropriate expression.

a）きのうパイを作った、**ていうか**作るのを手伝（てつだ）っただけなんだけど。
(Yesterday, I made a pie, or rather I helped make a pie, and . . .)

b）A：じゃ阿蘇（あそ）に行ったんだったら、乗馬（じょうば）とかやった？
(So, you went to Aso, and did you do horseback riding?)

B：乗馬**っていうか**、馬にさわっただけ。
(It wasn't really horseback riding – it was more like just touching a horse.)

c）A：前に兄弟（きょうだい）で日本語取っていた学生がいたでしょう。
(At that time, there were brothers who took Japanese, weren't there.)

B：兄弟**ていうか**、ふたごですけど。
(More precisely, they were twins rather than brothers.)

2 >>> どっちかと言うと＝'rather (than); if anything'

［会話2 > ℓ.26］

This is a colloquial form of どちらかと言うと, and is used to imply that 'X is Y, if we have to choose between the two alternatives.'

a）彼女は**どっちかと言うと**母親に似ている。
(She looks more like her mother [than her father].)

b）日本人は**どっちかと言うと**対立を好（この）まない。
(The Japanese people, if anything, do not like confrontation.)

c）私は、日本語は、**どっちかと言うと**話す方が得意だ。
(If I have to choose one over the other, I am better at speaking Japanese (than reading it).)

3 >>> ～ような気がする＝'to have a feeling that; to have the impression that; it seems to me that'

［会話2 > ℓ.27 >>> 違いがあるような気がします］

a）日本語が少し上達（じょうたつ）した**ような気がします**。
(I feel my Japanese has improved a little.)

b）日本人は自分の入っているグループを重んじる**ような気がします**。
(It seems to me that the Japanese people value a group that they belong to.)

4 >>> ～とか(言う)＝'to (say) something like ～'

[会話3 > ℓ.13 >>>「これかわいい」とか]

とか is a variation of a quotation marker と. So, it can be used whenever と can be used. Compared with と, とか indicates that the speaker is not quite certain of what is quoted. In recent years, however, it has come to be very frequently used even when the speaker is certain of what is quoted. In such cases, the use of とか results in making an utterance more indirect, vague, or casual.

a) 今日本語の学生が増えている**とか**聞きましたが、本当でしょうか。
(I heard something like the number of students in Japanese language classes is increasing, but is it true?)

b)「これかわいい」**とか**よく言われました。
(They often said something like, "This is cute.")

5 >>> N(と)同様＝'similarly; just like'

[読み物1 > ℓ.23 >>> GNPと同様]
[読み物2 > ℓ.60 >>> 日本人と同様]

a) アニメは日本**と同様**、アメリカでも人気がある。
(*Anime* is popular in America just like in Japan.)

b) 韓国(かんこく)語にも日本語**同様**、敬語がある。
(The Korean language has honorifics just like Japanese.)

6 >>> 単に～ではない＝'not merely/simply ～'

[読み物1 > ℓ.27 >>> 単に物を売っているのではない]

a) 日本は**単に**外国文化を模倣(もほう)しているの**ではない**。
(Japan is not merely imitating foreign cultures.)

b) 多くの人は、**単に**お金を稼(かせ)ぐために働いているの**ではない**だろう。
(Many people are probably not working merely to make money.)

7 >>> Nだらけ＝'full of ～'

[読み物2 > タイトル >>>「きまり」だらけの]

This expression is used with a limited group of nouns, such as どろ 'mud,' 間違い 'mistake,' 穴(あな) 'hole,' etc., that carry negative connotations.

a) アメリカでは時々穴**だらけ**のジーパンをはいている学生を見かける。
(In America, we sometimes see students wearing jeans full of holes.)

b) 間違い**だらけ**の作文を直すのは時間がかかる。
(It is time-consuming to correct compositions full of mistakes.)

8 >>> Nの余地(よち)がない＝'There is no room for ～'

[読み物2 > ℓ.13 >>> 反論の余地はない]

a) 妥協(だきょう)**の余地(よち)がない**。
(There is no room for compromise.)

b） 相手が話を聞いてくれない人だと、**議論(ぎろん)の余地がない**。
(When the other party does not listen to what [I] have to say, there is no room for discussion.)

9 >>> Nに(は)かなわない＝'to be no match for ~; can't win ~'

［読み物2 > ℓ.14 >>> この言葉にはかなわない］

a） どんなに正当な理由もこの言葉**にはかなわない**。
(Even the most legitimate reason can't prevail over this word.)

b） 素人はいくらがんばってもプロ**にはかなわない**。
(An amateur, no matter how hard he/she tries, is no match for a professional.)

10 >>> V(stem)づらい＝'difficult to V'

［読み物2 > ℓ.39 >>> 訳しづらい］

> This expression is very similar in meaning to V(stem)にくい. つらい(辛い) literally means 'painful; to have a hard time' and hence V(stem)づらい has a connotation that the speaker/writer 'finds it difficult to carry out an action.'

a） のどが痛いと、ものが**食べづらい**だろう。
(When one has a sore throat, it must be difficult to eat.)

b） 自分の失敗は他人には**話しづらい**。
(I find it difficult to talk about my own failures.)

11 >>> Nにこだわる／こだわらない＝'(not) to be particular about; (not) to be picky'

［読み物2 > ℓ.45 >>> 一つの方法だけにこだわらない］

a） アクセント**にこだわっている**と、日本語を話すのは難しいかもしれない。
(If you pay too much attention to accent, it might be difficult to speak Japanese.)

b） 場所**にこだわらなければ**、安く家が買える。
(If you are not picky about the location, you can buy a house inexpensively.)

12 >>> Nにおいて＝'at; in'

［読み物2 > ℓ.56 >>> タイにおいては］

> This expression is used with a noun indicating a place or a time period. It can be replaced by で, but において is more formal and mainly used in writing.

a） 明治(めいじ)時代**において**女性が留学するのは大変珍しいことだった。
(In the Meiji period, it was very unusual for a woman to study abroad.)

b） 第一回のオリンピックはギリシャ**において**開催(かいさい)された。
(The first Olympic Games were held in Greece.)

会話練習のポイント

a) >>> インタビューをする

坂本：　**南西大学の坂本と申します**[1]。今日は「ウチから見た日本」**というテーマで**、日本の社会とか日本人について日ごろ感じていらっしゃること**などを、いろいろお聞きしたいと思います**[2]ので、**よろしくお願いします**[3]。

ロバーツ：　こちらこそよろしくお願いします。

坂本：　ロバーツさんはもう長年日本に住んでいらっしゃるんですが、日本で慣れるのが一番難しかったこと**は何でしょうか**[4]。

＊　＊　＊

坂本：　じゃあ、今の若者**についてはどうお考えですか**[4]。

＊　＊　＊

坂本：　すみません、**もう一度お願いします**[5]。

＊　＊　＊

坂本：　**今日はお忙しいところをいろいろどうもありがとうございました。大変勉強になりました**[6]。

1: You can start interviewing someone by first introducing yourself.

2: First, let the interviewee know what the topic of your project is and then ask if it is all right to question him/her on this subject.

3: Conclude your introductory remark by saying よろしくお願いします.

4: It's important that you prepare a number of questions ahead of time. Your questions can be framed in such expressions as ～は何でしょうか and ～についてどうお考えですか.

5: When you did not understand what the interviewee said or when you need more explanation, you can say, for example, もう一度お願いします, もう少し詳しく話していただけませんか or ～というのはどういうことですか.

6: You can end your interview by thanking him/her. 大変勉強になりました means that you learned a lot from the interview.

運用練習

1 >>> ロールプレイ

- ペアになり、一人はインタビューする人、一人はインタビューをされる人になりなさい。インタビューをする人は、電話でインタビューをされる人にインタビューを頼み、アポイントメントをとりなさい。

2 >>> ブレーンストーミング

- 自分の国に住んでいる日本人にインタビューをするために、三人ずつのグループを作って、どんな質問をしたいか考えなさい。そして、後でクラスの人たちに発表しなさい。

3 >>> インタビュー

- 実際に日本人にインタビューをしてみましょう。**2** で考えた質問を使いなさい。

4 >>> 小グループワーク

- 日本に行ったことのある人を中心にして、小グループを作りなさい。その人に、日本人は違うなと思ったかどうか、どんな点が違うと思ったか聞きなさい。それぞれのグループは後で答えをクラスに発表しなさい。

5 >>> ペアワーク

- 自分の身近(みぢか)にあるもので、かわいいと思うものがありますか。それは何でしょうか。日本人がかわいいと思うものとあなたの国の人がかわいいと思うものとは、同じでしょうか。ペアで話し合いなさい。その後クラスに発表し、クラスで話し合いなさい。

6 >>> ブレーンストーミング

- 日本からあなたの国に入ってきているものは、どんなものですか。あなたの国から日本に輸出(ゆしゅつ)(to export) しているものは、何でしょうか。リストを作って、クラスで発表しなさい。

7 作文

次のどちらかでまとめなさい。

a) インタビューの申し込みをするメールを書きなさい。
b) 実際のインタビューをした場合は、そのインタビューをまとめて作文にしなさい。

聞き取り練習 CD 2-37

日本の会社で研修(けんしゅう) (training) をしているアメリカ人アンダーソンが、上司の松田(まつだ)と話しています。CDを聞いて、次の文が正しければ○、間違っていれば×を入れなさい。

回転(かいてん)ずし	a self-service style sushi restaurant	アボカド	avocado
脂(あぶら)	fat	まぐろ	tuna
巻(ま)きずし	rolled sushi	ツナサラダ	tuna salad

☐ a) 回転ずしのすしは、安くておいしいらしい。
☐ b) アメリカのすしレストランの客は、ほとんど日本人らしい。
☐ c) アメリカ人は、すしは体にいいと思っているようだ。
☐ d) アボカドを使ったすしは、日本のすし屋にはない。
☐ e) 日本のすしのメニューは、昔から変わっていない。

（この読み物には単語表がありません。分からない単語の意味を考えながら読みなさい。）

速読

「パーティーの会話」

マイクはアメリカからの留学生で、今学年は東京の有名な大学の国際部で、日本語や日本の経済のコースを取っている。東京ではホストファミリーを見つけるのが難しく、アパートに住んでいる。アパートに住んでいると、いつでも好きな時にパーティーができるので、パーティーの好きなマイクは、よくパーティーをする。大きくてやかましいパーティーではなくて、親（した）しい友達を何人か呼んで、飲んだり食べたりしながら話すだけの、簡単なパーティーである。そんな時には、隣に住んでいる日本人の大学生「ヒロ」を、いつも呼ぶことにしている。「ヒロ」は、本当の名前は博（ひろし）だが、アメリカ人と付き合う時には「ヒロ」というニックネームを使っている。彼は、マイクの留学している大学の経済学部の学生で、普通の日本人よりはっきり自分の意見を言うので、アメリカ人のマイクには分かりやすく、付き合いやすい。

今晩は、マイクの日本経済の教授（きょうじゅ）、前田（まえだ）先生と、そのクラスのアメリカ人留学生を何人か呼んでパーティーをするので、ヒロにも来てもらった。マイクのクラスメートたちは、まだ日本語が下手なので、ヒロに英語で日本の習慣についていろいろ質問し、ヒロはなかなか上手な英語でそれに答えていた。学生たちが来てから三十分ぐらいしたころ、前田先生が着いた。先生も入って、ディスカッションが続いた。しかし、マイクはそのうち、あることに気づき始めた。英語のディスカッションは続いているのに、ヒロがほとんど何も言わなくなってしまったのだ。話が日米関係のことになって、マイクがヒロの意見を聞くと、ヒロは前田先

生の方を見て「どうぞ」と言っただけで、何も言おうとしない。結局、先生とアメリカ人だけの話し合いになってしまった。ヒロはなぜ急に静かになってしまったのだろうか。

➲次の文を読んで、一番正しいと思われるものに○をつけなさい。

☐ **a）** ヒロはビールを飲みすぎて、何も分からなくなってしまったのだろう。

☐ **b）** ヒロは、前田先生のコースで悪い点をもらったことがあるので、恥ずかしかったのだろう。

☐ **c）** ヒロは、前田先生と留学生たちがみんな英語で話しているのが、いやになったのだろう。

☐ **d）** 日本では、こんな時に、専門家（せんもんか）の先生がいれば、その人の意見を聞くのが一番いいと考えられ、学生はあまり意見を言わないのだろう。

笑う門（かど）には福来（ふくきた）る

(*lit.*, Good fortune comes to a home where there is laughter.)

8
ことわざ

文法索引

各課の文法ノートの項目を五十音順に並べ、課と文法ノートの番号を示した。

漢字索引

この漢字索引では、
1.その漢字が初めて出た課
2.新しい読み方が出た課
について、単語とともに表示した。Rは「読めればいい漢字」、Wは「書くのを覚える漢字」、「復」は「復習漢字」、そのあとの数字はそれぞれの漢字リストでの番号を表す。

1 画

一	一	**いち**	復1
	一つ	**ひと**・つ	復2
	一般的	**いっ**・ぱん・てき	L.2-R21

2 画

九	九	**きゅう／く**	復17
	九つ	**ここの**・つ	復18
七	七	**なな／しち**	復13
十	十	**じゅう／とう**	復19
	七十歳	なな・**じゅっ**・さい	L.7-R5
二	二	**に**	復3
	二つ	**ふた**・つ	復4
人	あの人	あの・**ひと**	復50
	日本人	に・ほん・**じん**	復51
	浪人	ろう・**にん**	L.5-R23
	素人	**しろうと**	L.12-R17
入	入る	**はい**・る	復87
	入れる	**い**・れる	復88
	入学	**にゅう**・がく	L.3-W21
八	八	**はち**	復15
	八つ	**やっ**・つ	復16
力	力士	**りき**・し	L.7-R28
	魅力的	み・**りょく**・てき	L.10-R32
	力	**ちから**	L.14-W37

3 画

下	いすの下	いすの・**した**	復44
	下げる	**さ**・げる	L.2-W6
	下痢	**げ**・り	L.12-R4
	下手	**へた**	L.13-W13
	低下	てい・**か**	L.14-W25
久	久しぶり	**ひさ**・しぶり	L.4-W22
及	及ぼす	**およ**・ぼす	L.15-R27
己	自己	じ・**こ**	L.1-R39
口	人口	じん・**こう**	L.4-W9
	改札口	かい・さつ・**ぐち**	L.7-R12
工	電気工学	でん・き・**こう**・がく	L.1-W14
才	天才	てん・**さい**	L.8-W30
三	三	**さん**	復5
	三つ	**みっ**・つ	復6
	三田	**み**・た	L.1-W10
山	山田	**やま**・だ	復66
	山荘	**さん**・そう	L.13-R28
士	弁護士	べん・ご・**し**	L.4-R4
子	子	**こ**	復57
	調子	ちょう・**し**	L.5-R9
	様子	よう・**す**	L.5-R11
女	女	**おんな**	復56
	女性	**じょ**・せい	L.1-W24
小	小さい	**ちい**・さい	復34
	小林	**こ**・ばやし	L.7-W1
	小学校	**しょう**・がっ・こう	L.13-W27
上	つくえの上	つくえの・**うえ**	復42
	上手	**じょう**・ず	L.1-W18
	召し上がる	め・し・**あ**・がる	L.6-R9
夕	夕食	**ゆう**・しょく	L.4-W21
千	千	**せん**	復21
大	大きい	**おお**・きい	復33
	大学	**だい**・がく	復63
	大変	**たい**・へん	L.2-W13
土	土よう日	**ど**・よう・び	復30
	土地	**と**・ち	L.9-W19
万	万	**まん**	復22
与	与える	**あた**・える	L.11-W23

4 画

引	引っ越す	**ひ**・っ・こ・す	L.1-R37
	引用	**いん**・よう	L.6-R1
円	円	**えん**	復23
火	火よう日	**か**・よう・び	復26
化	文化	ぶん・**か**	L.1-W23

介	紹介	しょう・**かい**	L.1-R1
牛	牛	**うし**	L.10-W29
月	月よう日	**げつ**・よう・び	復25
	四月	し・**がつ**	復31
	毎月	まい・**つき**	復73
元	元気	**げん**・き	復72
	平成元年	へい・せい・**がん**・ねん	L.11-W34
戸	江戸	え・**ど**	L.8-W31
	神戸	こう・**べ**	L.10-R23
	戸籍	**こ**・せき	L.14-R38
互	お互い	お・**たが**・い	L.1-R40
午	午後	**ご**・ご	L.1-R26
五	五	**ご**	復9
	五つ	**いつ**・つ	復10
公	不公平	ふ・**こう**・へい	L.14-W38
今	今	**いま**	復41
	今度	**こん**・ど	L.1-W19
	今年	**こ**・とし	L.1-W9
	今日	**きょう**	L.1-R25
	今朝	**けさ**	L.12-W12
止	呼び止める	よ・び・**と**・める	L.6-W22
支	支える	**ささ**・える	L.14-R19
手	上手	じょう・**ず**	L.1-W18
	相手	あい・**て**	L.2-W29
	運転手	うん・てん・**しゅ**	L.6-R17
	下手	**へた**	L.13-W13
収	収入	**しゅう**・にゅう	L.14-W6
	収める	**おさ**・める	L.15-W22
少	少し	**すこ**・し	復45
	少子化	**しょう**・し・か	L.5-R29
	少ない	**すく**・ない	L.5-W23
冗	冗談	**じょう**・だん	L.10-R13
心	熱心に	ねっ・**しん**・に	L.4-R18
	居心地	い・**ごこ**・ち	L.15-R3
水	水よう日	**すい**・よう・び	復27
井	今井	いま・**い**	L.6-W11
切	締め切り	し・め・**き**・り	L.3-R7
	切手	**きっ**・て	L.3-W6
	大切	たい・**せつ**	L.5-W20

太	太平洋	**たい**・へい・よう	L.7-W27
中	へやの中	へやの・**なか**	復43
	中学	**ちゅう**・がく	L.1-W22
天	天気	**てん**・き	復71
日	日よう日	**にち**・よう・**び**	復24
	日本人	**に**・ほん・じん	復51
	今日	**きょう**	L.1-R25
	日付変更線	**ひ**・づけ・へん・こう・せん	L.1-R28
	日記	**にっ**・き	L.1-W36
	数日前	すう・**じつ**・まえ	L.2-W38
	明日	**あした**	L.7-W17
反	反対	**はん**・たい	L.13-W5
比	比べる	**くら**・べる	L.6-W30
	前年比	ぜん・ねん・**ひ**	L.14-W22
不	不便	**ふ**・べん	L.8-W26
	不気味	**ぶ**・き・み	L.9-W20
夫	夫婦	**ふう**・ふ	L.14-W3
	夫	**おっと**	L.14-W33
父	父	**ちち**	復58
	お父さん	お・**とう**・さん	復59
仏	仏教	**ぶっ**・きょう	L.4-W36
分	五分	ご・**ふん**	復49
	自分	じ・**ぶん**	L.1-W41
	分かる	**わ**・かる	L.2-W7
文	文化	**ぶん**・か	L.1-W23
	決まり文句	き・まり・**もん**・く	L.2-W39
片	片付ける	**かた**・づ・ける	L.6-R20
方	仕方	し・**かた**	L.1-W47
	方が	**ほう**・が	L.2-W41
毛	毛布	**もう**・ふ	L.15-R44
木	木よう日	**もく**・よう・び	復28
友	友だち	**とも**・だち	復102
	友人	**ゆう**・じん	L.2-W31
予	予習	**よ**・しゅう	L.5-W10
六	六	**ろく**	復11
	六つ	**むっ**・つ	復12

5 画 >>>>>

以	以外	**い**・がい	L.3-W19

	お母さん	お・**かあ**・さん	復61
北	京浜東北	けい・ひん・とう・**ほく**	L.7-R10
	北海道	**ほっ**・かい・どう	L.8-W21
	南北	なん・**ぼく**	L.10-W32
本	日本人	に・**ほん**・じん	復51
	坂本	さか・**もと**	L.9-R5
末	期末試験	き・**まつ**・し・けん	L.3-R2
	末	**すえ**	L.4-W24
未	未婚者	**み**・こん・しゃ	L.14-W24
民	民宿	**みん**・しゅく	L.10-W17
矛	矛盾	**む**・じゅん	L.13-R24
目	目覚まし時計	**め**・ざ・まし・ど・けい	L.2-W8
	目的	**もく**・てき	L.3-W18
由	理由	り・**ゆう**	L.5-W21
用	用語	**よう**・ご	L.2-W40
立	役に立つ	やく・に・**た**・つ	L.4-W31
	立派	**りっ**・ぱ	L.8-R31
	独立	どく・**りつ**	L.11-W6
礼	失礼	しつ・**れい**	L.1-W3

6 画 >>>>>

安	安い	**やす**・い	復39
衣	浴衣	**ゆかた**	L.10-R14
印	印象	**いん**・しょう	L.15-W9
汚	汚い	**きたな**・い	L.15-R34
会	会社	**かい**・しゃ	復69
	会う	**あ**・う	復94
	会釈	**え**・しゃく	L.2-R2
回	一回	いっ・**かい**	L.4-W39
	言い回し	い・い・**まわ**・し	L.15-R11
各	各地	**かく**・ち	L.10-W43
企	企画	**き**・かく	L.14-W15
机	机	**つくえ**	L.10-W4
気	天気	てん・**き**	復71
	寒気	さむ・**け**	L.12-W6
肌	肌寒い	**はだ**・ざむ・い	L.15-R42
吉	吉田	**よし**・だ	L.2-W19
休	休む	**やす**・む	復92
	休暇	**きゅう**・か	L.1-R18
吸	吸収	**きゅう**・しゅう	L.15-R31
共	共ばたらき	**とも**・ばたらき	L.14-W34
好	好き	**す**・き	復46
	好む	**この**・む	L.15-R5
交	交換	**こう**・かん	L.3-R12
光	観光	かん・**こう**	L.9-R12
向	傾向	けい・**こう**	L.5-R24
	向かう	**む**・かう	L.8-W20
江	江戸	**え**・ど	L.8-W31
考	考え方	**かんが**・え・かた	L.1-W50
	書類選考	しょ・るい・せん・**こう**	L.3-R18
行	行く	**い**・く	復75
	飛行機	ひ・**こう**・き	L.1-R13
	行う	**おこな**・う	L.3-W17
合	場合	ば・**あい**	L.3-R13
	付き合い	つ・き・**あ**・い	L.5-W30
	合衆国	**がっ**・しゅう・こく	L.13-R17
	総合職	そう・**ごう**・しょく	L.14-R8
再	再び	**ふたた**・び	L.13-R26
在	現在	げん・**ざい**	L.12-W18
死	戦死	せん・**し**	L.7-W29
字	漢字	かん・**じ**	L.4-W38
寺	寺	**てら**	L.10-W41
次	次の年	**つぎ**・の・とし	L.5-W19
	第二次大戦	だい・に・**じ**・たい・せん	L.10-W40
耳	耳	**みみ**	L.15-W14
自	自己	**じ**・こ	L.1-R39
	自然	**し**・ぜん	L.10-R17
式	正式	せい・**しき**	L.13-W11
守	守る	**まも**・る	L.15-R35
州	州都	**しゅう**・と	L.4-R7
色	色	**いろ**	L.9-W4
	景色	け・**しき**	L.10-R20
成	成田	**なり**・た	L.1-W37
	成績	**せい**・せき	L.3-R20
西	南西	なん・**せい**	L.8-W5
先	先生	**せん**・せい	復65
	先に	**さき**・に	L.2-W17
全	全部	**ぜん**・ぶ	L.3-W22

	全く	**まった**・く	L.11-W29
早	早い	**はや**・い	復37
	早速	**さっ**・そく	L.8-W11
争	戦争	せん・**そう**	L.7-W28
多	多い	**おお**・い	L.1-W11
	多分	**た**・ぶん	L.2-W26
宅	住宅事情	じゅう・**たく**・じ・じょう	L.3-R36
地	地域	**ち**・いき	L.7-R21
池	池田	**いけ**・だ	L.1-R3
仲	仲直り	**なか**・なお・り	L.15-R17
伝	伝える	**つた**・える	L.4-R24
	宣伝	せん・**でん**	L.6-R27
吐	吐く	**は**・く	L.12-R2
当	適当	てき・**とう**	L.1-R36
	当たる	**あ**・たる	L.2-W28
同	同じ	**おな**・じ	L.1-W40
	同室	**どう**・しつ	L.2-R7
任	主任	しゅ・**にん**	L.8-W4
	任せる	**まか**・せる	L.15-W6
年	一年	いち・**ねん**	復47
	毎年	まい・**とし**	復74
米	日米	にち・**べい**	L.2-W24
百	百	**ひゃく**	復20
忙	忙しい	**いそが**・しい	復40
毎	毎月	**まい**・つき	復73
名	名前	**な**・まえ	復67
	名刺	**めい**・し	L.1-R23
有	有名	**ゆう**・めい	L.4-W11
羊	羊	**ひつじ**	L.10-R19
両	両親	**りょう**・しん	L.1-R22

7 画 >>>>>

位	単位	たん・**い**	L.3-R24
囲	雰囲気	ふん・**い**・き	L.12-R14
医	医者	**い**・しゃ	L.12-W3
応	応援	**おう**・えん	L.7-R24
何	何	**なに／なん**	復101
我	我慢	**が**・まん	L.11-R5
快	快速	**かい**・そく	L.7-R11
改	改札口	**かい**・さつ・ぐち	L.7-R12
含	含む	**ふく**・む	L.6-R23
希	希望者	**き**・ぼう・しゃ	L.3-R35
技	特技	とく・**ぎ**	L.8-W10
求	求める	**もと**・める	L.4-R10
	請求書	せい・**きゅう**・しょ	L.6-R11
究	研究室	けん・**きゅう**・しつ	L.3-R1
局	結局	けっ・**きょく**	L.1-R35
近	近い	**ちか**・い	L.1-W42
	最近	さい・**きん**	L.5-R25
君	ブラウン君	ぶらうん・**くん**	L.1-W13
	君も	**きみ**・も	L.1-W17
形	形容	**けい**・よう	L.11-R11
芸	芸術	**げい**・じゅつ	L.10-R25
迎	迎える	**むか**・える	L.1-R30
	歓迎会	かん・**げい**・かい	L.5-R15
決	決まり文句	**き**・まり・もん・く	L.2-W39
	決心	**けっ**・しん	L.8-W16
見	見る	**み**・る	復81
	見物	**けん**・ぶつ	L.10-W19
言	言う	**い**・う	復91
	言葉	**こと**・ば	L.2-R1
	助言	じょ・**げん**	L.11-W22
攻	専攻	せん・**こう**	L.1-W15
更	日付変更線	ひ・づけ・へん・**こう**・せん	L.1-R28
克	克服	**こく**・ふく	L.13-R25
困	困る	**こま**・る	L.2-W25
佐	佐藤	**さ**・とう	L.5-R7
材	材料	**ざい**・りょう	L.15-W42
作	作る	**つく**・る	復96
伺	伺う	**うかが**・う	L.5-W3
私	私	**わたし**	L.1-W28
似	似る	**に**・る	L.4-W7
	真似	ま・**ね**	L.15-R33
児	育児	いく・**じ**	L.14-W26
社	会社	かい・**しゃ**	復69
	神社	じん・**じゃ**	L.10-W42
車	車	**くるま**	復68
	自転車	じ・てん・**しゃ**	L.4-W18

秀	優秀	ゆう・**しゅう**	L.15-R39
住	住む	**す**・む	復100
	住宅事情	**じゅう**・たく・じ・じょう	L.3-R36
初	初めて	**はじ**・めて	L.1-W1
	最初	さい・**しょ**	L.13-W24
助	助ける	**たす**・ける	L.3-W20
	助言	**じょ**・げん	L.11-W22
序	秩序	ちつ・**じょ**	L.10-R29
床	床屋	**とこ**・や	L.6-R25
条	条約	**じょう**・やく	L.8-R30
状	推薦状	すい・せん・**じょう**	L.3-R3
身	出身	しゅっ・**しん**	L.7-W38
	身振り	**み**・ぶ・り	L.11-R14
伸	伸ばす	**の**・ばす	L.15-R28
図	地図	ち・**ず**	L.12-W4
	図書館	**と**・しょ・かん	L.13-R10
声	声	**こえ**	L.2-W10
赤	赤	**あか**	L.9-W5
折	折る	**お**・る	L.13-R19
走	走る	**はし**・る	L.10-W26
足	足りる	**た**・りる	L.4-R23
	足	**あし**	L.11-W8
村	村	**むら**	L.10-W31
妥	妥協	**だ**・きょう	L.15-R6
体	体重	**たい**・じゅう	L.4-R22
	体	**からだ**	L.4-W34
対	対して	**たい**・して	L.2-W36
沢	黒沢	くろ・**さわ**	L.7-R13
	贅沢	ぜい・**たく**	L.9-R13
男	男	**おとこ**	復55
	男性	**だん**・せい	L.1-W45
町	町	**まち**	L.1-W38
低	低下	**てい**・か	L.14-W25
弟	弟	**おとうと**	L.11-W14
努	努力	**ど**・りょく	L.14-W36
投	投げる	**な**・げる	L.7-R18
売	売る	**う**・る	L.6-W15
	発売	はつ・**ばい**	L.15-W11
坂	坂本	**さか**・もと	L.9-R5

阪	大阪	おお・**さか**	L.10-R21
判	批判	ひ・**はん**	L.10-R28
否	否定	**ひ**・てい	L.14-W39
批	批判	**ひ**・はん	L.10-R28
別	別れる	**わか**・れる	L.2-R19
	別科	**べっ**・か	L.3-R27
	別に	**べつ**・に	L.4-W3
返	返す	**かえ**・す	L.8-W28
坊	寝坊	ね・**ぼう**	L.11-R4
妨	妨げ	**さまた**・げ	L.11-R25
忘	忘れる	**わす**・れる	L.3-W2
役	役に立つ	**やく**・に・た・つ	L.4-W31
余	余る	**あま**・る	L.11-W21
	余地	**よ**・ち	L.15-R37
来	来る	**く**・る	復76
	来年	**らい**・ねん	復77
卵	卵	**たまご**	L.6-R5
利	利用	**り**・よう	L.3-W12
	利く	**き**・く	L.15-R43
良	奈良	な・**ら**	L.10-R34
冷	冷酷	**れい**・こく	L.15-R38
戻	戻る	**もど**・る	L.8-R29
励	励ます	**はげ**・ます	L.13-W21
呂	風呂	ふ・**ろ**	L.10-R12
労	労働力	**ろう**・どう・りょく	L.14-W21

8 画 >>>>>

育	育つ	**そだ**・つ	L.1-R20
	教育	きょう・**いく**	L.2-W47
雨	大雨	おお・**あめ**	L.2-W15
英	英語	**えい**・ご	復53
延	延長線上	**えん**・ちょう・せん・じょう	L.15-R24
欧	欧米	**おう**・べい	L.7-W34
価	物価	ぶっ・**か**	L.6-W31
果	果物	**くだ**・もの	L.9-R10
	結果	けっ・**か**	L.11-W27
画	映画	えい・**が**	L.7-W16
	企画	き・**かく**	L.14-W15
学	大学	だい・**がく**	復63

非	非常	**ひ**・じょう	L.2-R17
表	発表	はっ・**ぴょう**	L.5-R5
	時刻表	じ・こく・**ひょう**	L.10-R2
	表す通り	**あらわ**・す・とお・り	L.15-W25
府	幕府	ばく・**ふ**	L.8-R21
服	服用	**ふく**・よう	L.12-R5
物	物	**もの**	L.4-R21
	荷物	に・**もつ**	L.6-R18
	実物	じつ・**ぶつ**	L.6-W6
	物価	**ぶっ**・か	L.6-W31
並	並	**なみ**	L.6-R8
	並ぶ	**なら**・ぶ	L.7-W19
歩	歩く	**ある**・く	L.1-W43
	一歩	いっ・**ぽ**	L.5-W8
抱	抱く	**いだ**・く	L.8-R16
放	放映	**ほう**・えい	L.7-W33
法	文法	ぶん・**ぽう**	L.1-W49
	方法	ほう・**ほう**	L.8-W18
房	暖房	だん・**ぼう**	L.15-W34
妹	妹	**いもうと**	L.4-W5
枚	三枚	さん・**まい**	L.3-W3
味	趣味	しゅ・**み**	L.1-R7
命	一生懸命	いっ・しょう・けん・**めい**	L.13-R2
明	説明	せつ・**めい**	L.2-W33
	明日	**あした**	L.7-W17
	明らか	**あき**・らか	L.9-W24
	明るい	**あか**・るい	L.11-W12
夜	徹夜	てつ・**や**	L.7-R16
	夜	**よる**	L.10-W37
林	小林	こ・**ばやし**	L.7-W1
例	例	**れい**	L.2-W1
	例えば	**たと**・えば	L.2-W34
和	和室	**わ**・しつ	L.10-W15

9 画 >>>>>

胃	胃	**い**	L.12-W19
映	映画	**えい**・が	L.7-W16
音	音楽	**おん**・がく	L.3-W26
	音	**おと**	L.7-W5
科	別科	べっ・**か**	L.3-R27
悔	悔やむ	**く**・やむ	L.11-R24
海	近海	きん・**かい**	L.8-W17
界	世界	せ・**かい**	L.10-W33
皆	皆さん	**みな**・さん	L.4-R9
活	活動	**かつ**・どう	L.3-R33
客	客	**きゃく**	L.2-W42
逆	逆に	**ぎゃく**・に	L.14-R20
急	急ぐ	**いそ**・ぐ	L.2-W16
級	同級生	どう・**きゅう**・せい	L.2-R14
係	係	**かかり**	L.8-W3
	関係	かん・**けい**	L.11-W2
計	目覚まし時計	め・ざ・まし・ど・**けい**	L.2-W8
建	建物	**たて**・もの	L.5-R2
	建築家	**けん**・ちく・か	L.15-W28
研	研究室	**けん**・きゅう・しつ	L.3-R1
県	県	**けん**	L.7-W32
限	限る	**かぎ**・る	L.6-W16
	無限	む・**げん**	L.11-R21
後	午後	ご・**ご**	L.1-R26
	後で	**あと**・で	L.2-W18
	後略	**こう**・りゃく	L.11-R27
厚	厚焼き卵	**あつ**・や・き・たまご	L.14-R5
	厚生労働省	**こう**・せい・ろう・どう・しょう	L.14-R14
紅	紅葉	**こう**・よう	L.4-R13
査	調査	ちょう・**さ**	L.5-R27
指	指定席	**し**・てい・せき	L.10-R4
	指差す	**ゆび**・さ・す	L.13-R20
思	思う	**おも**・う	復86
持	持つ	**も**・つ	復97
室	同室	どう・**しつ**	L.2-R7
首	首都	**しゅ**・と	L.15-W30
秋	秋	**あき**	L.4-W15
柔	柔軟	**じゅう**・なん	L.14-R25
重	体重	たい・**じゅう**	L.4-R22
	重っ苦しい	**おも**・っ・くる・しい	L.12-W20
祝	お祝い	お・**いわ**・い	L.7-W3
春	春	**はる**	L.4-W14
盾	矛盾	む・**じゅん**	L.13-R24

省	厚生労働省	こう・せい・ろう・どう・**しょう**	L.14-R14
乗	乗る	**の**・る	L.4-W33
	乗車	**じょう**・しゃ	L.10-W9
城	城	**しろ**	L.10-R35
食	食べる	**た**・べる	復78
	日本食	に・ほん・**しょく**	復79
信	確信	かく・**しん**	L.15-W33
神	神戸	**こう**・べ	L.10-R23
	神社	**じん**・じゃ	L.10-W42
	精神	せい・**しん**	L.11-W30
政	政治	**せい**・じ	L.3-R31
宣	宣伝	**せん**・でん	L.6-R27
専	専攻	**せん**・こう	L.1-W15
泉	温泉	おん・**せん**	L.10-R37
洗	洗う	**あら**・う	L.10-W21
	洗濯	**せん**・たく	L.11-R22
前	前	**まえ**	L.1-W7
	前年比	**ぜん**・ねん・ひ	L.14-W22
祖	祖先	**そ**・せん	L.8-R14
相	相手	**あい**・て	L.2-W29
	相談	**そう**・だん	L.5-R8
	大相撲	おお・**ず**・もう	L.7-R27
荘	別荘	べっ・**そう**	L.13-R15
送	送る	**おく**・る	L.3-W7
待	待つ	**ま**・つ	復98
	招待	しょう・**たい**	L.9-W23
耐	耐える	**た**・える	L.14-R34
単	単位	**たん**・い	L.3-R24
茶	お茶	お・**ちゃ**	L.6-W13
	喫茶店	きっ・**さ**・てん	L.11-R2
昼	昼食	**ちゅう**・しょく	L.6-W10
	昼間	**ひる**・ま	L.14-W2
珍	珍しい	**めずら**・しい	L.4-R5
点	いい点	いい・**てん**	L.5-W27
度	今度	こん・**ど**	L.1-W19
独	独立	**どく**・りつ	L.11-W6
南	南西	**なん**・せい	L.8-W5
	南	**みなみ**	L.10-W25
派	立派	りっ・**ぱ**	L.8-R31
背	背	**せ**	L.4-R3
発	発表	**はっ**・ぴょう	L.5-R5
	〜発	〜・**はつ**	L.10-W6
飛	飛行機	**ひ**・こう・き	L.1-R13
	飛びつく	**と**・びつく	L.15-W13
美	美しい	**うつく**・しい	L.1-W48
	美容院	**び**・よう・いん	L.6-R26
	真美	ま・**み**	L.11-R3
品	部品	ぶ・**ひん**	L.7-W6
負	負ける	**ま**・ける	L.7-W26
風	風呂	**ふ**・ろ	L.10-R12
	風に	**ふう**・に	L.15-W16
変	日付変更線	ひ・づけ・**へん**・こう・せん	L.1-R28
	変わる	**か**・わる	L.4-W35
便	便利	**べん**・り	L.3-W14
前	名前	な・**まえ**	復67
姪	姪	**めい**	L.8-R26
面	面接	**めん**・せつ	L.3-R19
	面白い	**おも**・しろ・い	L.4-R14
	しかめっ面	しかめっ・**つら**	L.12-W11
屋	部屋	へ・**や**	L.2-R6
約	条約	じょう・**やく**	L.8-R30
洋	太平洋	たい・へい・**よう**	L.7-W27
要	重要	じゅう・**よう**	L.5-W28
郎	一郎	いち・**ろう**	L.2-R13

10画 >>>>>

案	提案	てい・**あん**	L.15-R15
員	事務員	じ・む・**いん**	L.5-R1
院	大学院生	だい・がく・**いん**・せい	L.1-W12
宴	披露宴	ひ・ろう・**えん**	L.9-R3
桜	桜島	**さくら**・じま	L.10-R36
夏	夏	**なつ**	L.4-W25
家	家	**いえ**	L.1-W34
	家族	**か**・ぞく	L.1-R10
華	中華	ちゅう・**か**	L.13-R11
害	被害	ひ・**がい**	L.10-R33
格	性格	せい・**かく**	L.3-R21
既	既婚者	**き**・こん・しゃ	L.14-W19

帰	帰る	**かえ**・る	L.1-W25
	帰国	**き**・こく	L.3-W24
記	日記	にっ・**き**	L.1-W36
起	起きる	**お**・きる	L.12-W10
	起業	**き**・ぎょう	L.14-R23
挙	挙げる	**あ**・げる	L.14-R28
兼	兼業	**けん**・ぎょう	L.14-R31
原	秋葉原	あき・は・**ばら**	L.7-R7
	原題	**げん**・だい	L.15-W24
個	個人	**こ**・じん	L.8-W8
校	高校	こう・**こう**	復62
降	降る	**ふ**・る	L.2-R12
	降りる	**お**・りる	L.6-R16
高	高校	**こう**・こう	復62
	高い	**たか**・い	復38
根	箱根	はこ・**ね**	L.10-R7
差	時差	じ・**さ**	L.1-R32
座	座る	**すわ**・る	L.1-R14
	オリオン座	おりおん・**ざ**	L.7-R15
財	財布	**さい**・ふ	L.4-R2
酒	居酒屋	い・**ざか**・や	L.5-R14
残	残念	**ざん**・ねん	L.7-R6
	残る	**のこ**・る	L.10-W28
師	教師	きょう・**し**	L.8-W2
紙	用紙	よう・**し**	L.3-R5
	紙	**かみ**	L.3-R6
	貼り紙	は・り・**がみ**	L.5-R4
時	時間	**じ**・かん	復48
	時	**とき**	L.1-W20
	目覚まし時計	め・ざ・まし・**ど**・けい	L.2-W8
借	借りる	**か**・りる	L.4-W19
修	修身	**しゅう**・しん	L.13-R22
書	書く	**か**・く	復83
	書類選考	**しょ**・るい・せん・こう	L.3-R18
将	将来	**しょう**・らい	L.5-R16
消	消す	**け**・す	L.15-W36
症	症状	**しょう**・じょう	L.12-W17
笑	笑顔	**え**・がお	L.11-R9
	笑う	**わら**・う	L.13-W4
振	三振	さん・**しん**	L.7-R19
	身振り	み・**ぶ**・り	L.11-R14
真	写真	しゃ・**しん**	L.4-W1
	真美	**ま**・み	L.11-R3
粋	粋(な)	**いき**・(な)	L.15-R14
素	素人	**しろうと**	L.12-R17
席	席	**せき**	L.6-W14
速	速い	**はや**・い	L.4-W28
	快速	かい・**そく**	L.7-R11
帯	携帯	けい・**たい**	L.4-R17
値	価値	か・**ち**	L.15-W21
恥	恥ずかしい	**は**・ずかしい	L.13-W23
秩	秩序	**ちつ**・じょ	L.10-R29
通	普通	ふ・**つう**	L.3-R16
	表す通り	あらわ・す・**とお**・り	L.15-W25
庭	家庭	か・**てい**	L.3-R34
展	発展	はっ・**てん**	L.15-W43
徒	生徒	せい・**と**	L.5-W17
倒	面倒	めん・**どう**	L.6-R15
唐	唐	**とう**	L.13-R9
島	島	**しま**	L.5-W14
	無人島	む・じん・**とう**	L.5-R13
	桜島	さくら・**じま**	L.10-R36
特	特に	**とく**・に	L.3-W30
荷	荷物	**に**・もつ	L.6-R18
悩	悩む	**なや**・む	L.14-R10
納	納得	**なっ**・とく	L.11-R18
能	可能	か・**のう**	L.15-W39
破	難破	なん・**ぱ**	L.8-R24
	破綻	**は**・たん	L.14-R40
馬	馬	**うま**	L.10-W30
俳	俳優	**はい**・ゆう	L.13-R3
配	心配	しん・**ぱい**	L.5-R10
	気配り	き・**くば**・り	L.15-R2
倍	何倍も	なん・**ばい**・も	L.13-W30
般	一般的	いっ・**ぱん**・てき	L.2-R21
疲	疲れる	**つか**・れる	L.10-W18
被	被害	**ひ**・がい	L.10-R33
病	病気	**びょう**・き	L.2-R16

浜	京浜東北	けい・**ひん**・とう・ほく	L.7-R10
	横浜	よこ・**はま**	L.10-R22
敏	敏感	**びん**・かん	L.15-R9
勉	勉強	**べん**・きょう	復64
倣	模倣	も・**ほう**	L.15-R32
脈	文脈	ぶん・**みゃく**	L.15-R13
眠	眠る	**ねむ**・る	L.1-R33
娘	娘	**むすめ**	L.1-R41
容	美容院	び・**よう**・いん	L.6-R26
浴	浴衣	**ゆかた**	L.10-R14
	浴びせる	**あ**・びせる	L.12-W21
流	一流	いち・**りゅう**	L.5-R17
	流れ着く	**なが**・れ・つ・く	L.8-R13
留	留学	**りゅう**・がく	L.1-W8
旅	旅行	**りょ**・こう	L.6-W18
料	授業料	じゅ・ぎょう・**りょう**	L.3-R14
涙	涙	**なみだ**	L.11-W32
恋	恋人	**こい**・びと	L.9-W25
連	連れる	**つ**・れる	L.1-R34
	連絡先	**れん**・らく・さき	L.10-R11
浪	浪人	**ろう**・にん	L.5-R23

11 画 >>>>>

悪	悪い	**わる**・い	L.3-W10
	悪循環	**あく**・じゅん・かん	L.9-R14
異	異文化圏	**い**・ぶん・か・けん	L.11-R19
	異なる	**こと**・なる	L.13-R21
移	移る	**うつ**・る	L.5-W7
域	地域	ち・**いき**	L.7-R21
陰	陰	**かげ**	L.11-R20
械	機械	き・**かい**	L.14-R9
患	患者	**かん**・じゃ	L.12-R10
基	基準	**き**・じゅん	L.15-R19
寄	寄る	**よ**・る	L.3-R10
球	野球	や・**きゅう**	L.7-R2
許	許可	**きょ**・か	L.4-R1
	許す	**ゆる**・す	L.8-W14
強	勉強	べん・**きょう**	復64
	強い	**つよ**・い	L.5-W24
教	教える	**おし**・える	L.1-W6
	教育	**きょう**・いく	L.2-W47
	教わる	**おそ**・わる	L.15-W3
偶	偶然	**ぐう**・ぜん	L.4-R11
掲	掲示板	**けい**・じ・ばん	L.8-R6
経	経済	**けい**・ざい	L.3-R30
掛	掛ける	**か**・ける	L.15-R45
健	健一	**けん**・いち	L.6-R12
現	現代史	**げん**・だい・し	L.5-W12
	現れる	**あらわ**・れる	L.8-W24
黒	黒沢	**くろ**・さわ	L.7-R13
	黒板	**こく**・ばん	L.13-W14
頃	その頃	その・**ころ**	L.13-R12
婚	結婚	けっ・**こん**	L.9-W9
混	混雑	**こん**・ざつ	L.10-R27
紺	紺	**こん**	L.9-R4
済	経済	けい・**ざい**	L.3-R30
	済む	**す**・む	L.4-R16
崎	長崎	なが・**さき**	L.8-R23
産	産物	**さん**・ぶつ	L.9-R11
	産む	**う**・む	L.14-W32
視	視野	**し**・や	L.15-R46
捨	捨てる	**す**・てる	L.15-R7
釈	会釈	え・**しゃく**	L.2-R2
寂	寂しい	**さび**・しい	L.14-R2
授	授業	**じゅ**・ぎょう	L.2-R10
終	終わる	**お**・わる	L.2-R9
習	習う	**なら**・う	復99
	予習	よ・**しゅう**	L.5-W10
週	～週間	～・**しゅう**・かん	L.1-R17
宿	宿題	**しゅく**・だい	L.1-R2
	宿	**やど**	L.10-R9
術	芸術	げい・**じゅつ**	L.10-R25
商	商業	**しょう**・ぎょう	L.10-W36
渉	交渉	こう・**しょう**	L.3-R26
紹	紹介	**しょう**・かい	L.1-R1
常	非常	ひ・**じょう**	L.2-R17
	常に	**つね**・に	L.11-W19
情	住宅事情	じゅう・たく・じ・**じょう**	L.3-R36

深	深く	**ふか**・く	L.15-R26
進	進歩	**しん**・ぽ	L.13-R8
推	推薦状	**すい**・せん・じょう	L.3-R3
盛	盛ん(な)	**さか**・ん・(な)	L.7-W20
戚	親戚	しん・**せき**	L.9-R9
接	面接	めん・**せつ**	L.3-R19
船	船員	**せん**・いん	L.8-R19
組	組み立てる	**く**・み・た・てる	L.7-W7
	同棲組	どう・せい・**ぐみ**	L.14-R39
窓	窓口	**まど**・ぐち	L.10-W3
族	家族	か・**ぞく**	L.1-R10
第	第一	**だい**・いち	L.5-W29
脱	脱線	**だっ**・せん	L.12-R16
探	探す	**さが**・す	L.8-W1
断	判断	はん・**だん**	L.15-W17
著	著者	**ちょ**・しゃ	L.15-W23
張	出張	しゅっ・**ちょう**	L.10-W11
眺	眺め	**なが**・め	L.10-R10
鳥	鳥	**とり**	L.6-W8
転	自転車	じ・**てん**・しゃ	L.4-W18
都	京都	きょう・**と**	L.1-R19
	都	**みやこ**	L.10-W39
	都合	**つ**・ごう	L.15-W2
動	活動	かつ・**どう**	L.3-R33
堂	食堂	しょく・**どう**	L.6-R21
得	得る	**え**・る	L.11-R8
	納得	なっ・**とく**	L.11-R18
軟	軟らかい	**やわ**・らかい	L.12-R6
	柔軟	じゅう・**なん**	L.14-R25
敗	失敗	しっ・**ぱい**	L.11-W25
婦	主婦	しゅ・**ふ**	L.8-R3
	新婦	しん・**ぷ**	L.9-W22
符	切符	きっ・**ぷ**	L.10-W2
部	学部	がく・**ぶ**	L.1-W16
	部屋	**へ**・や	L.2-R6
訪	訪問	**ほう**・もん	L.7-W23
	訪ねる	**たず**・ねる	L.9-W18
望	希望者	き・**ぼう**・しゃ	L.3-R35
	望む	**のぞ**・む	L.14-R6
務	事務員	じ・**む**・いん	L.5-R1
問	質問	しつ・**もん**	L.2-R15
野	野球	**や**・きゅう	L.7-R2
	長野	なが・**の**	L.13-R1
訳	訳す	**やく**・す	L.2-W32
欲	欲しい	**ほ**・しい	L.7-W8
	食欲	しょく・**よく**	L.12-W7
翌	翌〜年	**よく**・〜・ねん	L.8-R25
理	料理	りょう・**り**	L.4-R20
陸	大陸	たい・**りく**	L.8-R11
率	率	**りつ**	L.14-R18
略	後略	こう・**りゃく**	L.11-R27

12画 >>>>>

握	握る	**にぎ**・る	L.6-R7
飲	飲む	**の**・む	復80
運	運転手	**うん**・てん・しゅ	L.6-R17
	運ぶ	**はこ**・ぶ	L.6-R19
越	引っ越す	ひ・っ・**こ**・す	L.1-R37
援	応援	おう・**えん**	L.7-R24
温	温かい	**あたた**・かい	L.8-R18
	温泉	**おん**・せん	L.10-R37
過	過ごす	**す**・ごす	L.11-R7
開	開国	**かい**・こく	L.8-R27
	開ける	**あ**・ける	L.9-W3
街	電気街	でん・き・**がい**	L.7-R8
	街	**まち**	L.11-R1
覚	覚える	**おぼ**・える	L.2-W44
	目覚まし時計	め・**ざ**・まし・ど・けい	L.2-W8
	自覚	じ・**かく**	L.15-W27
寒	寒い	**さむ**・い	L.2-R18
	肌寒い	はだ・**ざむ**・い	L.15-R42
換	交換	こう・**かん**	L.3-R12
間	時間	じ・**かん**	復48
	間	**あいだ**	L.1-W32
	間違える	**ま**・ちが・える	L.4-W10
	人間	にん・**げん**	L.11-W7
喜	喜んで	**よろこ**・んで	L.7-R4
期	期末試験	**き**・まつ・し・けん	L.3-R2

	紅葉	こう・**よう**	L.4-R13
	秋葉原	あき・**は**・ばら	L.7-R7
絡	連絡先	れん・**らく**・さき	L.10-R11
落	落ちる	**お**・ちる	L.5-R22
	脱落	だつ・**らく**	L.13-R29
痢	下痢	げ・**り**	L.12-R4
森	森山	**もり**・やま	L.8-R10
割	割合	**わり**・あい	L.14-R16
湾	湾	**わん**	L.8-R28

13 画 >>>>>

意	意味	**い**・み	L.2-W5
違	違う	**ちが**・う	L.1-R42
	相違	そう・**い**	L.11-W15
園	果樹園	か・じゅ・**えん**	L.13-R18
遠	遠い	**とお**・い	L.4-W17
遠	遠慮	**えん**・りょ	L.9-R2
暇	休暇	きゅう・**か**	L.1-R18
	暇(な)	**ひま**・(な)	L.13-R7
解	難解さ	なん・**かい**・さ	L.13-W31
楽	音楽	おん・**がく**	L.3-W26
	楽(な)	**らく**・な	L.5-W26
	楽しみ	**たの**・しみ	L.7-W15
滑	滑稽	**こっ**・けい	L.15-R41
勧	勧誘	**かん**・ゆう	L.5-R12
	勧める	**すす**・める	L.13-R16
幹	新幹線	しん・**かん**・せん	L.10-R1
感	感じる	**かん**・じる	L.6-W19
漢	漢字	**かん**・じ	L.4-W38
義	講義	こう・**ぎ**	L.5-R31
業	卒業	そつ・**ぎょう**	L.1-R15
傾	傾向	**けい**・こう	L.5-R24
携	携帯	**けい**・たい	L.4-R17
継	継続	**けい**・ぞく	L.14-R26
歳	七十歳	なな・じゅっ・**さい**	L.7-R5
	歳暮	**せい**・ぼ	L.9-R8
罪	犯罪	はん・**ざい**	L.10-R31
詩	詩	**し**	L.13-W16
試	期末試験	き・まつ・**し**・けん	L.3-R2
辞	辞書を引く	**じ**・しょ・を・ひ・く	L.15-W15
準	基準	き・**じゅん**	L.15-R19
奨	奨学金	**しょう**・がく・きん	L.3-R4
詳	詳しい	**くわ**・しい	L.8-R2
寝	寝る	**ね**・る	L.2-R8
新	新聞記事	**しん**・ぶん・き・じ	L.4-W37
	新しい	**あたら**・しい	L.5-W4
数	十数時間	じゅう・**すう**・じ・かん	L.1-R27
	数	**かず**	L.3-R15
節	季節	き・**せつ**	L.9-R7
戦	戦争	**せん**・そう	L.7-W28
	戦う	**たたか**・う	L.7-W25
想	感想文集	かん・**そう**・ぶん・しゅう	L.11-R28
続	継続	けい・**ぞく**	L.14-R26
	続ける	**つづ**・ける	L.14-W16
損	損	**そん**	L.14-W40
暖	暖かい	**あたた**・かい	L.4-R12
	暖房	**だん**・ぼう	L.15-W34
賃	運賃	うん・**ちん**	L.10-R5
遣	気遣う	き・**づか**・う	L.11-R10
鉄	鉄道	**てつ**・どう	L.10-W24
電	電気工学	**でん**・き・こう・がく	L.1-W14
働	厚生労働省	こう・せい・ろう・**どう**・しょう	L.14-R14
	働く	**はたら**・く	L.14-W17
督	監督	かん・**とく**	L.7-R14
農	農業	**のう**・ぎょう	L.10-R18
腹	腹	**はら**	L.6-R14
豊	知識豊富	ち・しき・**ほう**・ふ	L.1-R12
飽	飽きる	**あ**・きる	L.15-R8
幕	幕府	**ばく**・ふ	L.8-R21
誉	名誉	めい・**よ**	L.7-R26
預	預かる	**あず**・かる	L.10-R6
腰	腰	**こし**	L.6-R6
溶	溶け込む	**と**・け・こ・む	L.11-R13
話	話す	**はな**・す	復84
	電話	でん・**わ**	L.1-W35

14 画 >>>>>

駅	駅	**えき**	L.4-W16

慣	習慣	しゅう・**かん**	L.6-W17
	慣れる	**な**・れる	L.6-W29
関	玄関	げん・**かん**	L.5-R3
語	日本語	に・ほん・**ご**	復52
	語る	**かた**・る	L.15-W41
構	結構	けっ・**こう**	L.15-R1
酷	冷酷	れい・**こく**	L.15-R38
際	国際学部	こく・**さい**・がく・ぶ	L.3-R28
察	診察	しん・**さつ**	L.12-R12
雑	雑誌	**ざっ**・し	L.8-R7
	混雑	こん・**ざつ**	L.10-R27
算	計算	けい・**さん**	L.6-R24
誌	雑誌	ざっ・**し**	L.8-R7
塾	塾	**じゅく**	L.5-R20
緒	一緒	いっ・**しょ**	L.7-R3
精	精神	**せい**・しん	L.11-W30
製	製品	**せい**・ひん	L.15-W12
静	静か(な)	**しず**・か・(な)	L.10-R8
説	説明	**せつ**・めい	L.2-W33
	説く	**と**・く	L.15-R21
総	総合職	**そう**・ごう・しょく	L.14-R8
増	増える	**ふ**・える	L.5-R19
	増加	**ぞう**・か	L.14-W18
駄	無駄	む・**だ**	L.11-R26
態	態度	**たい**・ど	L.3-R22
綻	破綻	は・**たん**	L.14-R40
徴	特徴	とく・**ちょう**	L.10-R30
摘	指摘	し・**てき**	L.15-R22
適	適当	**てき**・とう	L.1-R36
徳	道徳観	どう・**とく**・かん	L.13-R23
読	読む	**よ**・む	復82
	読本	**とく**・ほん	L.13-W29
認	認める	**みと**・める	L.3-R25
	認知	**にん**・ち	L.15-R20
漂	漂流者	**ひょう**・りゅう・しゃ	L.8-R12
複	複雑	**ふく**・ざつ	L.13-R5
聞	聞く	**き**・く	復85
	新聞記事	しん・**ぶん**・き・じ	L.4-W37
暮	歳暮	せい・**ぼ**	L.9-R8
	暮らす	**く**・らす	L.11-R6
僕	僕	**ぼく**	L.1-R6
慢	我慢	が・**まん**	L.11-R5
鳴	鳴る	**な**・る	L.2-R4
模	模倣	**も**・ほう	L.15-R32
誘	勧誘	かん・**ゆう**	L.5-R12
	誘う	**さそ**・う	L.7-R1
様	様子	**よう**・す	L.5-R11
	様	**さま**	L.6-W12
僚	同僚	どう・**りょう**	L.6-R2
歴	歴史	**れき**・し	L.3-R29
練	練習	**れん**・しゅう	L.13-W10

15画 >>>>>>

影	影響	**えい**・きょう	L.9-R15
縁	縁	**えん**	L.14-R7
横	横浜	**よこ**・はま	L.10-R22
課	課長	**か**・ちょう	L.7-W4
確	確かに	**たし**・かに	L.5-R26
	確信	**かく**・しん	L.15-W33
歓	歓迎会	**かん**・げい・かい	L.5-R15
監	監督	**かん**・とく	L.7-R14
器	機器	き・**き**	L.15-R29
稽	滑稽	こっ・**けい**	L.15-R41
賛	賛成	**さん**・せい	L.14-R37
締	締め切り	**し**・め・き・り	L.3-R7
質	質問	**しつ**・もん	L.2-R15
趣	趣味	**しゅ**・み	L.1-R7
請	請求書	**せい**・きゅう・しょ	L.6-R11
線	日付変更線	ひ・づけ・へん・こう・**せん**	L.1-R28
選	選ぶ	**えら**・ぶ	L.3-R17
	書類選考	しょ・るい・**せん**・こう	L.3-R18
談	相談	そう・**だん**	L.5-R8
調	調査	**ちょう**・さ	L.5-R27
	調べる	**しら**・べる	L.10-W13
徹	徹夜	**てつ**・や	L.7-R16
導	導入	**どう**・にゅう	L.12-R15
憧	憧れ	**あこが**・れ	L.8-R15
熱	熱	**ねつ**	L.3-R9

	熱心に	**ねっ**・しん・に	L.4-R18
輩	先輩	せん・**ぱい**	L.14-R3
箱	箱根	**はこ**・ね	L.10-R7
編	編集	**へん**・しゅう	L.8-R8
撲	大相撲	おお・ず・**もう**	L.7-R27
魅	魅力的	**み**・りょく・てき	L.10-R32
慮	遠慮	えん・**りょ**	L.9-R2
寮	寮	**りょう**	L.2-R5
論	理論	り・**ろん**	L.15-W26

16画 >>>>>

館	旅館	りょ・**かん**	L.6-W23
機	飛行機	ひ・こう・**き**	L.1-R13
橋	高橋	たか・**はし**	L.6-R3
興	興味	**きょう**・み	L.1-R8
樹	果樹園	か・**じゅ**・えん	L.13-R18
親	両親	りょう・**しん**	L.1-R22
	親子	**おや**・こ	L.6-W5
積	積極的	**せっ**・きょく・てき	L.11-R15
	下積み	した・**づ**・み	L.14-R33
築	建築家	けん・**ちく**・か	L.15-W28
頭	頭	**あたま**	L.2-R3
薄	薄らぐ	**うす**・らぐ	L.11-R23
縛	縛る	**しば**・る	L.15-R47
繁	頻繁に	ひん・**ぱん**・に	L.15-R12
頻	頻繁に	**ひん**・ぱん・に	L.15-R12
薬	薬	**くすり**	L.12-W8
頼	頼む	**たの**・む	L.3-W1
隣	隣	**となり**	L.1-R9

17画 >>>>>

環	悪循環	あく・じゅん・**かん**	L.9-R14
厳	厳格に	**げん**・かく・に	L.15-R36
講	講義	**こう**・ぎ	L.5-R31
醜	醜い	**みにく**・い	L.10-R26
績	成績	せい・**せき**	L.3-R20
薦	推薦状	すい・**せん**・じょう	L.3-R3
濯	洗濯	せん・**たく**	L.11-R22
優	優先	**ゆう**・せん	L.3-R23

18画 >>>>>

簡	簡単	**かん**・たん	L.6-R22
観	観光	**かん**・こう	L.9-R12
顔	顔	**かお**	L.2-R20
	笑顔	え・**がお**	L.11-R9
験	期末試験	き・まつ・し・**けん**	L.3-R2
鎖	鎖国	**さ**・こく	L.8-R17
職	就職	しゅう・**しょく**	L.5-R18
贅	贅沢	**ぜい**・たく	L.9-R13
贈	贈り物	**おく**・り・もの	L.9-R1
題	宿題	しゅく・**だい**	L.1-R2
藤	加藤	か・**とう**	L.1-R5
難	難しい	**むずか**・しい	L.2-W12
	難破	**なん**・ぱ	L.8-R24
翻	翻訳	**ほん**・やく	L.8-R5
曜	月曜日	げつ・**よう**・び	L.1-W44
類	書類選考	しょ・**るい**・せん・こう	L.3-R18

19画 >>>>>

願	お願い	お・**ねが**・い	L.1-W5
識	知識豊富	ち・**しき**・ほう・ふ	L.1-R12

20画 >>>>>

響	影響	えい・**きょう**	L.9-R15
懸	一生懸命	いっ・しょう・**けん**・めい	L.13-R2
護	弁護士	べん・**ご**・し	L.4-R4
籍	国籍	こく・**せき**	L.13-R27

21画 >>>>>

躍	活躍	かつ・**やく**	L.7-R20
露	披露宴	ひ・**ろう**・えん	L.9-R3

22画 >>>>>

驚	驚く	**おどろ**・く	L.8-R22

単語索引

各課の単語リストにある単語を五十音順に並べた。「T」はタイトルページ、「会」は「会話」、「読」は「読み物」、「運」は「運用練習」、「聞」は「聞き取り練習」、「速」は「速読」を表す。

あ行

あるひ［ある日］ one day L.13-読

あれぇ
［uttered when something unexpected happens］ L.10-会3

あわせる[1]［(〜に)合わせる］ to adapt (to 〜) L.14-読2

あわせる[2] to combine L.14-読2

あんないする［案内する］
to show someone around L.2-速; L.7-速

あんなふう like that L.11-聞

い［胃］ stomach L.12-読

いいきる［言い切る］
to declare; to say definitely L.15-読2

いいだす［言い出す］ to begin to talk L.11-聞

いいまわし［言い回し］ expression L.15-読1

いがい［以外］ other than L.3-読

いがいに［意外に］ unexpectedly L.6-読

いかにも truly L.13-読

いき(な)［粋(な)］ stylish; chic L.15-読1

いきかた［生き方］ way of life; life style L.14-読2

いきなり all of a sudden L.13-読

いくじ［育児］ child-rearing L.14-読1

いくつか a few L.7-会2

いけだ［池田］ ［family name］ L.1-会2

いけん［意見］ opinion L.14-T

いご［以後］ after L.8-会1

いごこちがいい［居心地がいい］ to be comfortable L.15-会2

いざかや［居酒屋］ Japanese style pub L.5-会3

いしき［意識］ consciousness; awareness L.15-読2

いしだ［石田］ ［family name］ L.8-会1

いしゃ［医者］ doctor; physician L.12-会1

いしやま［石山］ ［family name］ L.1-会1

いしゅくする［萎縮する］
to be dispirited; to feel intimidated L.12-読

いそぐ［急ぐ］ to hurry; to be in a hurry L.2-会2

いだく［抱く］ to hold ［*v.t.*］［written expression］ L.8-読

いちど［一度］ once L.1-会2

いちばん［一番］ most L.3-読

いちぶのおんな［一部の女］ some women L.14-読2

いちぶん［一文］ one sentence L.13-読

いちまんえんさつ［一万円札］ 10,000 yen bill L.10-会1

いちりゅうの［一流の］ first-rate L.5-読

いちろう［一郎］
［male given name; often given to the oldest son］ L.2-会3

いっかい［一回］ per occasion L.4-読

いつ〜かわからない［いつ〜か分からない］
don't know when 〜 L.2-会3

いつごろ［いつ頃］ around when L.12-読

いっしょ［一緒］ together L.7-会1

いっしょう［一生］ throughout (one's) life L.8-読

いっしょうけんめい［一生懸命］
very hard L.5-読; L.13-会1

いっしょけんめい［一所懸命］ hard L.13-読

いっそく［一足］ a pair of footwear L.4-速

いつのまにか before I knew it L.4-読

いっぱく［一泊］
one night's stay; overnight stay L.10-会2

いっぱんしょく［一般職］ clerical position L.14-会3

いっぱんてきに［一般的に］ generally L.2-読

いっぽうで［一方で］ on one hand or on the other hand
(depending on the context) L.13-読

いつわ［逸話］ anecdote L.10-速

いのまた［猪股］ ［family name］ L.13-読

いぶんか［異文化］ different culture L.11-読

いまい［今井］ ［family name］ L.6-会2

いみ［意味］ meaning L.2-会1

いもうとさん［妹さん］
(someone else's) younger sister L.4-会1

いやなせきがでる［いやなせきが出る］
to have a bad cough L.12-運

いらいらする to get frustrated L.15-読2

(〜で)いらっしゃる ［honorific form of です］ L.1-会1

(〜が)いる to need 〜; 〜 is necessary L.6-読

いれかえる［入れ替える］ to change L.15-会3

いろ［色］ color L.9-会1

いろいろ(な)［色々(な)］ various L.11-読

いわゆる so-called L.14-読2

いんしょう［印象］ impression L.15-読2

いんしょうにのこる［印象に残る］
〜 left an impression on (me) ［*v.i.*］ L.15-会3

おがわ［小川］ ［family name］ L.11-会2
おきる［起きる］ to get up L.12-会3
おく［奥］ the back L.7-速
おくりかえす［送り返す］ to send back L.8-読
おくりもの［贈り物］ gift; present L.9-T
おくる［送る］ to send L.3-会2
おくれる［遅れる］ to be late L.2-会2
おこなう［行う］ to carry out; to conduct ［usually used in written language］ L.3-読
おこる to scold angrily L.11-会3
おごる to treat (someone) to (something ［usually food or drink］) L.6-会2
おざきしか［尾崎歯科］ Ozaki Dental Clinic L.12-会3
おさめる［収める］ to put away (to include) ［*v.t.*］ L.15-読1
おさら［お皿］ plate L.9-速
おさらあらい［お皿洗い］ washing dishes L.11-聞
おしえる［教える］ to teach L.1-会1
おじぎ bow L.2-会1
おしょうがつ［お正月］ New Year L.9-読
おしろ［お城］ castle L.10-読
おせいぼ［お歳暮］ end-of-the-year gift L.9-読
おせわになる［お世話になる］ to be indebted to someone ［*v.i.*］ L.9-読
おそい［遅い］ to be late L.11-会1
おそわる［(～を)教わる］ to learn L.15-会2
おだ［小田］ ［family name］ L.15-会3
おだいじに［お大事に］ Take care! L.12-会1
おたがい［お互い］ each other L.1-読
おちゃ［お茶］ (green) tea L.6-会2
おちゃくみ［お茶くみ］ serving tea L.14-会3
おちゅうげん［お中元］ mid-year gift L.9-読
おちる［(試験に)落ちる］ to fail (an exam) ［*v.i.*］ L.5-読
おっと［夫］ husband L.14-読2
おつり change; balance of money returned to the purchaser L.10-会1
おてあらい［お手洗い］ bathroom ［*lit.*, place to wash one's hands］ L.13-会1
おてら［お寺］ Buddhist temple L.10-読
おと［音］ sound L.7-会2
おとうと［弟］ younger brother L.11-読
おとこゆ［男湯］ men's section of a bathhouse L.10-会3
おとしだま［お年玉］ New Year's gift of cash L.9-読
おとなしい quiet; submissive L.14-会1
おどろく［驚く］ to be surprised L.8-読
おなじ［同じ］ same L.1-読
おにいさん［お兄さん］ (someone else's) older brother L.4-会1
おねがい［お願い］ request L.3-会1
おねがいします［お願いします］ Please. L.1-会2
おはし［お箸］ chopsticks L.9-聞
おふろ［お風呂］ bath L.10-会3
おべんとう［お弁当］ lunch box L.14-会2
おぼえる［覚える］ to learn; to commit to memory; to remember L.2-読
おめにかかる［お目にかかる］ to meet ［humble form of 会う］ ［*v.i.*］ L.8-会1
おも(な)［主(な)］ main L.3-読
おもいだす［思い出す］ to recall L.8-読
おもしろい［面白い］ interesting L.4-読
おもっくるしい［重っ苦しい］ heavy; dull; leaden L.12-読
おもに［重荷］ burden L.14-読2
おもんじる［(～を)重んじる］ to value ～; to give importance to ～ L.15-会2
おや［親］ parent L.6-会1
およぼす［及ぼす］ to exert ［influence］ ［*v.t.*］ L.15-読1
おらんだじん［オランダ人］ Dutch (person) L.8-読
おらんだせん［オランダ船］ Dutch ship L.8-読
おりおんざ［オリオン座］ ［name of a movie theater］ L.7-会3
おりる［(～を)降りる］ to get off ～; to get out of(a vehicle) L.6-読
おる［折る］ to snap L.13-読
おれい［お礼］ gift of appreciation L.9-会3
おわる［終わる］ be finished; be over ［*v.i.*］ L.2-会2
おんがく［音楽］ music L.3-読
おんせん［温泉］ hot spring L.10-読

おんなゆ［女湯］ women's section of a bathhouse L.10-会3

か 行 >>>>>

～か～ X or Y L.5-読
かいがい［海外］ abroad L.15-会3
かいかん［快感］ pleasant feeling (sensation) L.15-読2
かいご［介護］ looking after one's aged parent(s); care L.14-読1
かいこく［開国］ to open up the country (to foreigners) L.8-読
がいこく［外国］ foreign country; abroad L.6-会3
かいそく［快速］ super express train or bus L.7-会2
かいてんずし［回転ずし］ a self-service style sushi restaurant L.15-聞
かいほうする［解放する］ to liberate L.15-読2
カウンター counter L.6-会2
かえって on the contrary L.13-読
かえらず［帰らず］ [written form of 帰らないで] L.5-読
かえる［帰る］ to go home L.1-会3
かえる［返る］ (something) returns [*v.i.*] L.11-読
かお［顔］ face L.2-読
かおいろ［顔色］ complexion L.12-会1
かかりのもの［係の者］ person who handles a particular business matter L.8-会1
かかる it takes [with respect to time or money] [*v.i.*] L.1-読
(～に)かかわる concerning L.15-読2
かぎらず［(～に)限らず］ not limited to L.9-読
かぎらない［(～とは)限らない］ not necessarily ～ L.6-会3
かぎり［～限り］ as far as ～; as long as ～ L.13-読
かぎる［(～に)限る］ (～) would have to be the best choice L.10-読
がくいん［～学院］ school [often used for names of schools] L.8-会1
かくしんする［確信する］ to believe firmly L.15-読2
かくち［各地］ various parts of the country L.10-読
がくぶ［学部］ college, undergraduate L.1-会2
がくれき［学歴］ level of education L.14-会2
かげで［陰で］ behind someone's back L.11-読
かげむしゃ［影武者］ [a movie name] L.7-会3
かける［掛ける］ to put ～ on L.15-読2
かこ［過去］ past L.13-T
かざん［火山］ volcano L.10-読
かじ［家事］ housework L.14-会2
かしこ complimentary close used by women L.9-速
かじゅえん［果樹園］ orchard L.13-読
かす［貸す］ to lend L.3-会3
かず［数］ number L.3-読
かぜをひく［風邪をひく］ to catch a cold L.11-読
かぞく［家族］ family L.1-会2
かだい［課題］ problem L.14-読1
かたこと［片言］ broken [*e.g.*, Japanese] L.13-読
かたづける［片付ける］ to clean; to tidy up [*v.t.*] L.6-読
かたる［語る］ ＝話す L.15-読2
かちかん［価値観］ one's sense of value L.15-読1
かちきじゅん［価値基準］ standard of value L.15-読1
かちょう［課長］ section chief L.7-会2
がっかりする to be disappointed L.8-速; L.11-会1
かっき［活気］ vigor; liveliness; vitality; energy L.10-読
かってなことをする［勝手なことをする］ to have one's own way; to do what one pleases L.14-会1
かっぽする［闊歩する］ to stride; to swagger about L.15-読1
かつやくする［活躍する］ to play an active part in L.7-読
かてい［家庭］ home; family L.3-読
かとう［加藤］ [family name] L.1-会2
～かな I wonder [generally used by male speakers] L.4-会2
かなしい［悲しい］ sad L.2-速
かならず[1]［必ず］ without fail L.3-速
かならず[2]［必ず］ surely L.8-会2
かならずしも～ない［必ずしも～ない］ not necessarily L.3-読
かなり fairly L.7-読
(～には)かなわない to be no match for; can't win L.15-読2
かのう［可能］ possibility L.15-読2

かのじょ [彼女] she L.11-読

カノックワン・ラオハブラナキット・カタギリ
[name of the author] L.15-読2

カバーする to cover up; to make up for L.14-読2

かまいません it's all right; one doesn't mind L.4-会3

かまくらぼり [鎌倉彫] Kamakura-style carving L.9-聞

がまんする [我慢する] to endure; to put up with L.11-会3

かみ [紙] paper; sheet L.3-会2

からだ [体] body; health L.4-読

からだをやすめる [体を休める]
to rest [*lit.* to rest one's body] L.10-会2

かりる [借りる] to borrow L.4-会3

カルチャーショック culture shock L.1-読

カルチャーセンター
a kind of adult school [*lit.*, culture center] L.14-会1

かれ [彼] [third-person pronoun for a male] L.8-読

かわいい cute; lovely L.2-速; L.4-会1

かわいそうに
I feel sorry for you. I sympathize. L.12-聞

かわる [変わる] to change [*v.i.*] L.4-読

かわる [(〜と) 代わる]
to replace someone [*v.i.*] L.8-会1

かんがえかた [考え方] way of thinking L.1-読

かんけい [関係] relationship L.9-速; L.11-会2

かんげいかい [歓迎会] welcome party L.5-会3

かんこうりょこう [観光旅行] sightseeing trip L.9-読

かんじ [漢字] Chinese character L.4-読

かんして [(〜に) 関して] concerning L.5-読

かんじゃ [患者] patient L.12-会3

かんじる [(〜と) 感じる] to feel that 〜 L.6-読

かんしんをあつめる [関心を集める]
to gain interest L.7-読

かんそう [感想] one's thoughts/impressions L.11-読

かんたん(な) [簡単(な)] simple; easy L.6-読

かんどうする [感動する]
to be moved; to be impressed L.8-読

かんどうをおぼえる [感動を覚える]
to feel impressed L.15-読2

かんとく [監督] movie director L.7-会3

がんばる to do one's best; to try hard L.1-会1

かんゆう [勧誘]
inviting someone to join (a club) L.5-会3

きかい [機械] machine L.14-会3

きかいか [機械化] mechanization L.3-速

きがえる [着替える]
to change (one's) clothes L.10-会3

きかく [企画] planning L.14-会3

きかする [帰化する]
to become a naturalizedcitizen L.12-速

きがする [(〜そうな) 気がする] to feel as if 〜 L.8-読

きがつく [(〜に) 気がつく]
to notice (something) L.5-会1

きかんちゅう [(〜) 期間中]
during the period (when 〜) L.10-読

きぎょう [企業] industry; business L.14-読2

きぎょうする [起業する] to start a business L.14-読1

きく [利く] to work effectively L.15-読2

きくばり [気配り] consideration (for 〜) L.15-会2

きこくする [帰国する]
to return to one's home country L.3-読

きこんしゃ [既婚者] married person L.14-読1

ぎじゅつ [技術] technology L.15-会3

きせつ [季節] season L.9-読

きぜんとして [毅然として] boldly; firmly L.12-読

きた [北] north L.10-読

きたいする [期待する] to expect; to count on L.14-読2

きたない [汚い] dirty L.15-読2

きづかう [気遣う] to be concerned about L.11-読

きっさてん [喫茶店] coffee shop L.11-会1

きって [切手] postage stamp L.3-会2

きっと for sure; surely L.7-会3

きっぷ [切符] ticket L.10-T

きにいる [(〜が) 気に入る]
to like 〜; to be fond (of 〜) L.1-会3

きにかかる [(〜が) 気にかかる] (something) bothers
someone; (something) makes someone uneasy L.11-読

きになる [(〜が) 気になる] something bothers one; to
be concerned (about 〜); to worry (about 〜) L.11-会1

けいさんする［計算する］ to calculate L.6-読
けいじばん［掲示板］ bulletin board L.8-会2
げいじゅつ［芸術］ art L.10-読
けいぞく［継続］ continuation L.14-読1
けいたいでんわ［携帯電話］ cell phone L.4-読
けいひんとうほくせん［京浜東北線］ [name of a train line] L.7-会2
けいようする［形容する］ to express figuratively L.11-読
ケーかん［K館］ K Inn L.10-会2
ケータイ cell phone L.2-会3
けさ［今朝］ this morning L.2-会1
けしき［景色］ scenery L.10-読
けす［消す］ to turn off [*v.t.*] L.15-読2
けっか［結果］ result L.11-読
けっきょく［結局］ finally; in the end L.1-読
けっこう［結構］ fairly; pretty; quite L.5-会2
けっこうです［結構です］ fine; good L.8-会1
けっこんひろうえん［結婚披露宴］ wedding reception L.9-会2
けっして〜ない［決して〜ない］ by no means; never L.11-読
けっしんする［(〜と)決心する］ to be determined to 〜; to resolve to 〜 L.8-読
けっていする［(〜に)決定する］ to decide L.8-読
げり［下痢］ diarrhea L.12-会2
げりをする［下痢をする］ to have diarrhea L.12-運
けん［県］ prefecture L.7-読
けん［圏］ sphere L.11-読
げん［減］ decrease L.14-読1
けんいち［健一］ [male given name] L.6-会3
げんかくに［厳格に］ strictly L.15-読2
げんかん1［玄関］ front hallway L.4-速
げんかん2［玄関］ entrance (to a house or a building) L.5-会1
けんきゅうしつ［研究室］ (professor's) office L.3-会1
けんぎょう［兼業］ holding two jobs at the same time L.14-読2
げんきん［現金］ cash L.9-読
げんざい［現在］ now L.12-読
げんざいの［現在の］ current L.15-読1
けんそんする to be modest; to humble oneself L.13-会3
げんだい［原題］ original title L.15-読1
げんだいし［現代史］ contemporary history L.5-会2
げんだいもの［現代物］ contemporary drama L.7-運
けんちくか［建築家］ architect L.15-読1
けんぶつする［(〜を)見物する］ to see sights (of 〜) L.10-会3
こいびと［恋人］ lover; sweetheart L.9-読
こういうふうに this way; in this manner L.2-会1
こうかんする［交換する］ to exchange L.9-読
こうかんプログラム［交換プログラム］ exchange program L.3-読
こうぎ［講義］ lecture L.5-読
こうきゅう［高級］ high class; first-rate L.6-読
こうこうじだい［高校時代］ high school years L.2-会3
こうしえん［甲子園］ [name of a baseball stadium] L.7-読
〜ごうしつ［〜号室］ Room 〜 L.5-会1
〜ごうしゃ［〜号車］ number 〜 car L.10-会1
こうしょう［交渉］ negotiation L.8-読
こうしょうする［交渉する］ to negotiate L.3-読
こうせいろうどうしょう［厚生労働省］ Ministry of Health, Labor and Welfare L.14-読1
こうべ［神戸］ [place name] L.10-読
こうよう［紅葉］ fall colors (of leaves) L.4-読
こうりゃく［後略］ the latter part omitted L.11-読
こえ［声］ voice L.2-会2
ごがく［語学］ language study L.8-読
(〜に)こぎつける to manage to 〜 L.14-読1
こきょうのまち［故郷の町］ hometown L.8-速
ごく［語句］ words and phrases L.15-読1
こくがい［国外］ overseas; abroad L.8-読
こくさいがくぶ［国際学部］ International Division L.3-読
こくさいてきに［国際的に］ internationally L.10-読
こくせきじょうは［国籍上は］ with respect to nationality L.13-読

こくない［国内］ domestic L.10-読
こくばん［黒板］ blackboard L.13-読
こくふくする［克服する］ to master; to overcome L.13-読
こくりょく［国力］ nation's power L.15-読1
こしたことはない［(〜に)越したことはない］ nothing can be better (than 〜) L.12-会2
ごじゅうだい［五十代］ in one's fifties L.6-会2
こしょうする［故障する］ to break down L.12-聞
こしをかける［腰をかける］ ＝いすに座る L.6-会2
こじん［個人］ individual L.14-読2
こじんきょうじゅ［個人教授］ individual instruction; private lesson L.13-速
こじんレッスン［個人レッスン］ private tutor L.8-会2
こせき［戸籍］ family register L.14-読2
こそこそと in whispers; secretly L.11-読
(〜に)こだわらない not to be particular; not to be picky L.15-読2
ごちそうになる to be treated by someone L.6-会2
こっけい(な)［滑稽(な)］ funny; comical L.15-読2
(〜の)こと it's about 〜 L.3-会1
〜ことができる can 〜 L.3-読
ことなる［(〜と)異なる］ to be different (from 〜) [written expression] L.13-読
〜ことにする to decide to 〜 L.1-読
〜ことになった it has been decided/arranged that 〜 L.1-読
〜ことになっている it has been arranged that L.1-会3
ことば［言葉］ word(s); expression(s) L.2-T
ことばづかい［言葉づかい］ choice of words L.12-読
こども［子供］ child L.2-読
コネ connection(s) L.8-会2
このみ［好み］ liking; taste L.15-読1
このむ［好む］ to like; to prefer L.15-会2
こばやし［小林］ [family name] L.7-会1
ごはん［ご飯］ cooked rice L.6-会1
コピーとり making copies; xeroxing L.14-会3
ごぶさたする to neglect to write for a long time; not to correspond for some time L.4-読
こまる［(〜に)困る］ to have difficulty (with 〜) L.2-読
こむ［込む］ to be crowded L.6-会2
コメディー comedy L.7-運
ごめん Sorry. [informal] L.2-会3
ごめんだ not acceptable L.14-読2
こやま［小山］ [family name] L.15-会1
こん［紺］ navy blue L.9-会2
こんがっき［今学期］ this semester L.4-読
こんざつした［混雑した］ crowded L.10-読
こんど［今度］ one of these days L.1-会2
こんなふうに［こんな風に］ in this way L.15-読1
こんばん［今晩］ tonight L.1-読

さ 行 >>>>>

サークルかつどう［サークル活動］ extracurricular activities L.3-読
ザーザーぶり［ザーザー降り］ pouring rain L.2-会2
サービスりょう［サービス料］ gratuity L.6-読
〜さい［〜歳］ 〜 years old L.7-会1
さいきん［最近］ recently L.5-読
さいごに［最後に］ at the end L.11-読
さいしょ［最初］ beginning; first L.12-読
さいだい［最大］ largest L.10-読
さいふ［財布］ wallet L.4-会1
ざいりょう［材料］ materials; ingredients L.15-読2
サイロ silo L.10-読
さいわい［幸い］ fortunately; luckily L.8-読
さえ even L.4-読
さがす［探す］ to look for L.8-T
さかもと［坂本］ [family name] L.9-会3
さかん(な)［盛ん(な)］ thriving L.7-読
さきに［先に］ ahead (of someone) L.2-会2
さきほど［先ほど］ a while ago L.12-読
さくらじま［桜島］ Mt. Sakurajima L.10-読
サクランボ cherry L.13-読
さげる［下げる］ to lower [*v.t.*] L.2-会1
さこく［鎖国］ national isolation L.8-読

ささえる[支える]	to support	L.14-読1
さすが	as I expected	L.13-会3
ざせき[座席]	seat	L.10-会1
さそう[誘う]	to invite (someone to do something with the speaker)	L.7-T
ざっし[雑誌]	magazine	L.8-会3
さっそく〜する[早速〜する]	to lose no time in 〜ing	L.8-会3
さっぱり〜ない	not at all	L.9-会2
さて	well; now [used when switching to a new, usually more important, topic]	L.12-読
さとう[佐藤]	[family name]	L.5-会2
さびしい[寂しい]	lonely	L.14-会1
ざぶとん[座ぶとん]	a small cushion for sitting on	L.7-速
サボる	to loaf on the job; to idle away one's time	L.13-読
さま[1][様]	[polite from of さん]	L.6-会2
さま[2][様]	state; way (a person does something)	L.11-読
さまたげ[妨げ]	obstacle	L.11-読
さむい[寒い]	cold [with reference to weather]	L.2-読
さむけがする[寒気がする]	to feel a chill	L.12-会2
さむらい[侍]	samurai	L.7-会3
さらに[1]	furthermore	L.14-読2
さらに[2]	＝もっと	L.15-読2
さわぐ[騒ぐ]	to make a lot of noise	L.7-聞
さわむら[沢村]	[family name]	L.7-読
さんかする[(〜に)参加する]	to participate (in 〜)	L.11-読
さんこう[3高]	3 high's	L.14-会2
さんじゅうく[三重苦]	triple afflictions	L.14-読2
さんしん[三振]	strike-out	L.7-読
さんせいする[(〜に)賛成する]	to agree (with 〜)	L.14-読2
さんそう[山荘]	mountain cottage	L.13-読
サンタクロース	Santa Claus	L.8-会3
ざんねん(な)[残念(な)]	regrettable	L.7-会1
し[詩]	poem; poetry	L.13-読
しあい[試合]	game	L.7-会1
ジーエヌピー[GNP]	gross national product	L.15-読1
ジェイアール[JR]	Japan Railways	L.7-会2
ジェイティービー[JTB]	Japan Travel Bureau	L.10-会2
しか〜ない	only; no more than	L.2-読
じかくする[自覚する]	to realize [*v.t.*]	L.15-読1
しかし	however; but	L.3-読
しかた[仕方]	way (of doing something)	L.1-読
しかたがない[(〜より)仕方がない]	to have no choice but to 〜	L.9-会2
しかたない[仕方ない]	It can't be helped.	L.3-会1
しかめっつら[しかめっ面]	grimace	L.12-会3
しかも	moreover; besides	L.2-会2
しかる	to scold	L.11-会3
じかんがたつ[時間がたつ]	time passes	L.11-会1
しき[式]	ceremony	L.9-速
しく[敷く]	to lay flat (to sit on)	L.7-速
しくしく(痛む)	to have a dull, persistent pain [used in reference to a toothache/stomachache]	L.12-読
しこく[四国]	[smallest of the four main islands]	L.10-読
じこくひょう[時刻表]	(train) schedule	L.10-会1
じこしょうかい[自己紹介]	self-introduction	L.1-読
じさボケ[時差ボケ]	jet lag	L.1-読
じしゅう[自習]	self-study	L.13-読
じしょ[辞書]	dictionary	L.15-読1
じしん[自身]	self	L.14-会3
しずか(な)[静か(な)]	quiet	L.10-会2
じたい[自体]	itself	L.13-読
じだい[時代]	age; period	L.5-読
じだいもの[時代物]	period drama	L.7-運
したづみ[下積み]	holding a lower position	L.14-読2
しちにんのさむらい[七人の侍]	[a movie name]	L.7-会3
じっさいに[実際に]	actually	L.14-読1
じつじょう[実情]	current situation (status)	L.14-読1
じつに[実に]	really; truly	L.15-読1
じつは[実は]	actually; in fact	L.1-会2
しっぱいする[失敗する]	to be unsuccessful; to fail	L.11-読

しょうしょう[少々] a little; short (time) [formal for 少し] L.8-会1

しょうじょう[症状] symptom L.12-読

じょうしょう[上昇] to rise; to increase L.14-読1

じょうず(な)[(〜が)上手(な)] good (at 〜) L.1-会2

しょうたいする[招待する] to invite L.7-速; L.9-読

じょうだん[冗談] joke L.10-会3

じょうほう[情報] information L.3-読

じょうやく[条約] treaty L.8-読

しょうらい[将来] in the future L.5-読

じょうりくする[(〜に)上陸する] to land (on 〜) L.8-読

しょくじ[食事] meal L.2-読

しょくじをだす[食事を出す] to offer a meal L.2-読

しょくどう[食堂] dining room L.6-読

しょくにつく[職につく] =就職する L.15-読2

しょくよく[食欲] appetite L.12-会2

じょげん[助言] advice L.11-読

じょし[助詞] particle(s) L.13-会3

じょじょに[徐々に] gradually L.15-読1

じょせい[女性] woman L.1-会3

ショック shock L.4-読

しょるい[書類] document L.14-会3

しょるいせんこう[書類選考] screening by application forms; selection by examining one's papers L.3-読

しらせる[(〜に…を)知らせる] to inform (someone of something) L.11-会2

しらべる[調べる] to check; to look up L.10-会2

ジル Jill L.11-読

しろうと[素人] layman L.12-読

しろくじちゅう[四六時中] all the time L.12-読

ジロジロみる[ジロジロ見る] to stare L.11-速

しんかんせん[新幹線] bullet train L.10-会1

じんこう[人口] population L.4-会2

じんざい[人材] person of talent L.15-読2

しんさつ[診察] examination of a patient L.12-読

じんじゃ[神社] Shinto shrine L.10-読

しんせいひん[新製品] new product L.15-会3

しんせき[親戚] relative(s) L.9-読

しんそつしゃ[新卒者] =卒業したばかりの人 L.15-読2

しんちょう[身長] height L.14-会2

しんにゅうせい[新入生] new student L.5-会3

しんの[真の] true L.11-読

しんぱいする[心配する] to worry L.6-読

しんぱいだ[心配だ] to be worried L.5-会2

しんはつばい[新発売] new product on the market L.15-会3

しんぷ[新婦] bride L.9-読

しんぶんきじ[新聞記事] newspaper article L.4-読

しんぽ[進歩] improvement; progress L.13-読

しんるい[親類] relative(s) L.8-会2

しんろう[新郎] groom L.9-読

すいせんじょう[推薦状] letter of recommendation L.3-会2

ずいぶん quite a lot L.1-読

すうじつまえに[数日前に] several days ago L.2-読

スーツ suit L.9-会2

すうにん[数人] several people L.7-読

すえ[末] end L.4-読

〜ずき[〜好き] fond of 〜 L.9-読

〜すぎる to do something too much; too 〜 L.4-読

すく[好く] to like [*v.t.*] L.5-読

すくない[少ない] few; low in number L.5-読

すごい Great! L.7-会1

すごく (to rain) hard; terribly; tremendously L.2-会2

すごす[過ごす] to spend (time) L.11-読

スコットランドじん[スコットランド人] Scot L.8-読

すじ plot of a film L.7-運

すしをにぎる[すしを握る] to make sushi by hand L.6-会2

すすむ[進む] to advance L.3-速

すすめる[勧める] to urge (someone) to do (something) L.13-読

〜ずつ 〜 each L.4-読

ずっと far 〜er; by far L.4-読

すでに[既に] already L.13-読

すてる to throw (something) away; to discard L.14-読2

そつぎょうする[(〜を)卒業する] to graduate (from 〜) L.1-会3

そと[外] outside L.2-会2

そのうち before long; one of these days L.1-読

そのうちの among them L.12-読

そのかわりに[その代わりに] in place of that L.2-読

そのご[その後] since I saw you last; since that time L.4-読

そのころ[その頃] in those days L.13-読

そのた[その他] and others L.7-読

そのばあい[その場合] in that case L.3-読

そのほか besides; in addition L.3-読

そばや[そば屋] noodle shop L.6-会1

ソファー sofa L.12-会1

それから and then; after that L.1-読

それに moreover; besides L.2-会2

それにしても even so L.13-読

それにたいして[それに対して] in response to that L.2-読

そんけいする[尊敬する] to respect L.14-読2

そんをする[損をする] to be to one's disadvantage L.14-読2

た行 >>>>>

タイ Thailand L.15-読2

〜だいいち[〜第一] 〜 first L.5-読

たいおんけい[体温計] thermometer L.12-運

たいかい[大会] (big) tournament L.7-読

だいがくいん[大学院] graduate school L.1-会2

だいがくいんせい[大学院生] graduate student L.1-会2

たいけん[体験] personal experience L.13-T

たいし[(〜に)対し] in contrast; as opposed to L.14-読1

だいじ(な)[大事(な)] important L.2-読

だいしぜん[大自然] Mother Nature [*lit.*, mighty nature] L.10-読

たいした[大した] significant; great L.13-読

たいしたことない[大したことない] not too good; not great L.7-会2

(〜に)たいして toward L.14-読2

だいじにする[大事にする] to take a good care of 〜 L.15-会3

たいしゅう[大衆] the general public L.15-読1

たいじゅう[体重] (body) weight L.4-読

たいしょう[対象] target; object of L.8-会1

だいじょうぶ all right L.3-会1

たいする[(〜に)対する] toward 〜 L.8-読

たいせつ(な)[大切(な)] important L.5-読

だいたい approximately; in most cases; in general L.3-読

たいど[態度] attitude L.3-読

だいとし[大都市] very big city; metropolis L.10-読

だいにじせかいたいせん[第二次世界大戦] WW II L.10-読

たいはん[大半] most of L.13-読

だいぶ fairly well; to a large extent; pretty much L.4-読

だいぶつ[大仏] big statue of Buddha L.10-読

たいへいようせんそう[太平洋戦争] Pacific War L.7-読

たいへんだ[大変だ] Oh, no! L.2-会2

たいりく[大陸] continent L.8-読

たいりつ[対立] opposition; confrontation L.15-会2

たいわん[台湾] Taiwan L.13-読

たえず[絶えず] constantly L.10-読

たえる[(〜に)耐える] to endure (〜) L.14-読2

たかぎ[高木] [family name] L.15-会2

たかはし[高橋] [family name] L.6-会1

たかまる[高まる] to increase [*v.i.*] L.7-読

だきょうする[妥協する] to compromise L.15-会2

たけし [male given name] L.1-会2

たしか if I remember correctly L.4-会2

たしかに[確かに] certainly L.5-読

たしょう[多少] a little L.13-読

たすかる[助かる] to be saved; (something) helps [*v.i.*] L.4-読

たすけあう[助け合う] to help each other L.9-読

たすける［助ける］ to help ［*v.t.*］ L.3-読

たずねる［訪ねる］ to visit L.9-読

たずねる［尋ねる］ to inquire L.11-読

ただ just; only L.9-読

たたかう［戦う］ to fight; to compete L.7-読

たたかう to fight L.14-読2

たたきこむ［(〜に…を)叩き込む］ to hammer ... into 〜's head L.15-読1

ただし［忠］ ［male given name］ L.13-読

ただしい［正しい］ correct L.3-速

たたみ［畳］ mat for a Japanese-style room L.4-速

〜たち［〜達］ plural form L.15-読1

たちまち instantly L.7-読

たつ[1] (time) passes L.4-読

たつ[2]［建つ］ to stand; to be built ［*v.i.*］ L.10-読

だっせんする［脱線する］ to derail; to digress; to ramble L.12-読

だって［僕だって］ I, also L.7-会3

たっている［建っている］ to be standing L.2-速

だつらくする［脱落する］ to drop out L.13-読

たてもの［建物］ building L.5-会1

たとえば［例えば］ for example L.2-読

たなか［田中］ ［family name］ L.14-会2

たの［他の］ other L.13-読

たのしみにしています［(〜を)楽しみにしています］ to be looking forward (to 〜) L.7-会2

たのしむ［楽しむ］ to enjoy L.9-読

たのむ［頼む］ to request L.3-T

〜たびに whenever 〜; every time 〜 L.8-速; L.14-読2

たぶん［多分］ probably L.2-読

たまご［卵］ egg L.6-会1

たまに occasionally L.15-読2

たまる to accumulate ［*v.i.*］ L.15-会2

だめ(な) not good; must not do L.11-会3

ために in order to L.5-読

ためらう to be hesitant L.12-読

〜たら when 〜 L.1-読

〜だらけ full of 〜 L.15-読2

たりる［足りる］ to be sufficient L.4-読

だるい to feel tired; to feel languid L.12-会2

たんい［単位］ credit (for a course) L.3-読

だんせい［男性］ man; male L.1-読

だんだんと gradually L.11-読

たんに〜ではない［単に〜ではない］ not merely; not simply L.15-読1

だんぼう［暖房］ heating L.15-読2

ちいき［地域］ region L.7-読

チーム team L.7-会1

ちがいない［(〜に)違いない］ it must be (〜) L.13-会2

ちがう［違う］ to differ; to be different L.1-読

ちかく［近く］ nearby; in the neighborhood L.1-読

ちかづく［(〜に)近づく］ to approach (〜) ［*v.i.*］ L.8-読

ちから［力］ strength L.14-読2

ちじ［知事］ governor L.4-会2

ちしき［知識］ knowledge L.1-会2

ちじん［知人］ acquaintance L.1-読

ちず［地図］ map L.12-会1

ちつじょ［秩序］ order L.10-読

チップ tip L.6-読

〜ちゃう ［contraction of てしまう］ L.2-会2

ちゃく［〜着］ ［counter for suits］ L.9-会2

ちゃんとしている to be proper; to be solid; to be in good shape L.5-会2

〜ちゅう［〜中］ in the middle of doing something L.5-会3

ちゅういする［注意する］ to caution; to remind; to warn; to advise L.4-速; L.7-速; L.11-読

ちゅうおうかいさつぐち［中央改札口］ central ticket gate L.7-会2

ちゅうおうこうろん［中央公論］ ［name of a journal］ L.15-読1

ちゅうがく［中学］ junior high school L.1-会2

ちゅうかりょうり［中華料理］ Chinese food L.13-読

ちゅうこうせい［中高生］ junior and senior high school students L.8-会1

ちゅうごくご［中国語］ Chinese language L.13-読

ちゅうしょく［昼食］ lunch L.6-会2

ちゅうしん［中心］ center L.10-読

ちゅうねん［中年］ middle-aged L.1-読
ちゅうもんする［注文する］ to order (something) L.6-T
ちゅうりゃく［中略］ the middle part omitted L.11-読
ちょうさ［調査］ survey; investigation L.5-読
ちょうし［調子］ condition; state L.5-会2
ちょうじんてきに［超人的に］ superhumanly L.14-読2
ちょうじんぶり［超人ぶり］ being like a superman L.14-読2
ちょうだい [colloquial form of ください; most often used by children or women] L.11-会1
ちょうたいこく［超大国］ super power L.15-読1
ちょうど exactly L.9-読
ちょうり［調理］ cooking L.15-読2
チョコレート chocolate L.9-読
ちょしゃ［著者］ author L.15-読1
ちらし [a kind of sushi; a box of sushi rice covered with small slices of fish] L.6-会2
つうやく［通訳］ interpreter L.8-読
つかいよう［使いよう］ =使い方 L.15-読1
つかれる［疲れる］ to become tired L.10-会3
つきあい［付き合い］ socialization; friendship; association L.5-読
つきあう［付き合う］ to keep (someone) company L.14-会1
つぎのとし［次の年］ the following year L.5-読
つく［(〜に)着く］ to arrive (at 〜) L.1-読
つくえ［机］ desk L.10-会1
つごうがいい［都合がいい］ be convenient L.15-会1
つづける［続ける］ to continue L.14-会3
つつむ［包む］ to wrap L.9-聞
つとめる［(〜に)勤める］ to work (for 〜); to be employed (at 〜) L.1-会3
ツナサラダ tuna salad L.15-聞
つねに［常に］ always [written expression] L.11-読
つま［妻］ wife L.14-会1
つまり namely; in other words; in short L.2-読
つよい［強い］ strong L.5-読
〜づらい =〜にくい L.15-読2
つれていく［連れていく］ to take someone to L.1-読
であう［(〜に)出会う］ to run into (someone) L.2-会3
ていあんする［提案する］ to suggest; to propose (a plan) L.15-読1
ていうか or rather L.15-会2
ていかする［低下する］ to decline [*v.i.*] L.14-読1
ていしょく［定食］ fixed-price lunch/dinner L.13-読
ていねい(な) polite L.1-読
ディンクス DINKs [double income no kids] L.14-読2
てがみ［手紙］ letter L.11-会2
てきおうする［(〜に)適応する］ to adapt (to 〜) L.14-読2
てきとう(な)［適当(な)］ appropriate; suitable L.1-読
でぐち［出口］ exit L.7-会2
てごろ affordable L.9-聞
デザイナー fashion designer L.15-読1
てじゅん［手順］ procedure L.12-読
てづくり［手作り］ handmade L.8-速
てつどう［鉄道］ railway L.10-読
てっとりばやい［手っ取り早い］ quick and simple L.8-会2
てつや［徹夜］ staying up all night L.7-会3
てなれた［手馴れた］ familiar; well-practiced L.12-読
てにいれる［手に入れる］ to obtain L.7-会2
てぶり［手振り］ (hand) gesture L.11-読
てまえ［(〜の)手前］ this side (of 〜) L.13-会2
てりやきマックバーガー teriyaki McBurger L.6-会3
でるくいはうたれる［出る杭は打たれる］ Stand out from the crowd and you just invite trouble for yourself. L.15-会2
てん［点］ mark; score; grade; point L.5-読
てんいん［店員］ clerk; shop-employee L.6-会1
でんきがい［電気街］ electronic store district L.7-会2
でんききぐ［電気器具］ electrical appliance L.13-聞
でんきこうがく［電気工学］ electrical engineering L.1-会2
てんさい［天才］ genius L.8-読
でんしきき［電子機器］ electronic instrument; gadgets L.15-読1
でんしゃ［電車］ train L.4-読

とりいれる［取り入れる］ to adopt [*v.t.*] L.15-読1

とりしきる to manage all by oneself L.14-読2

どりょく［努力］ effort L.14-読2

とる［取る］ to take L.1-会3

とんカツ pork cutlet L.6-会1

どんどん quickly and steadily; at a rapid pace L.11-会1

どんぶりもの［丼もの］
[name of dish; bowl of rice topped with things like fried pork cutlet or fried shrimp, etc.] L.6-会1

な 行 >>>>>

〜ないですむ［〜ないで済む］
to get by without 〜ing; to come off without 〜 L.4-読

なおす［直す］ to correct [*v.t.*] L.13-会3

なおる［治る］
to get better; to recover from illness [*v.i.*] L.12-会2

ながい［長い］ long L.4-読

ながい［永井］ [family name] L.12-読

ながさき［長崎］ [name of a city] L.8-読

なかなおりする［仲直りする］
to make it up with; to reconcile L.15-読1

なかなか〜ない not easily L.2-会2

ながの［長野］ [name of a prefecture] L.13-会1

なかみ［中身］ content L.13-読

ながめ［眺め］ view L.10-会2

ながめに［長めに］ somewhat long L.15-読2

〜ながら but; although L.13-読

ながれつく［(〜に)流れ着く］ to drift ashore L.8-読

〜なきゃ [contraction of 〜なければ] L.9-会3

〜なきゃならない
have to 〜 [contraction of 〜なければならない] L.7-会3

なげる［投げる］ to pitch L.7-読

なごやはつ［名古屋発］ leaving Nagoya L.10-会1

(〜に)なじむ to get used to L.15-読2

なぜか for some reason L.15-読2

なつ［夏］ summer L.4-読

なっとくする［納得する］
to understand; to be convinced L.11-読

なにげなく［何気なく］
without much thought L.15-読1

なみ［並］
(sushi serving of) medium quality/price L.6-会2

なみだをながす［涙を流す］
to weep; to shed tears L.11-読

なやむ［悩む］ to agonize L.14-会3

なら［奈良］ [place name] L.10-読

ならいたての［習いたての］
thing which one has just learned L.11-読

ならぶ［並ぶ］ to stand in line [*v.i.*] L.7-会3

(〜と)ならんで side by side (with 〜) L.14-読2

なりた［成田］ Narita (International Airport) L.1-読

〜なりに in 〜's own way L.14-会1

なる［鳴る］ to ring [*v.i.*] L.2-会2

なるべく if possible; as 〜 as possible L.3-読

なるほど I see. L.6-会1

なれる［(〜に)慣れる］ to be accustomed (to 〜) L.4-読

〜なんか =など L.7-会3

なんかいさ［難解さ］ difficulty to understand L.13-読

なんだか［何だか］ somehow L.11-会2

なんて things like L.4-会3

なんていっても［何て言っても］
whatever else might be said; after all L.13-会3

なんといっても［何と言っても］
undeniably; no doubt; by any account [*lit.*, no matter what others may say] L.7-会2

なんとか somehow L.12-読

なんど〜ても［何度〜ても］
no matter how many times 〜 L.7-読

なんどとなく［何度となく］ many times L.11-読

なんとなく［何となく］ somehow L.12-会2

なんばいも［何倍も］ many times more 〜 L.13-読

なんぱする［難破する］ to be shipwrecked L.8-読

なんぼくに［南北に］ from north to south L.10-読

にあう［似合う］
to suit; (something) becomes (a person) L.11-読

にがて(な)［(〜が)苦手(な)］
not good/skilled [at 〜] L.13-会3

〜にくい hard to 〜; difficult to 〜 L.1-読
ニコニコする to smile L.11-聞
にしょくつき［二食付き］ with two meals L.10-会2
にちじょうかいわ［日常会話］ everyday conversation L.15-読1
にちべい［日米］ Japan and the U.S. L.2-読
にっき［日記］ diary L.1-読
にている［(〜に)似ている］ to resemble (〜) L.4-会1
〜にとって for 〜; to 〜 L.7-会2
にばんめに［二番目に(大きい)］ second (largest) L.4-会2
にほんかする［日本化する］ to Japanize; to become Japanese L.6-会3
にほんきんかい［日本近海］ Japanese waters; off the coast of Japan L.8-読
にほんごとくほん［日本語読本］ Japanese reader L.13-読
にほんせい［日本製］ Japanese made; made in Japan L.15-読1
にもつ［荷物］ luggage; baggage L.6-読
にゅうがく［入学］ admission to school L.3-読
にゅうがくしけん［入学試験］ entrance examination L.5-読
にゅうこく［入国］ to enter a country L.8-読
にゅうせきする［入籍する］ to have one's name entered into the family register L.14-読2
にゅうりょく［入力］ input L.14-会3
にんきがある［人気がある］ popular L.7-読
にんげん［人間］ person; human being L.11-会2
にんしきする［認識する］ to recognize L.15-読1
にんちする［認知する］ to acknowledge L.15-読1
にんちど［認知度］ level of name recognition L.15-読1
ぬし［主］ owner L.13-読
ねえ Hey! [a way of getting someone's attention] L.5-会3
ねつ［熱］ fever L.3-会4
ねっしんに［熱心に］ intently; eagerly L.4-読
〜ねばならない have to L.14-読2
ねぼうする［寝坊する］ to oversleep L.11-会3
ねむそう(な)［眠そう(な)］ looking sleepy L.2-会2
ねむる［眠る］ to sleep L.1-読
ねる［寝る］ to sleep; to go to bed L.2-会2
〜ねんだい［〜年代］ the 〜s L.7-読
ねんねん［年々］ every year L.5-読
〜ねんまえから［〜年前から］ since 〜 years ago L.1-会1
ねんまつ［年末］ end of the year L.9-読
のうぎょう［農業］ agriculture L.10-読
ノーカット uncut L.7-会3
ノースカロライナ North Carolina L.13-読
のこる［残る］ to remain [*v.i.*] L.10-読
のぞむ［望む］ to desire; to wish L.14-会2
のちほど later [formal expression] L.12-会3
のど throat L.12-会2; L.12-運
のばす［伸ばす］ to cultivate; to develop (one's skill, etc.) [*v.t.*] L.15-読1
のべる［述べる］ to state L.13-T
のみこむ［飲み込む］ to swallow L.12-会2
のらりくらり(と) noncommittally; evasively; in a roundabout way L.12-読
のる［(〜に)乗る］ to ride (in/on 〜); to take (a taxi, a bus, etc.) L.4-読
のんびりした carefree; slow-moving L.13-読

は 行 >>>>>

は［歯］ tooth L.12-会3
パーセント percent L.5-読
はいぎょう［廃業］ to close one's business L.14-読1
ばいたい［媒体］ medium L.15-読1
バイト ＝アルバイト L.8-会3
はいゆう［俳優］ actor/actress L.7-運; L.13-会2
(〜た)ばかり have just done 〜 L.1-会1
はきけがする［吐き気がする］ to feel like vomiting L.12-運
はく［吐く］ to throw up L.12-会1
はくしょ［白書］ white paper L.14-読1
はくじん［白人］ Caucasian L.8-読
ばくふ［幕府］ the Shogunate L.8-読
はげます［励ます］ to encourage L.13-読

はこね[箱根] [place name] L.10-会2
はこぶ[運ぶ] to carry L.6-読
パシフィック・リーグ Pacific League L.7-読
はじめ[(〜を)始め]
starting with 〜; including 〜 L.7-読
はじめて[初めて] for the first time L.1-T
〜はじめる[〜始める] to begin V-ing L.7-読
ばしょ[場所] place L.5-会1
はしる[走る] to run L.10-読
バス bath L.10-会2
パス pass L.10-読
はずかしい[恥ずかしい] embarrassing L.13-読
はずす to remove; to get rid of L.14-読2
パスする to pass (an exam) L.5-読
バスてい[バス停] bus stop L.11-速
はずれる[(〜から)外れる] to be out of L.15-読2
はださむい[肌寒い] chilly L.15-読2
はたらきかける[働きかける]
to approach (someone) L.15-会2
はたらく[働く] to work L.14-読1
はたんする[破綻する] to break up L.14-読2
はちじょう[八畳] eight-mat room [12'×12'] L.7-速
はつおん[発音] pronunciation L.13-会1
はっきりする to become clear L.3-読
バッター batter L.7-読
ばったり (to meet) by chance L.11-会1
はってん[発展] development L.15-読2
ハッピーエンド happy end(ing) L.7-運
はっぴょうする[発表する] to announce L.5-会1
はなしかける[話しかける] to talk to L.1-会3
はなしこむ[話し込む]
to become absorbed in talking L.11-会1
はばひろい[幅広い] wide L.15-読1
はやい[速い] fast; quick L.4-読
はやる[流行る] to be popular [*v.i.*] L.15-会3
はらう[払う] to pay L.3-読
はら(が)へる[腹(が)へる]
to be hungry [used by men] L.6-会3
はらをたてる[腹をたてる] to get angry L.12-読

ハリウッド Hollywood L.13-会2
はりがみ[貼り紙]
paper posted (on a board, a wall, etc.) L.5-会1
はる[春] spring L.4-会2
パワー power L.15-読1
バンコク Bangkok L.15-読2
ばんごはん[晩ご飯]
dinner [*lit.*, evening meal] L.11-会1
はんざい[犯罪] crime L.10-読
ばんさんか[晩産化]
=子供を産む年齢が高くなること L.14-読1
はんたい[反対] opposite L.13-会3
はんだんする[判断する] to judge L.15-読1
はんだんをくだす[判断を下す]
to make a judgment L.15-読2
はんにちかんじょう[反日感情]
anti-Japanese sentiment L.13-読
はんろん[反論] objection; counterargument L.15-読2
ひ[前年比] compared with the previous year L.14-読1
ヒーロー hero L.7-読
ひがい[被害] damage L.10-読
ひかり [name of a bullet train] L.10-会1
ひくい[低い] low L.7-速; L.12-速
ひこうき[飛行機] airplane L.1-会3
ひざ (one's) lap L.15-読2
ひさしぶり[久しぶり]
for the first time in a long time L.4-会3
ひじょうに[非常に] extremely; very L.2-読
びっくりする to be surprised L.1-読
ひづけへんこうせん[日付変更線]
International Date Line L.1-読
ひっこす[引っ越す]
to move to a new place of residence L.1-読
ひつじ[羊] sheep L.10-読
ひっしに[必死に] desperately L.15-読1
ぴったり(な) perfect fit L.8-会3
ピッチャー pitcher L.7-会1
ひつようない[必要ない] not necessary L.6-読
ひていする[否定する] to reject L.14-読2

へた(な)[下手(な)] not good; unskilled L.13-読
べっそう[別荘] summer cottage L.13-読
べつに〜ない[別に〜ない] not particularly L.4-会1
へや[部屋] room L.2-会2
ペラペラ fluently L.1-読
ペリー Commodore Perry L.8-読
へる[減る] to decrease [*v.i.*] L.5-読
へん(な)[変(な)] strange L.2-会1
へんかする[(〜が)変化する] to change L.10-読
へんけいする[変形する] to transform L.15-読1
べんごし[弁護士] lawyer L.4-会1
へんしゅう[編集] editing L.8-会3
へんしんする[変身する] to change oneself L.14-読2
へんなかおをする[変な顔をする] to look annoyed; to look puzzled L.2-読
べんり(な)[便利(な)] convenient L.3-読
ほうえいする[放映する] to televise L.7-読
ほうが[〜の方が…] 〜 is more ... than L.2-読
ほうふ(な)[豊富(な)] bountiful; plenty L.1-会2
ほうほう[方法] method L.8-読
ほうめん[方面] direction; area L.8-読
ほうもんする[訪問する] to visit L.7-読
ボーイ porter L.6-読
ホームステイさき[ホームステイ先] ＝留学生がホームステイをしている家 L.4-会1
(〜の)ほか besides 〜 L.7-読
ぼく[僕] I [It is the most neutral form for male speakers.] L.1-会2
ほげいせん[捕鯨船] whaling vessel L.8-読
ほしい[欲しい] to want L.7-会2
ぼそぼそと(話す) (to speak) in a subdued tone L.12-読
ほっかいどう[北海道] [the biggest island in the north of Japan] L.8-読
ほとんど almost L.7-読
ほとんど〜ない hardly; almost never L.3-読; L.11-速
ほぼ almost L.15-読2
ホラーえいが[ホラー映画] horror film L.7-運
ボランティア volunteer L.8-会1
ほんしゅう[本州] [main island of Japan] L.10-読
ほんとうに[本当に] really; truly L.4-会3
ぽんぽん(言う) (to speak) without reserve or in machine gun fashion L.12-読
ほんやく[翻訳] translation L.8-会2
ほんらいの[本来の] original L.9-読

ま行 >>>>>

まあ well [used when making a modest or hesitant statement] L.13-読
〜まい[〜枚] [counter for thin, flat objects such as sheets of paper] L.3-会1
まいる[参る] [humble form of 行く/来る] L.6-会2
まえだ[前田] [family name] L.1-会3
(〜を…に)まかせる to entrust (something) to (someone) L.14-読2
まきずし[巻きずし] rolled sushi L.15-聞
まぐろ tuna L.15-聞
(〜に)まけない comparable (to 〜); equal (to 〜) [*lit.*, not to lose to〜] L.14-読2
まける[負ける] to lose (a game) [*v.i.*] L.7-読
まず first of all L.13-読
マスコット mascot L.9-会1
ますます increasingly L.9-読
また also L.5-読
またあとで[また後で] See you later. L.2-会2
まだまだです (I am) not good yet. L.1-会2
まち[町] town; city L.1-読
まちあわせ[待ち合わせ] to arrange to meet L.7-会2
まちがえる[間違える] to make a mistake L.4-会2
まちで[街で] in town L.11-会1
まつだ[松田] [family name] L.14-読2
まったく〜ない[全く〜ない] not at all L.11-読
まつもと[松本] [family name] L.11-読
まどぐち[窓口] (ticket) window L.10-会1
まとめる to put together (in a report); to summarize L.14-読1
まなぶ[学ぶ] to learn; to study L.8-読
まねく[招く] to invite L.13-読

もうす[申す] [humble form of 言う] L.1-会1
もうふ[毛布] blanket L.15-読2
もくてき[目的] purpose L.3-読
もちろん of course L.5-読
もっとも[最も] =いちばん L.14-読1
もてはやす to praise; to make much of [*v.t.*] L.15-読1
もてる to be popular (with) L.14-会2
モデル fashion model L.8-会2
もとめる[求める] to request; to ask for L.4-会3
もどる[戻る] to return [*v.i.*] L.8-読
もの[者] person L.3-読
ものすごく tremendously L.5-会2
〜ものだ used to (do something) L.11-読
〜ものの although 〜 L.13-読
もほうする[模倣する] to imitate L.15-読1
もめる to have a dispute [quarrel] with L.15-読1
もりた[森田] [family name] L.14-会3
もりやま[森山] [family name] L.8-読
もんく[文句] complaint L.11-T
モンゴル Mongolia L.7-読
もんだい[問題] problem L.11-T

や行 >>>>>

やがて before long; soon L.8-読
やかましい[1] to be fussy; to be overly critical L.11-会3
やかましい[2] noisy L.15-読2
やきゅう[野球] baseball L.7-会1
やきゅうじょう[野球場] baseball stadium L.7-読
やく[約] approximately L.11-読
やくご[訳語] Japanese equivalent L.10-速
やくす[訳す] to translate L.2-読
やくだつ[役立つ] to be useful; to be helpful L.8-読
やくにたつ[役に立つ] to be useful L.4-読
やさしい kind; sweet L.11-読
やたら(に) excessively; indiscriminately L.15-読1
やつ[奴] a chap; a guy L.15-読1
やっと at last L.12-読
やど[宿] inn; lodging L.10-会2
やとう[雇う] to hire L.8-会3
やまのてせん[山手線] [name of a train line] L.7-会2
やまもと[山本] [family name] L.14-会2
やめときます [contraction of やめておきます] L.6-会2
やめる to refrain from 〜ing [*v.t.*] L.6-会2
やや a little L.15-読2
やわらかい[軟らかい] soft L.12-会2
ゆうがた[夕方]
late afternoon, usually just before dinner time L.10-会3
ゆうこ[裕子] [female given name] L.15-読1
ゆうこう[有効] valid L.10-読
ゆうしゅう(な)[優秀(な)] excellent; talented L.15-読2
ゆうしょう[優勝] championship L.7-読
ゆうしょく[夕食] dinner [*lit.*, evening meal] L.4-会3
ゆうじん[友人] friend L.2-読
ゆうせんする[優先する]
to give priority; to prefer L.3-読
ゆうめい(な)[有名(な)] famous L.4-会2
ゆかた[浴衣] informal cotton kimono L.10-会3
ゆっくり leisurely L.10-読
ゆのみ[湯のみ] tea cup (for green tea) L.9-会3
ゆびさす[(〜を)指差す] to point (to 〜) L.13-読
ゆみ [female given name] L.6-会1
ゆもと[湯本] [place name] L.10-会2
ゆり [female given name] L.2-会2
ゆるす[許す] to allow L.8-読
よい =いい L.2-読
ようご[用語] terms L.2-読
ようし[用紙] form L.3-会2
ようじ[用事] errand; things to do L.7-会2
ようすをみる[様子を見る] to see how it goes L.5-会2
(〜の)ように like 〜 L.4-読
〜ようにする
to try to 〜; to make an effort to 〜 L.7-会2
ようは[要は] in a word; in short L.15-読1
ようま[洋間] western-style room L.4-速
よく[翌] the next (day/year/etc.) L.8-読
よくじつ[翌日] the next day L.7-速
よくぼう[欲望] desire L.13-読
よこ[横] side L.11-会3

ら行 >>>>>

れんあいけっこん[恋愛結婚] love marriage L.9-速

れんしゅう[練習] practice L.13-会3

れんぞく[連続] continuously L.14-読1

れんらくさき[連絡先]
place where one can be reached L.10-会2

ろうか[廊下] hallway; corridor L.4-速

ろうどうりょく[労働力] labor; work force L.14-読1

ろうにん[浪人] unemployed samurai; a high school graduate who is spending a year studying for a college entrance examination L.5-読

ろくに〜ない not much; not enough L.12-会1

ろんぶん[論文] article; essay; thesis L.7-速

わ行 >>>>>

わかい[若い] young L.1-読

わかる[(〜が)分かる] to understand 〜 L.2-会1

わかれる[(〜と)別れる]
to part (from 〜); to say farewell (to 〜) L.2-読

わけ reason; explanation L.13-会1

わけではない it's not the case that L.3-読

わざわざ
to go out of one's way to do something L.9-会1

わしつ[和室] a tatami room; Japanese-style room L.7-速; L.10-会2

わすれずに[忘れずに] =忘れないで L.3-速

わすれる[忘れる] to forget L.3-会1

わたす[渡す] to hand (something) to [*v.t.*] L.6-読

わたなべ[渡邊] [family name] L.15-読1

(〜に)わたり =〜の間 L.15-読1

わらう[笑う] to laugh; to smile L.3-速; L.13-会2

わりあい[割合] ratio; percentage L.14-読1

わるい[悪い] bad L.3-読

わるいけど[悪いけど] I am sorry, but ... L.3-会4

わるくちをいう[悪口を言う]
to speak ill of (someone) L.11-読